한국형
리더십코칭을
말한다

한국형
리더십코칭을
말한다

2023년 5월 20일 초판 인쇄
2023년 5월 25일 초판 발행

지은이 | 하영목 · 윤영돈 · 최성남 · 조지용 · 이정민 ·
김영학 · 장은영 · 박민희 · 최진희 · 한혜정
교정교열 | 정난진
펴낸이 | 이찬규
펴낸곳 | 북코리아
등록번호 | 제03-01240호
주소 | 13209 경기도 성남시 중원구 사기막골로 45번길 14
우림2차 A동 1007호
전화 | 02-704-7840
팩스 | 02-704-7848
이메일 | ibookorea@naver.com
홈페이지 | www.북코리아.kr
ISBN | 978-89-6324-268-2 (03320)

값 20,000원

한국형 리더십코칭을 말한다

Leadership Coaching Practice in Korea

하영목 · 윤영돈 · 최성남 · 조지용 · 이정민 ·
김영학 · 장은영 · 박민희 · 최진희 · 한혜정

북코리아

PROLOGUE
대한민국의 리더십을 코칭하라!

이 책은 리더십코칭의 한국적 모델과 역사, 실제 사례를 집대성한 실무 지침서다. 리더십에 관한 책은 이미 수없이 많이 나왔고, 코칭을 주제로 다룬 책도 많다. 그러나 리더십코칭을, 그것도 이론보다 실무를 위주로 쓴 책은 이 책이 처음이다.

이 책이 타깃으로 한 독자층은 '현재'의 리더와 '장래'의 리더들이다. 독자층을 이처럼 넓게 잡은 이유는 리더십코치들이 현장에서 듣는 목소리 때문이다. 리더십코칭을 위해 사전 미팅을 하면 가장 많이 듣는 말이 "더 많은 리더가 필요합니다"라는 말이다. 그다음으로 많이 듣는 말이 "(효과적인) 리더십 개발이 필요합니다"라는 말이다. 이는 공통적으로 '리더십의 공급부족' 사태를 표현한 것이다. 대학 진학률이 80%가 넘는 나라에서 왜 리더십의 공급부족을 겪어야 할까? 거기에는 두 가지 이유가 있다.

지금까지 한국에서 배워온 리더십 모델은 서양적 모델이었다. 서양적 모델은 외향적이고 관계지향적인 서양문화에 맞게 발전해온 모델이다. 한편 한국은 내향적이고 과제지향적인 문화가 지배한다. 관계지향적 모델을 과제지향적 문화에 그대로 적용하는 것은 적절하지 않다. 그래서 한국적 리더십 코칭 모델을 만들 필요가 있었다. 다른 하나의 이유는 한국 교육체계의 한계에 있다. 한국은 시험성적 하나로 모든 것을 정하는 것이 문화로 정착된 나라다. 리더십은 시험성적과 무관하고, 오히려 역행하는 관계에 있다. 왜냐하면 리더십은 학습 결과이기보다 학습 과정에 의존하기 때문이다. 그 대표적인 예로, 리더에게 필수적인 소통 능력을 보자.

리더십코칭에서 가장 많이 다루는 주제는 리더십 커뮤니케이션이다. 리더십 커뮤니케이션이란 리더에게 필요한 소통 능력을 주로 다루는 전문분야다. 여기서는 리더에게 필요한 핵심 무기라고 할 통합조정 능력, 설득력, 소통 능력 등의 개발을 주로 다루는데, 이러한 능력들은 단기간에 개발되는 능력도 아니고, 시험성적에는 반영되지도 않는 능력이다. 한국의 장래 리더들이 유학을 가거나 국제무대에서 활동할 때도 대표적으로 드러나는 한계점은 이러한 '소통 (기반의) 능력 부족'이다. 학교 교육에서는 관심조차 두지 않았던 영역을 리더십코칭에서 중요하게 다루는 이유가 여기에 있다. 그렇다면, 리더십코칭이 리더십 개발의 유일한 대안일까?

리더십은 타고나는 것이 아니다. 타고난 자질을 부정하기는 어렵지만, 구조적인 후천적 훈련이 리더십의 잠재능력을 발현시킨다. 그래서 리더십코칭이 필요하다. 현재의 리더들은 너무 바쁜 사람들이어서 따로 리더십 개발에 신경 쓸 시간이 없기 때문에 개별적인 리더십코칭이 필요하다. 장래의 리더들에게도 오랜 시간의 훈련이 필요한 리더십 개발을 위해 리더십코칭이 필요한 것은 한국만의 사정은 아니다. 아시아권의 여러 나라는 거의 비슷한 입장이다.

이 책을 집필하는 과정에서 저자들이 보인 집단 리더십은 기록으로 남길 만한 가치가 있을 것이다. 코로나19가 아직 기승을 부리던 2022년 초여

름에 만나서 책의 개념적 방향을 정하는 저자단 발대식을 가지고, 이후 3개월 동안 매주 화상으로 2시간씩 공개토의를 통해 저자별 주제와 주제별 소제목을 정해나갔다. 이어서 3개월 동안은 각자 작성한 원고를 공개적으로 읽고 검토하면서 집단의 지혜를 모아나갔다. 아마도 이처럼 적극적인 집단지성 창출 과정을 통해 탄생한 책은 이 책이 유일할 것이다. 책의 완성도를 높이기 위해 매번의 원고 독회 시간에 '비판적'일 수밖에 없는 피드백을 기꺼이 제공하고, 이를 수용해준 저자들의 열린 마음이 이 책에 녹아들었다.

책의 파트별 구성

리더십과 리더십코칭에 대한 이해는 참 다양하다. 그래서 책의 구성에 대한 안내가 필요하다. 이 책의 주제인 리더십코칭(leadership coaching)은 현재의 리더와 장래의 리더를 함께 돕는 코칭을 말한다. 현재의 리더들에게는 그동안 주로 '임원 코칭(excutive coaching)'이라는 이름으로 행해졌다. 임원 코칭은 리더십 개발이 코칭의 주된 목표다. 한편 장래의 리더들에게는 코칭리더십(coaching leadership) 프로그램을 통해 주로 '코칭 스킬을 리더십의 도구로 쓰도록' 훈련한다. 전자의 중점은 리더십 스킬 훈련에 있고, 후자의 중점은 코칭 스킬 훈련에 있다. 이 책에서는 두 가지를 모두 다룬다.

이 책은 리더십코칭의 이론과 모델 적용사례를 하나로 묶었다. 파트별 구성은 아래와 같다.

Part I '한국형 리더십코칭의 이해'에서는 한국적인 리더십과 리더십코칭의 특성을 다차원적으로 정리했다.

Part II '리더십코칭의 역사와 프로세스'에서는 리더십코칭이 어떤 역사적 과정을 거쳐 발전했는지를 짚어본다.

Part III '한국형 리더십코칭의 SOFT 스킬 훈련'에서는 리더십코칭과 코칭리더십에서 도구로 쓰이는 소프트 스킬(soft-skill)들을 정리한다.

Part IV '리더십코칭 사례'에서는 리더십코칭 현장의 사례를 스냅사진을 보듯 그려낸다.

이들 4개 파트는 모두 이론은 최소화하고, 리더들과 리더십코치들에게 실제적인 도움을 주려는 의도에서 집필되었다.

한국형 리더십코칭은 서양의 그것과는 방향성이 다르다. 그 이유는 한국인의 기질적 특성 차이 때문에 생긴 것이다. 예컨대 서양적 리더십코칭에서는 주로 리더의 행동변화를 다룬다. 그러나 한국의 리더들과 장래 리더들은 모두 명석하다. 머리가 좋은 사람들은 행동변화의 요구를 받기 전에 그 변화의 필요성과 방법론을 먼저 자신이 확실히 이해하기를 원한다. 그러한 이해의 바탕 위에서 스스로 방법론을 찾는 것이 더 자기다운 것이라고 여기기 때문이다. 그래서 이 책에서는 무엇보다 이론과 개념 정립, 방법론과 모델, 실제 사례들을 3면 등가적 위치에 두고 그 조화를 이루려 노력했다.

이 책을 기반으로 해서 커리어코치협회에서는 리더십코치 양성과정, 리더십개발 팀코칭 과정을 운영할 계획이다. 전자에서는 리더십코칭에, 후자에서는 코칭리더십에 중점을 둘 것이다. 이 책이 한국적 리더들이 리더십의 방향성을 새롭게 정립하는 나침반 같은 역할을 하기를 기대한다.

2023년 4월

저자 일동

CONTENTS

CONTENTS

Part III 한국형 리더십코칭의 SOFT 스킬 훈련 _최성남

CONTENTS

Part IV 리더십코칭 사례

I

PART

한국형 리더십코칭의 이해

하영목

"리더의 능력은 상대가 자신의 한계를 뛰어넘도록 하는 능력에 달렸다."

- 피터 드러커

1. 리더십코칭은 어떻게 성공도구가 되는가

1 한국형 리더십코칭의 개념과 정의, 기본 철학

(1) 리더십이 이론이 아니라는 것을 그때도 알았더라면

그때는 '리더십의 본질'이 무엇인지, '리더십은 이론이 아니다'라는 사실조차 보이지 않았다. 마음의 눈에 보이지 않던 것들이 보이게 되기까지 내게는 20년의 공부가 필요했다. 리더십을 연구한 학자이자 리더십코치로 살아온 20년의 이야기로 이 글을 시작하는 이유가 여기에 있다. 리더십의 본질은 무엇일까? 이 글에서 리더십은 '다른 사람과 함께 공동성과를 극대화하는 능력'을 말한다. 만약 리더십이 이론이 아니라면, 리더십은 과연 무엇이어야 하는가?

이 장의 소제목 "리더십이 이론이 아니라는 것을 그때도 알았더라면"은 다소 길다. 그러나 같은 제목으로 내가 포항공과대학교에서 한 리더십 특강에는 강좌 역사상 가장 많은 엘리트 과학도들이 참여했다. 그래서 내게는 애정이 가는 제목이다. 무엇보다 한국적 리더십이 지향해야 할 방향성이 이 강좌의 방향성과 같기 때문이다. 겉으로만 보면, 그 강좌의 수강자와 이 책의 독자는 아무런 연관성이 없어 보인다. 그러나 '리더십'이라는 렌즈로 보면 두 상황에는 동일한 맥락이 흐른다. 그 맥락이 무엇이고, 왜 그것을 알아야 할까? 핵심만 먼저 쓰자면 이렇다.

리더십 특강을 수강한 포스텍 학생들은 대한민국 상위 1~2% 이내에 속하는 미래 과학자들이다. 이 책의 독자도 1% 이내의 리더들이거나 장래의 리더들이다. 이들의 공통점은 '똑똑하다'는 사실과 "나는 실력 있어" 하는 자기인식이다. 똑똑한 과학도, 실력 있는 리더에게 무슨 문제라도 있다는 말일까? 나의 멘토이자 리더십코칭의 창시자인 마셜 골드스미스(Marshall Goldsmith, 1947~) 박사는 『일 잘하는 당신이 성공을 못하는 20가지 비밀』이라는 책에서 "똑똑하고 일 잘하는 사람은 성공의 덫(success trap)에 걸린다"는 핵심 메시지를 전한다. 성공의 덫이란 무엇이고, 똑똑한 리더들이 왜 거기에 빠질까? 어떻게 거기서 빠져나올 수 있을까?

(2) 일 잘하는 사람이 리더로서는 실패하는 이유

① 리더가 걸리는 성공의 덫

많은 리더가 성공의 덫에 걸린다. 이 책은 아직 리더의 범주가 어디까지인지 정하지 않았다. 상위 1~2%를 리더라 칭한다 해도 그처럼 똑똑한 사람들은 거의 예외 없이 성공의 덫에 걸린다. 그 이유를 이해하려면 성공의 덫을 정의해봐야 한다. 성공의 덫을 짧게 재정의하자면, "한때의 성공방식을 달라진 상황에서도 계속 사용하는 것"이다. 리더가 되기 전의 상황에서는 혼자만 똑똑해야 상위 1%로 성장한다. 그러나 리더의 성공 등식은 다르다. 리더는 어떻게 성장하고 성공해야 할까?

리더의 성공 등식을 개념화하자면 이렇다. "집단의 지혜(collective wisdom)를 모아, 함께 성장(growing together)하고, 모두 성공(success as group)하는 것"이다. 이를 등식으로 표시하면 이렇다.

집단지혜 + 공동성장 = 공동성공

집단지혜(collective wisdom)

집단지혜란 서로 다른 생각들이 더 높은 차원의 지혜로 승화하는 것인데, 똑똑한 리더일수록 집단지혜 또는 집단지성의 가치를 인정하지 않는다. 중요한 결정일수록 혼자 하려 한다. 다른 사람의 의견을 들어도 이미 정해진 답은 바뀌지 않는다. 리더가 의사결정의 주도권을 독점하면 함께 일하는 사람들은 리더와 다른 의견을 내지 않는다. 욕만 먹을 것을 알기 때문이다. 그룹이 집단사고(group thinking)에 빠지는 것은 정해진 수순이다. 집단지혜와 집단사고는 서로 반대말이라는 것을 이해하고 있다면, 똑똑한 리더가 왜 성공의 덫에 걸리는지 1차적으로는 이해했을 것이다. 그것보다 더 중요한 것이 있다. 바로 공동성장의 기회다.

공동성장(growing together)

공동성장이란 리더와 그 조직 구성원들이 가치 있는 경험을 쌓고 함께 성장하는 것을 말한다. 만약 리더가 방향을 제시하고, 중요한 결정들을 혼자

해버리면, 함께 일하는 사람들은 어떻게 될까? 일이 편해질까? 그럴지도 모른다. 그러한 리더와 함께 일하는 것을 좋아하는 사람도 가끔은 만난다. 그러나 문제는 성장기회의 박탈에 있다. 인간성장의 90% 이상은 절실하게 혼자서 고민한 결과이기 때문이다. 우리는 지금 함께 일하는 사람들에게 '성장의 기회'를 제공하는 것이 '최고의 복지'로 여겨지는 시대에 살고 있다. 특히 MZ세대에게는 더욱 그렇다. 리더들이 이 사실을 잊지 않았으면 좋겠다.

공동성공(collective success)

공동성공이란 조직 구성원들이 리더의 성공 도구가 되지 않는 것을 말한다. 함께 일하는 사람들이 중요한 결정에 참여한 적 없고, (리더의 관용으로) 시행착오를 겪으며 배우고 성장할 기회를 갖지 못하면, 리더도 리더답게 성장할 기회를 놓치는 것이다. 왜냐하면 리더십의 효과성을 결과지향적(result-oriented)으로 보는 경향도 있지만, 진정한 리더십은 과정지향적(process-oriented)이기 때문이다. 만약 혼자서도 성공한 운 좋은 리더가 있다면, 그와 함께한 이해관계자들은 '우리가 함께해서 성공했다'고 느낄까? 아니면 자신들이 '성공의 도구'였다고 느낄까? 리더의 성공을 위한 도구로 전락했다고 느낀 직원들은 보수가 높아도 사직서를 던진다.

이러한 현상의 원인을 MZ세대의 가치관 차이로 돌리려는 경향도 있다. 그러나 결정적인 원인은 리더들의 행동적 역할편차(role-gap)에서 찾아야 옳다. 보편적인 한국의 리더들이 보이는 역할편차를 '리더십 갭(leadership-gap)'이라는 개념으로 살펴보면 다음과 같다. 리더십 갭이 한국적 리더들에게 더 깊은 함정이 될 수 있는 것은 무슨 이유에서일까?

〈그림 1〉에서 보듯이 일선 담당자 시절 '똑똑하다'고 평가받은 리더일

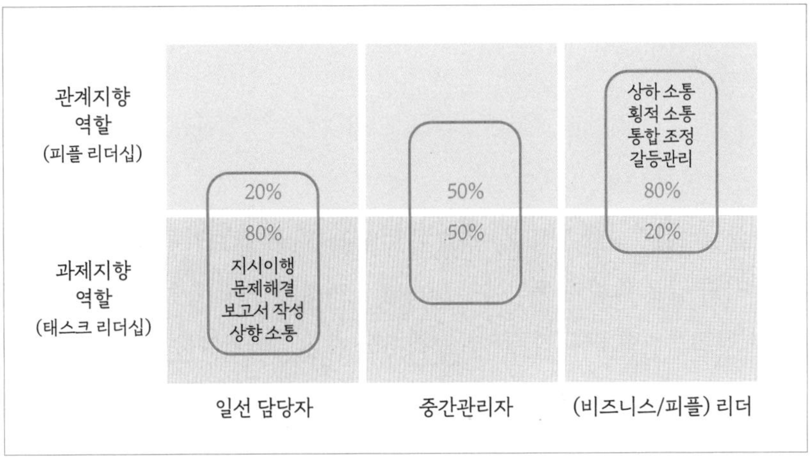

〈그림 1〉 한국적 리더들의 리더십 갭

수록 자신에게 기대되는 역할이 달라진 후에도 과거의 행동 패턴을 바꾸지 않고 일한다. 그래서 태스크 리더십(task leadership)은 넘치고, 피플 리더십(people leadership)은 부족한 리더십 갭이 생긴다. 이러한 피플 리더십 갭(gap)은 내향적 특성을 가진 리더들에게 더 많이 발생한다. 왜냐하면 그들은 문제를 분석하고, 대안을 찾아내고, 해결책을 결정하고, 제시하는 데 능숙하기 때문이다. 반면, 합의점을 찾아내고, 설득하고, 의견 차이를 조정하고, 팀 전체가 집단사고에 빠지지 않으면서 집단지성에 도달하도록 돕는 역할에는 익숙하지 않다. 이러한 피플 리더십 갭 현상이 전하려는 메시지는 무엇일까? 과거의 성공 방정식을 버리라는 것이다. 담당자 시절의 성공방식이 고착되면 나 같은 리더십코치의 고객이 된다. 나는 내 고객이 모두 사라지더라도 한국의 리더들이 이런 성공의 덫에서 벗어나면 좋겠다.

남의 약점을 들추는 것은 비윤리적이니, 이제 그 사례로 부끄럽지만 내 이야기를 좀 해야겠다. 25년 전으로 돌아가서 나를 살펴본다.

② 리더십 갭의 형태

처음 임원이 되었을 때 나는 40대 후반이었다. 본사에서 주관하는 신임리더과정(New Executive Program)에 참여하기 위해 비즈니스클래스로 미국 출장길에 오르면서 나는 세상을 다 가진 기분이었다. 뉴저지의 힐튼호텔에서 진행된 신임리더과정을 다녀온 내게 '리더(leader)'라는 개념어는 마치 이사, 상무, 부사장 같은 직함과 동의어인 것처럼 느껴졌다. 그런데 돌이켜 생각해보면, 그 신임리더과정에서는 아무도 리더십 갭을 이야기하지 않았다. 신임리더과정을 본사에서 설계했으니, 서양적인 관점에서는 그러한 갭이 보이지 않았던 것일까?

신임리더과정을 다녀와서도 내 행동 패턴은 바뀌지 않았다. 일의 방향 제시는 내가 했고, 중요한 보고서는 내가 직접 초안을 만들었다. 조직 내의 공용어가 영어인 탓에 중요한 문서는 내가 직접 작성하거나 번역했고, 중요한 회의도 내가 직접 참여했다. 중요한 보고일수록 내가 발표하는 것은 당연했다. 퇴근 시간이 가장 늦은 나를 보고 직원들은 어떻게 생각했을까? 내가 열심히 일한다고 여겼을까? 혹은 책임감이 강하다고? 그때는 내가 가장 열심히 일한다고 스스로 착각했다. 무엇이 잘못되었다는 말일까?

중요한 일들을 모두 내가 한다면, 함께 일하는 사람들은 언제 성장기회를 얻을까? 당시 거기까지 생각이 미치지 못했다는 것은 내 잘못이다. 성공의 덫에 걸리지 않으려면 더 많은 일을 위임했어야 했다. 위임받을 준비가 미진한 사람들은 코칭하고, 자력 성장을 기다렸어야 옳았다. 내가 제시한 일의 방향성보다 다양한 사람들이 이루어가는 집단지성이 더 차원이 높다는 것을 믿었어야 했다. 그것이 리더다운 행동 패턴이다. 여기서 한국형 리더십 갭이 나온다. 한국형 리더십 갭은 어떤 것일까?

③ 한국형 리더십 갭의 본질

아래로 이어질 내용은 모두 '한국형 리더십 갭(Korean-style leadership-gap)'을 극복할 방법론에 관한 것이다. 그래서 방법론에 들어가기 전에 한국형 리더십 갭의 본질을 분명히 하는 것은 중요하다. 뜻밖에도 한국형 리더십 갭의 본질은 (개념적으로는) 아주 단순하다. 단지 그것을 행동으로 옮겨 실천하기가 어려울 따름이다. 행동적 실행이 어렵기 때문에 (어려움을 덜어주는) 리더십코칭이라는 시장이 형성된다. '한국형 리더십 갭'의 본질은 무엇일까? 그 갭은 서방세계 또는 세계적인 리더십의 표준과 비교하면 어떻게 다를까?

한국형 리더십 갭은 한국인의 뿌리와 연관되고, 한국에서 리더가 되려면 거쳐야 하는 경력경로와도 연관된다. 앞에서 기질적으로 한국인은 내향적이라고 했다. 내향성은 리더십의 관점에서 보면 빛과 그림자다. 내향적이기 때문에 공부를 잘하고, 리더로 성장할 수 있는 기회를 제공받는다. 이것이 빛으로 작용하는 기간은 리더가 되기 전까지다. 일단 리더가 되고 나면 내향성은 그림자로 바뀐다. 공부를 잘하는 방식과 효과적인 리더가 되는 방식은 대체로 반대이기 때문이다. 그 핵심은 무엇일까?

한국형 리더십 갭을 극복하는 핵심은 넘치는 태스크 리더십은 통제하고, 피플 리더십은 보충하는 것이다. 어떻게 해야 가능할까?

(3) 리더십의 본질과 리더십코칭을 제대로 이해하려면

"제가 왜 코칭을 받아야 하죠?"
"리더십코칭을 받는 겁니다."

"그건 뭐가 다릅니까?"

"리더십코칭이 뭐라고 생각하시는지요?"

"… 그건…."

이런 대화로 케미스트리 미팅(chemistry meeting, 이하 '케미 미팅'이라 칭함)을 시작한 기억이 난다. 미팅 상대는 코칭을 고려하는 리더다. 리더십코치는 세상에 많다. 반면 리더십코칭을 받을 만한 리더는 수가 제한되어있다. 시장의 원리에 따라 고객이 코치를 고른다. 그런 목적의 미팅은 가끔 '뷰티 콘테스트(beauty contest, 미인대회)'라는 별칭으로도 불린다. 외모로 평가받는 기분이 드는 케미 미팅을 즐길 코치는 없다. 그래서 나도 긴장된 마음으로 미팅 장소인 호텔의 커피숍으로 들어섰다.

커피숍은 케미 미팅의 장소로는 일반적이지 않다. 왜냐하면, 코치는 리더의 사무실에서 만나기를 더 선호하기 때문이다. 리더의 사무실에서 만나야 코치도 리더를 평가할 수 있다. 사무실의 분위기와 함께 일하는 사람들의 표정도 읽을 수 있다. 코치가 리더를 평가한다고 해서 케미 미팅 후에 코치가 리더를 거부하는 경우는 거의 없다. 서류상으로 충분히 검토한 후에 만나지만, 거부권은 주로 리더가 가진다. 그런 사정을 알고 미팅 장소에 도착한 나는 썩 좋은 기분은 아니었다. 그런데 첫 마디가 "내가 왜 코칭을 받아야 하죠?"라니….

이 짧은 대화 속에 리더십코칭에 대한 대중적 이해도가 드러난다. 리더십코칭은 성공적인 리더가 더욱 성공하도록, 미래의 리더가 효과적인 리더로 성장하도록 돕는 서비스다. 리더십코칭의 도움 없이 스스로 자신의 빛과 그림자를 성공적으로 관리하는 리더를 본 적이 없다. 오히려 '문제가 있는 리더를 변화시키는 것이 코칭'이라고 오해하는 사람들이 많은 것이 현실이다. 리더십의 본질은 무엇인가?

(4) 한국형 리더십코칭의 기본 철학과 방향성

리더십에도 한국적인 것이 존재하는가? 이런 의문을 품고 문헌을 검토해보면 아래와 같이 세 종류의 개념이 포착된다.

가장 먼저 눈에 띈 개념은 '솔선수범'이다. 23년간 『조선일보』 1면에 「이규태 코너」를 연재한 이규태(1933~2006)는 『리더십의 한국학』에서 '솔선수범'이 한국적 리더십의 특성이라 했다. 그러나 솔선수범은 리더가 지향해야 할 이상향과 같은 것이다. 솔선수범을 잘못 해석하는 리더들은 중요한 일을 자신이 직접 처리하면서 자신이 솔선수범한다고 착각한다. 또 다른 주장을 보자.

리더십 학자인 국민대학교 백기복 교수는 『한국형 리더십』에서 '성취열정'과 '솔선수범'을 한국형 리더의 특성으로 꼽았다. 그런데 강한 '성취동기'와 '솔선수범'하는 자세는 세계의 어느 문화권에서나 리더를 리더답게 만드는 공통분모다. 그것이 없는 사람은 리더가 되려는 꿈조차 꾸지 않는다. 성취동기가 강하면서도 솔선수범하는 리더들은 중요한 결정을 자신이 직접 해버린다. 그러면 인재육성 기회는 사라진다. 또 다른 의견도 있다.

정옥자 (서울대학교 명예)교수는 『한국의 리더십 선비를 말하다』에서 '선비정신'이 한국적 리더십이라고 썼다. 선비정신이 한국적 리더십을 대변하는 개념이 될 수 있을까? '선비'라는 어휘를 국어사전은 이렇게 정의한다. ① 학식은 있지만 벼슬은 하지 않은 사람, ② 학문을 닦는 사람, ③ (비유적으로) 어질

고 순한 사람 등이다. 이렇게 욕심 없고 착한 사람이 치열한 경쟁을 뚫고 리더의 위치에 올라갈 수나 있을까?

한국적 리더십이란 맥락상 '한국의 리더들에게서만 발견되는 고유특성'이어야 옳다. 또는 한국의 리더들에게 특히 자주 발견되는 차별화된 특성이어야 옳다. 조금 더 욕심을 내자면, 그것이 지향하는 가치가 분명해야 옳다. 분명한 지향점과 방향성이 없는 이론을 독자들이 수용할 수 있을까?

한국적 리더십은 어떤 특성을 지녔고, 그러한 리더를 돕는 한국적 리더십코칭은 또 어떤 특성을 지녀야 옳을까? 이러한 의도에서 아래와 같이 한국형 리더십코칭을 정의해본다.

① 한국형 리더십코칭의 기본 철학

한국형 리더십코칭의 기반이 된 기본 철학은 한국인이 가진 강점을 반영한 한국적 리더십을 개발하되, 한국의 리더들이 빠지기 쉬운 함정은 피해가도록 돕는 것이다. 왜 그러해야 할까?

리더십은 서양이 원산지다. 그래서 서양인에게 맞게 개념화되고, 발전해왔다는 사실에 주목할 필요가 있다. 서양인은 극동아시아에 속한 한국인에 비해 외향적이다. 미국과 한국을 기준으로 동서양을 대비해보면 이렇다. 서양인은 75%가량이 외향성을 띤다. 반면 한국인은 겨우 25% 정도가 외향적이다. 만약 체중이 75kg인 사람의 옷을 체중이 25kg인 사람에게 입히면 어떨까? 맞지 않을 것이다. 한국에서 가르친 리더십은 외향적인 문화에서 싹튼 모델을 내향성이 지배하는 문화에 여과 과정 없이 이식하려 했으니 맞지 않았다. 그럼 무엇이 구체적으로 맞지 않는다는 말인가! 여기에서는 우선 개념적 대비만 해보겠다.

서양의 리더십은 관계지향 모델이다. 관계지향이란 무엇일까? 인간관계 기술을 자산으로 사람을 끌어간다는 뜻이다. 대인관계가 주된 자산이 되는 문화는 외향성 문화다. 그 문화에서는 리더들이 관계적으로 성과를 낸다. 서양의 (기업적) 리더십은 (표준 정의가 존재하지는 않지만 대체로) "다른 사람을 통해 성과를 내는 능력"이라는 개념을 정의에서 빠뜨리지 않는다. 그러나 한국에서는 과제지향 모델에 지배된다. 과제지향이란 무슨 뜻일까?

리더십에서 과제지향 모델이라는 개념은 내가 처음 사용한 것이다. 그렇다고 내가 멋대로 창작한 개념은 아니다. 역량(competency)을 모델링하며 30년 이상 써온 개념을 한국적 리더십을 개념화하기 위해 차용해왔을 뿐이다. '과제지향' 모델에서는 과제해결 능력이 자산이 된다. 과제해결 능력은 속된 말로 실력이고, 내향성 문화에서는 주된 자산이 된다.

② 한국형 리더십코칭의 정의

어떤 개념을 정확하게 이해하려면 개념적 정의를 내려보아야 한다. 그러나 리더십에 대한 표준적 정의가 존재하지 않고, 코칭에 대한 통일된 정의도 존재하지 않는데, 이 둘을 합치고도 '한국형'이라는 관형사까지 붙은 한국형 리더십코칭을 정의하기는 어렵다. 그럼에도 독자들을 위해 아래와 같이 한국형 리더십코칭을 정의한다.

[한국형 리더십코칭이란]

한국형 리더십코칭이란 이미 리더의 위치에 있는 리더[1]들은 더 성공적인 리더가 되도록, 리더로 성장하려는 포부를 가진 장래의 리더[2]들은 효과적인 리더로 성장하도록 하기 위해 구조화된 모델[3]과 타당도 높은 도구[4]를 사용하여 리더십 성장[5]과 리더십 역량 개발[6]을 돕는 코칭 서비스다.

정의에 사용된 용어의 의미

[1]'리더의 위치에 있는 리더'란 어느 조직이나 사회에서 이미 리더의 위치에 있는 현재의 리더를 말한다.

[2]'장래의 리더'란 리더십 자질과 리더가 되려는 포부를 가진 미래인재를 말한다.

[3]'구조화된 모델'이란 체계적으로 리더십코칭에 접근하도록 구성되어 그 유효성이 검증된 여러 (이론적) 모델에 기반하여 코칭을 계획하고 실행하는 것을 말한다.

[4]'타당도 높은 도구'란 코칭의 목적과 목표 달성에 맞는 도구와 방법론을 선택하고 사용하는 것을 뜻한다. 도구마다 독특한 특성이 있다는 것을 전제로 한다.

[5]'리더십 성장'이란 현재의 리더들이 코칭을 통해 자신의 리더십을 성장시키고, 함께하는 다른 사람들의 리더십 성장도 지지하는 것을 뜻한다.

[6]'리더십 역량 개발'이란 (현재의 리더에게도 해당하지만 주로) 장래의 리더들이 자신의 리더십 개발을 위해 필요한 도구 역량들, 예컨대 효과적인 소통 능력을 개발하는 것을 말한다.

2

리더십의 3단계 발전역사가 말해주는 리더십의 본질

리더십의 영역을 논하지 않고는 리더십의 본질을 논하기 어렵다. 예컨대, 정치적 리더십과 기업적 리더십, 사회적 리더십은 그 방향성과 색깔이 같은 점보다 다른 점이 더 많기 때문이다. 동시에, 리더십의 본질이 무엇인지를 논하려면 바른 개념 정리가 필요하다. 지금까지 어떤 학자도 리더십에 대해 바르게 정의하려는 시도를 하지 않았다. 각자의 필요에 맞게 나름대로 정의했을 뿐이다. 그래서 이 책에서는 리더십 이론의 형성 배경과 이론적 틀(frame)이라는 기초 위에 리더십의 본질이라는 개념적 구조물을 세우려 한다.

이 글의 목적이 리더십 이론을 정리하는 것은 아니지만, 100년의 역사를 가진 리더십의 이론적 측면을 생략하고 리더십의 본질을 논한다는 것은 평생을 여기에 바친 선배 제현들에 대한 예의도 아니다. 그래서 리더십의 이론적 배경부터 정리해본다. 리더십 이론은 왜 생겨났을까? 군사적 필요와 정치적 요구, 기업의 요청, 사회적 기대 중 어느 쪽이었을까? 군사, 정치, 기업, 사회로 나누어 살펴보자.

(1) 군사적 리더십(military leadership): '전쟁터에서 태어난 리더십'

전통적인 리더십은 전쟁터에서 생겨났다. 세계 리더십 훈련의 본산으로 불리는 하버드대학교 케네디스쿨의 창설자이자 센터장이던 로널드 헤이페츠(Ronald A. Heifetz)는 『하버드 케네디스쿨의 리더십 수업』에서 "전통적인 리더십은 전쟁에서 비롯되었다"고 썼다. 여기서 말하는 리더십이 바로 군사적 리더십이고, 지금도 모든 사관학교에서 리더십을 중요한 교과목으로 가르친다. 리더십의 어원에 '죽음을 무릅쓰고 전진한다'라는 의미가 담긴 배경도 리더십의 태생적 특성을 반영한다. 군사적 리더십의 다른 특성은 뭘까?

리더십의 효과성은 조직문화에 의존적이다. 즉, 자율성을 중시하는 기업의 리더십이 명령체계(chain of command)에 따라 움직이는 군사조직에서는 효과적일 수 없다는 것이다. 역의 경우에도 마찬가지다. 군사적 리더십이 강한 색채를 띠는 이유가 여기에 있다. 군사적 리더십이 강함을 특성으로 가진다고 해서 부드러운 리더십보다 덜 효과적이라는 것은 아니다. 단지 모든 리더십은 상황 의존적(situation dependent)이라는 이야기를 하고 싶은 것이다. 그렇다면 군사적 리더십의 전형은 어디서 찾아야 할까?

군사적 리더십의 전형은 임진왜란을 승전으로 이끈 이순신 장군의 리더십이다. 성균관대학교 명예교수인 유필화는 『역사에서 리더를 만나다』에서 이순신의 리더 됨을 네 가지로 압축했는데, 그중에서도 자애와 준엄함, 어려울 때일수록 선두에 서는 자세, 겸손과 당당함의 겸비 이 세 가지가 핵심이다. 특히 이순신 장군의 리더십이 빛을 발한 이유는 최악의 상황에서 발휘된 리더십이기 때문이다.

대표적인 상황변수들을 꼽자면, 리더십에 합법적인 힘을 더해주는 관직을 빼앗긴 상태에서 백의종군하며 발휘된 리더십이라는 점, 전쟁의 지지자여야 할 조정의 지지가 없는 상태에서 발휘된 리더십이라는 점, 전함을 비롯한 무기와 군사가 적에 비해 턱없이 부족한 상태에서 협력해야 할 장수의 시기와 질투를 극복하고 발휘된 리더십이라는 점 등이 이순신의 리더십을 군사적 리더십의 범주를 넘어 다른 영역에서도 적용이 가능한 하나의 모델로 만든다.

(2) 정치적 리더십(political leadership): '강한 리더십'이라는 환상

정치적 리더십은 전쟁을 그 수단으로 자주 동원한다. 역사적인 전쟁전략가인 카를 폰 클라우제비츠(Carl von Clausewitz)는 1832년에 쓴 『전쟁론』에서 "전쟁은 정치의 도구 그 이상도 이하도 아니다"라고 했다. 왜 전쟁은 정치의 도구가 되고, 정치적 리더십의 수단이 될까? 그 원리를 이해하려면 클라우제비츠보다 300년이나 선배인 마키아벨리의 사상을 빌려올 필요가 있다. 지금으로부터 500년 전인 1532년에 쓰인 『군주론』에는 이러한 사상이 담겼고, 그 사상의 중심은 '힘의 가치(value of power)'다.

마키아벨리는 『군주론』에서 통치자에게 필요한 정치적 리더십의 원천을 힘(power)으로 본다. 르네상스 말기 인구 8만 명에 불과한 도시국가 피렌체를 배경으로 쓰인 이 책에는 통치술(지금의 개념으로 해석하면 정치적 리더십)에 대한 가치 중립적인 통찰이 담겼다. 그중에서 마키아벨리의 정치적 리더십에 대한 통찰을 응축한다면 핵심은 세 가지로 아래와 같다. 모두 '강한 힘'을 통치력의 원천으로 본 것이다.

"전쟁이란 피할 수 있는 것이 아니라, 상대에게 불리한 때까지만 연기되는 것이다."
"군주가 통치권을 유지하는 방법은 자신이 나쁜 군주가 되는 방법을 알고 있지만, 그것이 필요한 때가 아니면 쓰지 않는 절제력도 가지는 것이다."
"가장 튼튼한 요새는 군주를 따르는 백성이다."

위의 통찰은 정치적 리더십의 본질에 관한 소름 끼칠 만큼 예리한 통찰이다. 이들은 모두 진정한 강함을 강조하면서도 강함의 절제미를 요구한다. 마키아벨리를 훌륭한 리더라 부른다면 의견을 달리할 사람도 많겠지만, 그를 정치적 리더십 전략가라 부른다면 대부분 동의할 것이다.

정치적 리더십과 전쟁의 관계를 이해하려면 남북전쟁과 제2차 세계대전을 소환해야 한다. 에이브러햄 링컨의 리더십은 남북전쟁을 통해, 윈스턴 처칠의 리더십은 제2차 세계대전을 통해 발휘되었기 때문이다.

① 남북전쟁과 링컨 대통령

링컨(Abraham Lincoln, 1809~1865)은 남북전쟁(1861~1865)에서 이겨 연방제를 수호했고, 노예제를 폐지했다. 링컨은 미국 역사상 가장 위대한 대통령으로 평가받는다. 그의 리더십은 어디에서 나왔을까? 뜻밖에도 '정직(honesty)'이다. 그의 별명은 '정직한 에이브(honest Ave)', 그의 모토는 "정직은 최선의 방책(honesty is the best policy)"으로 알려졌다. 강한 색깔이 아님에도 정직성의 결과는 강력한 리더십으로 이어졌다. 이것이 리더십의 마력이다. 리더십에는 하나의 원칙론이 없다. 링컨처럼 사후 140년이 지나도 여전히 영향력을 끼치고 있다면 그보다 더한 리더상은 없다고 해도 과언이 아니다.

② 제2차 세계대전과 처칠 수상

처칠(Winston L. Churchill, 1874~1965)은 제2차 세계대전을 연합군의 승리로 이끈 리더다. 전세를 승전으로 바꾼 계기를 1940년 5월 13일 그가 하원에서 한 연설에서 찾는 학자들이 많다. "피와 수고, 눈물과 땀"이라는 제목으로 알려진 이 연설 중 두 문장에는 처칠의 리더상이 잘 담겨있고, 그의 강인함이 엿보인다.

"제가 드릴 수 있는 것은 피와 수고, 눈물 그리고 땀뿐입니다."
"우리의 목표가 무엇이냐고 물으신다면 그것은 승리입니다. 어떤 대가를 치르더라도 승리하는 것입니다."

이런 연설을 한 처칠은 원래 강인한 사람이었을까? 그가 평생 우울증에 시달렸다는 사실을 알고 있는 사람이라면 '처칠이 원래 강한 사람'이라는 평가를 하지는 못할 것이다. 그럼에도 처칠은 어떻게 강력한 리더십을 발휘할 수 있었을까? 그것은 그가 영국의 수상이었고, 그에게는 시대적으로 강한 리더십이 요구되었기 때문이다. 리더에게는 자신의 타고난 스타일대로 행동할 자유가 주어지지 않는다. 그 대신, 리더의 위치에 있는 자신에게 기대되거나 요구되는 행동을 의연하게 해야 할 책임이 부여된다. 그래서 처칠도 강해져야 했다. 이 연설을 할 때만 해도 처칠의 머릿속에는 구체적인 '승전 전략'이 없었다고 평가하는 역사가들이 많다.

리더십의 본질이 목숨을 걸고 앞으로 나아가야 이긴다는 강인함으로 비친 것은 정치적 리더십 덕분이다. '강한 리더십(strong leadership)'이라는 환상은 기업적 리더십이 중심이 된 현대적인 리더십의 맥락에서는 더 이상 스포트라이트를 받지 못한다. '리더십을 학문의 경지로 끌어올린 사람'으로 평가받는 워렌 베니스(Warren Bennis, 1925~2014)의 명저 『리더가 된다는 것(*On Becoming A Leader*)』도 정치적 리더십을 전제로 쓰인 책이다. 물론 정치적 리더십은 다른 영역의 리더십, 예컨대 기업적 리더십에도 원용될 수 있는 공통분모가 많다. 그러나 정치적 리더십은 리더십이 학문으로 발전하는 과정의 초창기에 연구된 주제이므로 정치적 리더십의 맥락에서만 리더십을 논한다면 무리가 따른다. 정치적 리더십은 어디로 그 바통을 넘겨줬을까?

(3) 기업적 리더십(corporate leadership): “리더는 성과를 내야 한다”

‘기업적 리더십’이라는 개념은 기업의 리더(corporate leader)들에게 필요한 리더십이다. 리더십의 중심축이 정치(politics)에서 기업조직(corporate organization)으로 넘어온 것은 기업의 힘이 정치적 힘을 능가하기 시작하면서부터다. 1980년대에 들어오면서 기업의 힘은 정치력을 능가하기 시작했고, 기업 내 리더의 역할이 정치지도자의 역할만큼 중요해지기 시작했다. 그때부터 정부의 조직구조도 기업의 조직도를 따르기 시작했고, 기업적 리더십이 정계에서도 새 표준으로 받아들여지기 시작했다. 그 예를 크로톤빌(Crotonville) 연수원에서 찾아보자. 크로톤빌은 기업적 리더십의 역사에서 어떤 의미를 지닐까?

크로톤빌(John F. Welch Leadership Development Center at Crotonville이 공식 명칭)은 글로벌 대기업집단(conglomerate)인 GE(General Electric)가 1956년에 세운 최초의 (기업) 리더십교육기관이다. 1981년부터 2001년까지 GE의 회장직을 맡았던 잭 웰치(Jack Welch, 1935~2020)는 이곳을 GE의 리더십개발센터로 활용했다. 기업적 리더십을 개발하기 위한 훈련기관으로 활용한 크로톤빌 연수원에 공직사회 리더들도 연수를 보낼 만큼 인기가 있었다. 기업적 리더십의 본산으로 여겨졌던 크로톤빌은 현재 어떻게 되었을까?

크로톤빌은 2022년 말 매각대상으로 올라왔다. 여기서 기업적 리더십이 과거의 명성을 어디엔가로 넘겨주려 한다는 메시지를 얻을 수 있다. 그 방향은 어디일까? 빅테크 기업의 상징이기도 한 마이크로소프트가 창업자이자 강한 리더십을 보였던 빌 게이츠(Bill Gates, 1955~)에서 부드러운 리더십의 상징이라 할 사티아 나델라(Satya Nadella, 1967~)에게 리더십의 바통을 넘긴 것도 강함에서 부드러움으로 넘어가는 리더십의 트렌드를 반영한다고 하겠다.

정치적 리더십에서 바통을 이어받은 기업적 리더십은 이제 사회적 리더십으로 그 바통을 다시 넘겨주려 한다. 사회적 리더십이란 또 무엇인가?

(4) 사회적 리더십(social leadership): '디지털 신대륙이 필요로 하는 소셜 리더십'

사회적 리더십 또는 소셜 리더십(social leadership)은 아직 낯선 개념이다. 두 가지 개념으로 쓰이는데, 하나는 사회성(sociability)과 사회적 능력(social skill)을 리더십의 도구로 쓰는 것이고, 다른 하나는 기업이라는 일터를 떠나서 사회라는 영역에서도 발휘되는 리더십을 말한다. 예컨대, SNS 등을 기반으로 자신의 영향력을 발휘하고, 그러한 영향력을 직장에서도 활용하는 경우를 사회적 리더십으로 묶을 수 있다.

이러한 사회적 리더십은 코로나19로 인한 비대면 사회가 장기화되면서 생긴 사회변동과 무관하지 않다. 이에 대해서는 '비대면 사회의 리더십'에서 이어서 쓰겠다. 그보다 중요한 것은 사회적 리더십이 '리더십'이라는 이름의 활동무대를 점점 넓히고 있다는 사실이다. 정치의 장에서 정치력의 도구로 쓰였던 리더십이, 기업의 리더십으로 옮겨가면서 기업의 성과향상 도구로 변용되었다가, 이제 기업은 물론 사회 각 영역에서 영향력을 미치는 도구로 쓰이게 되었다는 점이 핵심이다. 결국 리더십(leadership)과 영향력(influence)은 동전의 양면 같은 관계가 되고 있다. 이에 대해서는 '영향력의 개념' 편에서 이어 쓰겠다.

아직까지 리더십의 본질이 무엇인지에 대한 소결론은 내리지 않았지만, 리더십의 모델이 강함에서 부드러움으로 옮겨간 것과 그 배경에 대해서는 이해할 수 있을 것이다. 정치적 리더십은 강한 리더십을 요구했고, 기업적 리더십은 부드러운 리더십을 요구했기 때문이라고 (극도로) 단순화할 수 있다. 모든 리더십은 상황 의존적이어서 수많은 예외가 존재하지만, 대체로 보면 그런 트렌드가 보인다는 것이 바른 해석이다.

이러한 리더십의 본질이 무엇인지는 정의를 통해 알 수 있을 것이다. 리더십을 어떻게 정의할 수 있을까? 그러기 위해 필요한 기초작업의 일환으로, 리더십 가문에서 살아남은 5형제의 관계부터 살펴보자. 여기서 리더십의 '가문(family)'이라 함은 이론적 뿌리를 뜻하는데, 거기에는 적어도 세 가지가 있다. 다시 그 아래에 리더십 '5형제'가 속한다. 전자인 '가문'을 리더십 이론(leadership theory)이라 칭하고, 후자인 '5형제'를 리더십 모델(leadership model)이라 칭하기로 하고 계보를 만들어보자.

3

리더십의 3대 가문에서 살아남은 '리더십 5형제'의 관계

살아남은 것들은 모두 테스트를 거친다. 그러한 테스트 중에서 가장 엄격한 테스트는 역사적 테스트다. 역사라는 시간의 평가 기간은 수십 년에서 수백 년에 걸친다. 이런 장기평가를 거쳤다는 것은 무슨 의미를 지닐까? 그 이론이나 모델이 논리적이거나 타당도를 지녔다는 뜻이다. 아래의 세 가지 이론(theory)과 다섯 가지 모델(model)은 한때 유행하다가 역사의 뒤안길로 사라진 것들이 아니다. 아직도 인용되는 이론들이고, 활용되는 모델들이다. 그렇지만, 이들 이론과 모델들은 너무 평면적으로 이해되고 있다. 이들을 입체적으로 이해하는 것은 무슨 이득을 가져올까?

이 책은 이론서가 아니다. 이론정리는 이 글에 넣지 않겠다고 처음에 생각한 것은 그런 이유에서였다. 글을 쓰는 과정에서 내 생각이 바뀐 이유는 뜻밖에도 23년 전의 논문으로 거슬러 올라간다. 23년 전 「조직 내 커뮤니케이션 효과성이 변혁적 리더십에 미치는 영향」이라는 주제로 박사학위논문을 쓰기 위해 문헌검토를 할 때 내가 느낀 감정은 '이론에 도무지 체계가 없다'는 것이었다. 그 후 4반세기가 흘렀지만 달라진 것은 없다. 특히 수직구조(vertical structure)와 수평구조(horizontal structure)는 여전히 실종상태다. 여기서 수직 · 수평 구조란 무엇을 뜻할까?

모든 이론은 논리로 지어진 건축물과 같다. 리더십도 그렇다. 탄탄한 논리구조란 논리의 흐름에 비약이 없게 전개(develop)되고, 각 논리전개 단계에서는 단계별 주장성이 사실적 근거로 입증(prove 또는 support)된 구조를 뜻한다. 전자가 수직구조이고, 후자가 수평구조다. 이러한 수직 · 수평 구조가 살아있으면 논리는 평면에서 입체로 바뀐다. 이것이 논리적 이해(logical understanding)다. 처음에는 개념논리(conceptual logis)로 시작하지만, 실행(execution)으로 이어지지 못하면 무용지물일 수 있는 리더십 이론과 모델에서 입체적 이해가 필요한 이유는 여기에 있다. 먼저 리더십의 이론과 모델 체계를 이해하는 것은 어떤 의미와 가치를 지닐까?

추상적 개념과 현실적 방법의 조화를 추구한 철학자 임마누엘 칸트는 '3대 비판서' 중의 하나인 『순수이성 비판』을 '원리(제1부)와 방법론(제2부)'으로 나누어 기술했다. 현대적으로 표현하자면 '이론과 모델'이라는 이분법적

구조를 통해 형이상학을 형이하학 영역과 연결시킨 것이 그 의미이자 가치다. 리더십에도 이러한 구조적 연결이 필요하다. 그렇게 구조적으로 연결되어야 (개념적인 리더십) 이론이 (실행 가능한) 모델로 승화되기 때문이다. 리더십의 수직적 원리체계에 해당하는 이론 편('3대 가문')과, 수평적 방법론에 해당하는 모델 편('리더십 5형제')을 살펴보자. 리더십의 3대 가문은 무엇을 지칭할까?

(1) 리더십의 3대 가문

리더십은 개념적 틀(conceptual framework)이다. 개념은 보이지 않는다. 이처럼 보이지 않는 개념의 이해를 돕기 위해 필요한 것이 이론이다. 이런 이론들이 먼저 체계화되어야 이를 실천할 수 있는 모델들이 개발된다. 이처럼 이론과 모델의 역할분담이 필요한 곳은 모든 학문의 영역이지만, 개념을 실용가치로 변환시켜야 하는 리더십코칭에서 더욱 필요한 것은 이론과 모델의 조화다. 리더십의 이론(theory)과 모델(model)은 역할이 어떻게 다를까? 그 차이점을 설명하려면 우선 '이론'이라는 어휘의 어원부터 알아야 한다. 이론(theory)은 그리스어의 쎄오리아(theoria)에서 나왔다. '쎄오리아'는 "어떤 추상적인 것을 (눈으로 보듯) 보이게 하다"라는 뜻이다. 개념적인 이론을 눈에 보이듯 구체화하는 방법은 무엇일까? 먼저 수직적 시간과 공간 속에서 개념을 이해할 필요가 있다. 리더십의 시공간 속으로 들어가서 이론적 할아버지라 할 '리더십 특성론'부터 살펴보자.

① 리더십 특성론(Trait Theory of Leadership)

리더십 특성론(trait theory)은 "리더가 가진 특성이 리더십의 효과성을 결정한다"는 리더십 이론이다. 1841년 토머스 칼라일(Thomas Carlyle, 1795~1881)이 쓴 『영웅 숭배론(*On heroes, Hero-worship, and the Heroic in history*)』에서 시작되었다고 할 수 있다. 그는 '진실성과 성실성을 함께 가진 영웅'이 많이 필요하고, 그러한 영웅을 알아보고 존경하는 작은 영웅들이 많은 상황에서 영웅숭배가 가능하다고 했다.

그가 말한 영웅을 오늘날의 개념으로는 리더(leader)로, 작은 영웅은 팔로워(follower)로 바꾸어도 좋겠다. 그렇게 따지면 리더십 특성론의 역사는 180년이 넘었으니 가장 유서가 깊다고 해야겠다. 역사적 깊이와 이론적 타당도가 비례하지는 않는다. 리더십 특성론이 비판받는 이유는 (리더십의) '개발 가능성(developability)'을 무시한다는 점 때문이다. 만약 리더십이 타고난 특성에 좌우된다고 여긴다면 무슨 문제가 생길까?

리더십의 효과성이 타고난 특성에 의존한다고 여긴다면, 리더십을 개발하려는 교육과 훈련, 코칭까지도 무의미한 것이 되는 모순이 생긴다. 그래서 리더십 특성론은 리더의 육성보다 선발 기준으로 의미를 지닌다. 선발 기준으로 쓰는 경우에도 스토그딜(Ralph Stogdill)이 발견한 리더의 특성만 39개가 넘는데, 그 많은 특성 중에서 평가의 우선순위를 정하는 것조차 리더가 처할 상황변수로 작용하는 것들, 예컨대 달성목표나 부하직원의 준비정도 등에 다시 의존해야 하는 모순이 생긴다. 이 문제에 대해서는 (뒤에 이어지는 소주제인 리더십의 다섯 가지 모델, 이 글에서는 '리더십 5형제'라는 주제에서) 상황적 리더십 모델로 보충하겠다.

특성이론에 기반한 대표적 리더십 모델에는 막스 베버(Max Webber, 1864~1920)의 '카리스마적 리더십'이 있다. 카리스마적 리더십에 대해서는 다음 소주제인 '리더십의 다섯 가지 모델'에서 다루겠다.

② 리더십 상황론(Situational Theory of Leadership)

리더십 상황론(situational theory)은 (리더가 가진 특성보다) "리더가 처한 상황이 리더십의 효과성을 결정한다"는 리더십 이론이다. 즉 리더십이란 불변의 원칙이라기보다 상황 의존적이라는 논리가 핵심이다. 영국의 사회학자이자 철학자인 허버트 스펜서(Herbert Spencer, 1820~1903)는 1884년에 "시대가 인물을 만든다"고 주장했는데, 이런 주장은 "인물이 시대를 만든다"는 전통적 통념을 부정하는 이론이다. 스펜서는 역사적 사례연구를 통해 자신의 주장을 입증했는데, 이런 논리는 상황적 리더십의 본질과 연계된다.

이 이론은 1969년에 켄 블랜차드(Kenneth Blanchard)와 폴 허시(Paul Hersey)가 개발한 『리더십 수명주기 이론(*Leadership Lifecycle Theory*, 1969)』으로 발전했고, 1971년에는 로버트 하우스(Robert House)에 의해 "리더십의 효과성은 상황적 조건들에 의존적(contingent)이다"라는 경로-목표(path-goal)이론으로 발전했다. 이 이론에 기반한 리더십 모델로는 '상황적 리더십'이 있다.

상황적 리더십은 이론이자 동시에 모델이라고 해야 옳다. 다른 두 이론, 즉 특성론과 행동론에 비해 비중이 약해 보이지만 지속가능성을 중요시하는 리더십의 역사에서 가장 지속가능한 이론(이자 모델)로 꼽힌다. 그 이유는 무엇일까? 가장 큰 이유는 상황적 접근법이 리더십코칭의 본질과 맞기 때문이다. 바꾸어 말하면, 리더십코칭은 (리더십코칭의 대상자인) 리더가 처한 상황에 따라 방향이 달라진다는 것이다. 리더가 처한 상황별로 어떤 다른 접근이 필요한지는 상황적 리더십 모델에서 이어 쓰겠다.

③ 리더십 행동론(Behavioral Theory of Leadership)

리더십 행동론(behavioral theory, 이하 '행동론'이라 칭함)은 리더의 행동이 리더십의 효과성을 좌우한다고 보는 리더십 이론이다. 행동론은 특성론에 대한 반작용으로 생겨난 것이다. 왜냐하면, 특성은 타고나지만 행동은 개발 가능하다는 믿음이 깔려있기 때문이다.

행동론이 리더십의 특성론을 부정한 것은 아니다. 리더가 지닌 (태생적) 특성이 리더로 선발되는 과정과 리더십의 발휘에 큰 영향을 끼치지만, 특성에만 집중하면 리더십을 개발할 수 없다는 점에 주목한 이론이다. 마치 교육학에서 '본성과 양육(nature vs. nurture)'의 문제가 대립적인 것과 같다. 이 이론은 리더십코칭 관점에서 보면, 가장 심도 있게 다루어져야 할 이론이다. 왜 그럴까?

"리더십에 대한 정의는 리더십을 연구하는 학자의 수만큼이나 많다"고 비판한 학자는 스토그딜이다. 그는 특성론과 상황론, 행동론 등 많은 이론을 다루었다. 그러한 이유 때문에 스토그딜의 이론을 단편적으로 보면, 그가 특성이론을 주장한 것처럼 보일 수 있다. 실제로 많은 필자들이 그렇게 잘못 쓰고 있다. 그러나 스토그딜의 이론을 큰 그림에서 보면 다르다. 리더십에 관해 많은 글을 남긴 그의 사상을 응축하면 이렇게 된다. "리더에게 지능과 사회성 같은 타고난 특성이 중요하고, 리더가 처한 상황도 리더십의 효과성을 결정하는 데 큰 영향을 미치지만, 가장 중요한 것은 리더의 행동특성"이라는 주장이다. 다른 오해는 없을까?

"리더십에 대한 표준정의가 없다"고 한 스토그딜은 리더십을 "다른 사람의 행동에 영향을 끼치는 프로세스"로 정의했다. 이것만 두고 보면 또 다른 리더십 이론, 즉 리더십의 과정(process)이론이 생길 수 있다. 실제로 과정이론을 특성이론과 상황이론과 함께 하나의 이론체계로 주장하는 사람들도 있다. 리더십을 과정으로 보는 관점은 이론(theory)이기보다는 모델(model)에 속한다. 이에 대해서는 리더십 모델 편에서 이어서 쓰겠다.

중요한 것은 리더십이라는 가문에서 살아남은 모든 리더십 모델들이 모두 이 행동이론에 속하는 것들이라는 사실과 그 이유를 이해하는 것이다. 리더십코칭에 관심을 가진 독자에게는 그것이 더욱 중요해진다. 왜 그럴까? 그 이유를 리더십 모델들 속에서 찾아보자. 리더십 모델은 리더십 이론과 어떻게 다를까?

(2) 리더십 가문의 5형제

리더십이라는 가문에는 3대 가계가 있었다. 특성론, 상황론, 행동론이 그것이다. 이들 3대 가문에서 살아남은 5형제를 아래에 정리한다. 카리스마적 리더십, 변혁적 리더십, 상황적 리더십, 서번트 리더십, 진정성 리더십이 정리할 모델들인데, '상황론'만 유일하게 이론과 겹친다. 왜냐하면 상황론은 이론이자 모델이기 때문이다. 그래서 모델 편에서는 이론 편과는 다른 메시지를 끌어내려 애썼다. 다섯 가지 모델 각각의 본질 중에서 행동적으로 실천 가능한 핵심 메시지는 무엇일지 찾아보면 좋겠다. 원초적인 모델이라 할 카리스마적 리더십부터 살펴보자. 카리스마적 리더십은 어디서 나오고, 그것은 개발될 수 있는 것일까?

① 카리스마적 리더십

카리스마적 리더십(charismatic leadership)은 리더가 가진 강한 카리스마를 리더십 효과성의 원천으로 보는 리더십 모델이다. 전통적 리더십은 힘의 원천을 '권위(authority)'에서 찾았는데, 이 권위가 카리스마로 인해 더 강해진다는 믿음에서 출발했다. 『카리스마적 권위』라는 책을 쓴 막스 베버(Max Weber, 1864~1920)는 권위를 합법적인 권위, 전통적 권위, 카리스마적 권위로 나누었는데, 카리스마적 리더십은 리더의 권위를 (리더의) 카리스마에서 찾는 모델이다. 그렇다면 카리스마란 구체적으로 무엇일까?

카리스마란 개인이 가진 매력적인 속성이다. 여기에는 외모와 인격도 포함된다. 그래서 카리스마적 리더십은 리더십의 속성이론과 맥을 같이한다. 카리스마가 초기에는 [그리스어 카리스(kharis), '은혜'라는 뜻에서] '신의 축복'으로 여겨졌던 것도 이것이 (개발되기보다는) 타고난다는 의미를 지녔다. 카리스마적 리더십 모델의 강점이자 한계점은 이러한 양면성이다. 왜 카리스마적 리더십은 양날의 칼일까?

카리스마를 보는 바른 관점은 이것을 개인적인 매력으로 보는 것이다. 태생적으로 리더답게 타고난 사람에게는 카리스마가 금수저가 되지만, 그렇지 않은 사람에게 카리스마를 개발하는 것은 거의 불가능에 가까우므로 심하게 기울어진 운동장에서 달리는 선수가 되는 격이다. 그래서 카리스마적 리더십 모델은 리더의 선발기준(selection criteria)으로는 타당성을 지니지만, 급변하는 시대에 필요한 리더를 육성하기 위해 코칭하는 기준으로는 새로운 모델들이 필요했다. 그래서 등장한 것이 변혁적 리더십이다.

② 변혁적 리더십

변혁적 리더십(transformational leadership)은 조직이나 구성원의 변화와 혁신(transformation)을 끌어내는 데 효과적인 리더십 모델이다. 앞에서 설명한 카리스마적 리더십이 특성요인에 기반한다면, 변혁적 리더십은 결과론적인 모델이다. 즉, 변혁을 끌어낸 결과가 리더십을 입증하는 셈이다. 고로 둘은 유사한 듯하지만 서로 차원을 달리한다.

전통적인 리더십은 본질적으로 변혁적(transformational)이었다. '변혁'이라는 어휘가 들어가지 않았더라도 리더십의 근본 목적은 변화와 혁신을 끌어내는 데 있으므로 전통적 리더십은 변혁적이어야 살아남을 수 있었다. 따라서 강한 리더십의 범주에 들어가는 것은 당연하다. 변혁적 리더십이라는 개념을 창시한 제임스 맥그리거 번스(James MacGregor Burns)는 변혁적 리더십의 본질을 어떻게 정리했을까?

변혁적 리더십은 그 이름에서 묻어나듯, 리더의 역할을 변화와 혁신의 촉진자로 상정한다. 1973년 사회학자 제임스 다운톤(James Downton 1938~)에 의해 개념화된 변혁적 리더십은 1978년 제임스 맥그리거 번스에 의해 다듬어졌다. 그가 거래적 리더십(transactional leadership)에서 변혁적 리더십(transformational leadership)으로 옮겨가자고 한 사회적 배경에는 리더의 권위 상실, 조직의 수평화, 개인의 변화 촉진 등 전통적인 리더십이 직면해야 했던 도전들이었다. 변혁이라는 어휘가 들어가지 않았더라도 리더십의 근본 목적은 변화와 혁신을 끌어내는 데 있으므로 전통적 리더십은 변혁적이어야 했으며 강한 리더십의 범주에 들어가는 것은 당연하다.

③ 상황적 리더십

상황적 리더십은 (표준적 접근법보다) 리더가 처한 상황에 적합한 리더십 접근법을 찾으려는 리더십 모델이다. 상황적 리더십을 개념화한 토머스 칼라일은 『영웅 숭배론』에서 진실성과 성실성을 가진 '영웅'과 이들을 알아보고 따르는 '작은 영웅'들의 필요성을 강조했는데, 180년이 넘은 이 초기 모델의 핵심은 리더의 효과성이 팔로워의 준비정도(readiness)에 의존적이라는 지금의 상황 개념과도 상통한다.

상황적 리더십 모델 중에서 켄 블랜차드와 폴 허시가 개발한 모델은 (코칭보다) 리더십 교육용으로 주로 쓰인다. 이 모델에 기반한 의사결정 시뮬레이션을 통해 교육생들이 얻기를 바라는 메시지는 크게 세 가지 부류로 축약

할 수 있다.

- 상황대응 방법: 자신의 특성에 따라 대응하지 말고 주어진 상황에 맞게 행동하라. 준비되지 않은 리더는 상황에 관조적이기보다 자신의 스타일대로 행동한다.
- 개입 정도: '리더가 되었다'는 부담감에서 필요 이상으로 개입하지 말라. 리더로서 준비가 부족할수록 과잉개입하는 경향이 있다.
- 긴급 개입: 분명한 문제가 있는 상황에는 즉시 개입하라. 개입을 미룰수록 문제는 더 복잡해진다.

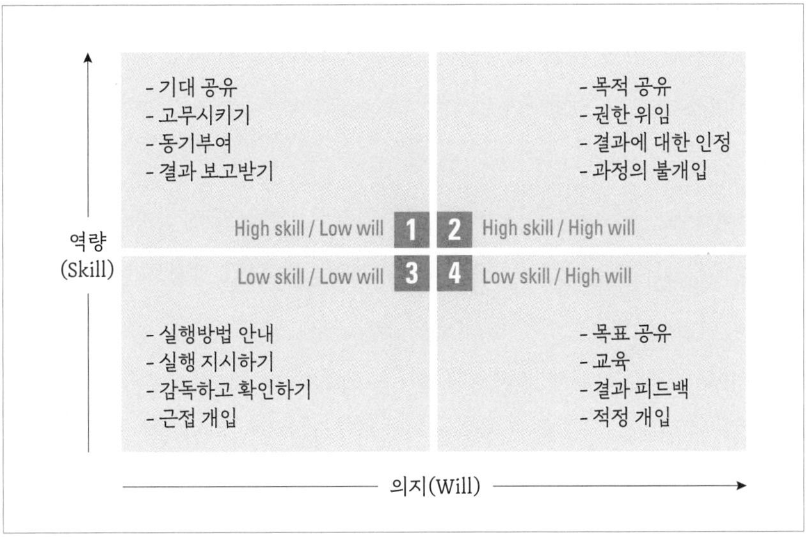

〈그림 2〉 상황 모델을 응용한 역량/의지(Skill/Will) 매트릭스

출처: 『Tao Of Leadership』에서 변용

한편, 리더십코칭에서는 상황적 모델의 응용모델이라 할 '역량/의지(Skill/Will) 매트릭스'를 더 많이 쓴다. 역량/의지 매트릭스가 전하고자 하는 핵심 메시지도 "필요한 만큼만 개입"하되 "상황에 적절한 방법으로 개입"하라는 것이다. 〈그림 2〉에 역량/의지 매트릭스 모델을 소개한다. 이 모델에서 리더의 고민거리는 ①상한과 ④상한의 사람들을 리드하는 것이다. 두 부류 모두 성취동기가 부족하기 때문에 전문가의 도움을 받아야 한다.

④ 서번트 리더십

서번트 리더십은 군림이 아닌 섬김의 자세로 상호신뢰와 존중을 (행동으로) 실천하려는 리더십 모델이다. 따라서 리더의 자세보다 리더의 행동변화를 다루는 모델이다. 상호신뢰 구축을 중요한 행동지표로 삼는다는 점에서 진정성 리더십과도 맥을 같이한다. 그렇다고 서번트 리더십이 (군림하지 않는) 부드러움(softness)만 지향하지는 않는다. 섬김의 범주는 어디까지가 되어야 할까?

1900년대 미국의 길거리에는 마차가 다녔다. 그때 자동차를 생산해서 마차를 대신하게 한 헨리 포드는 현대적 개념으로 보면 서번트 리더였다. 서번트 리더십은 1965년 로버트 그린리프(Robert Greenleaf, 1904~1990)가 제안했다. 그린리프 서번트 리더십 센터[Greenleaf Center for Servant Leadership, 설립 초기 명칭은 '응용윤리센터(Center for Applied Ethics)']를 설립해서 『서번트 리더십』을 출판하고, 서번트 리더십 운동을 일으켰다. 그는 어떤 배경에서 이런 운동을 추진했을까?

그린리프는 AT&T에서 경영연구담당 부회장으로 은퇴하기까지 많은 권위적 리더들을 만났다. 그는 그런 권위적이고 강한 리더십은 효과적이지 않다고 평가했다. 두 그룹을 섬김의 대상으로 여겼는데, 고객과 직원들이었다. 먼저 '기업은 고객에게 서비스하기 위해 존재'하는 것이라 생각했다. 그러려면 '조직의 리더들이 함께 일하는 사람들에게 서비스하는 자세로 이끌어야' 한다는 논리였다. 이러한 그의 철학을 전파하고 서번트 리더들을 양성하기 위해 설립한 것이 그린리프 서번트 리더십 센터다.

서번트 리더십은 상호신뢰에 기반한다는 점에서는 윤리적 리더십(ethical leadership)과, 리더와 함께하는 사람들의 공동성장을 지향한다는 점에서는 진정성 리더십(authentic leadership)과 연결된다. 그럼에도 서번트 리더십은 리더십 모델의 주류로 들어오지 못했다. 그 이유는 무엇일까? 그것은 외부적 요인에서 찾을 수 있다. 즉, 1997년의 외환위기와 2008년의 미국발 금융위기 등에 대처하는 과정에서 기업을 살리기 위한 과감한 구조조정의 결단이 필요했을 때 서번트 리더들의 따스한 자세만으로는 위기를 헤쳐나갈 수 없다는 생각 때문이었다.

⑤ 진정성 리더십

진정성 리더십(authentic leadership)은 리더가 보인 진정성(authenticity)이 함께 하는 사람들에게 인지되어 리더십의 효과성이 발휘되는 리더십 모델이다. 여기서 진정성은 리더의 특성을 뜻하므로 특성이론에 속한 모델인 것처럼 보인다. 그러나 진정성 리더십은 리더가 일관된 행동으로 진정성을 실천해 보일 때 상대에게 인지되는 것이므로 행동주의 모델에 속한다. 리더가 군림하거나 권위에 의존하지 않는다는 점에서는 앞에서 설명한 서번트 리더십과 맥을 같이한다. 다른 학문 분야와 마찬가지로 리더십 모델에도 유행이 있는데, 20년 이상 지속되는 진정성 리더십의 인기를 추적해보자.

진정성 리더십은 1960년대에 개념화되었다. 그러나 별로 주목받지 못한 개념이었다. 그러다가 2004년에 빌 조지가 쓴 『진정성 리더십(*Authentic Leadership*)』이 반향을 일으키면서 '진정성 리더십'이라는 개념도 함께 스포트

라이트를 받기 시작했다. 역사상 가장 오랜 기간 동안 관심을 받은 리더십 모델은 변혁적 리더십과 진정성 리더십인데, 변혁적 리더십도 진정성 리더십만큼 오랜 기간 동안 인기를 누리지 못했다. 진정성 리더십의 인기 비결은 무엇일까?

진정성 리더십의 인기 비결을 탐색하려면 그 구성요소부터 살펴보아야 한다. 빌 조지는 진정성 리더십의 구성요소로 목적(purpose), 가치(value), 가슴(heart), 관계(relationship), 자기절제(self-discipline) 다섯 가지를 들었다. 기존에 유행했던 변혁적 리더십의 구성요소보다 더 부드러운 것들이다. 그러나 새로울 것은 없다. 그럼에도 진정성 리더십의 인기가 시들지 않는 이유는 시대적 상황에서 찾아야 하지 않을까?

밀레니얼의 초기 몇 년은 불신의 시기였다. 그렇게 두려워하며 준비했

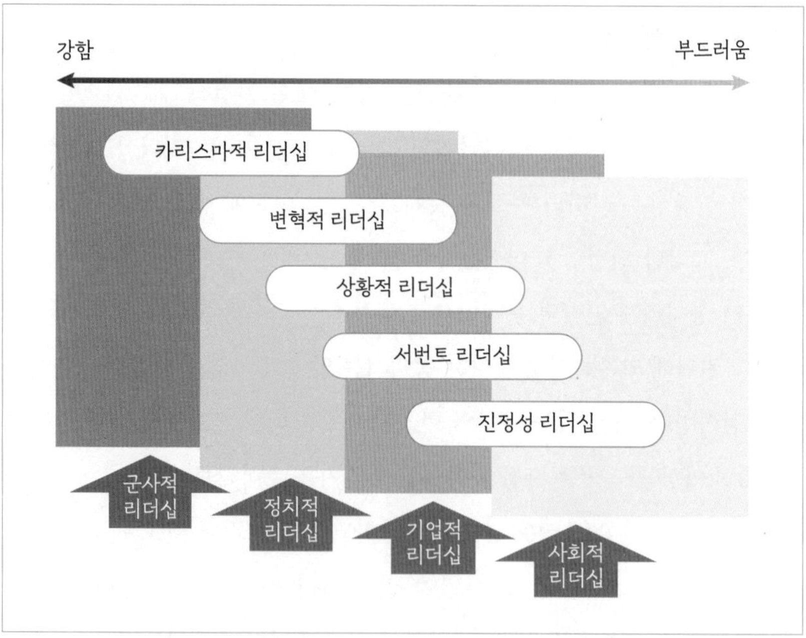

〈그림 3〉 리더십의 기능적 · 특성적 변화 추이

던 Y2K 사태는 일어나지 않았다. 2001년의 엔론사태(Enron scandal)와 2002년의 월드콤 사태(WorldCom Scandal)가 잊히기도 전에 2008년의 (미국발) 금융위기가 터졌다. 신뢰의 상징이던 금융산업과 월가의 신뢰성과 진정성이 함께 무너진 것이다. 2001년부터 2008년까지 7년에 걸쳐 일어난 일련의 사건들은 모두 단기성과 극대화를 지향한 리더십이 잘못될 가능성을 간과한 사례다. 기업의 리더는 높은 성과로 말해야 하지만, 그것이 보상의 근거가 되면 어떻게 될까? 진정성은 사라지는 것이다. 진정성이 사라지면 어떻게 될까?

리더는 비용을 비용으로 처리하지 않고 자본적 투자로 돌린다. 이익을 부풀리기 위해서다. 그래야 재무적 성과가 좋게 보이고, 주가도 올라간다. 주주가 좋아하고, 자신도 높은 연봉을 받는다. 한마디로 '진정성'은 흔적도 없이 사라진다. 2019년에 시작된 코로나 사태로 인해 3년 동안 지속된 사회적 거리두기의 여파로 타인에 대한 불신과 철저한 자기방어가 기본적 자세가 되었다. 그에 대한 반작용으로, 진정성 리더십에 대한 사회적 기대와 요구는 더 강해지고 더 지속될 전망이다.

(3) 리더십 가문의 친척들: 영향력, 설득력, 통합조정 능력

리더십 가문에는 '일가'만 존재하는 것이 아니라 '친척'도 존재한다. 대표적인 친척은 영향력이다. 그다음에 설득력이 오고, 통합조정 능력이 온다. 이 중에서 영향력은 마치 동전의 양면 같은 존재다. 리더십이 전면이라면, 영향력은 그 후면이다. 영향력이 리더십의 핵심 원천이라는 뜻이다. 반면, 설득력은 리더십의 도구다. 설득력이 없다면 리더십은 발휘되지 않는다. 영향력을 끼치는 필수 도구가 설득력이라고 해도 좋겠다. 한편, 통합조정 능력은 도구이자 역할이다. 리더가 보여야 할 행동패턴 중에서 하나만 꼽는다면 바로 통합조정 행동이다. (대한민국) 고위공무원들에게 필요한 핵심역량 1번이 통합조정 능력인 것도 같은 이유에서다. 각각을 간략하게 살펴보자.

① 영향력

영향력(influence)은 합법적인 권위가 없어도 상대를 움직이게 하는 힘이다. 영향력에는 긍정성과 부정성 두 측면이 있다. 서양문화에서는 주로 긍정적으로, 동양에서는 부정적 맥락에서도 쓰인다. 특히 영향력은 간접적으로 미치는 힘을 뜻하므로 '영향력을 행사했다'처럼 동사형으로 쓰이면 부정적인 맥락이 담긴다. 한편 영향력이 리더십의 도구로 언급될 때는 긍정적인 영향력을 뜻한다. 이러한 영향력은 리더십과 어떤 관계에 있을까? 이것만으로도 책 반 권은 채울 만한 주제이므로 핵심만 적자면 이렇다.

앞의 "리더십 가문의 5형제"에서 밝혔듯이, 리더십은 특성이론(trait theory)에서 출발했다. 리더십을 타고난 특성으로 여기는 한계점 때문에 특성이론은 리더 선발기준 외에는 쓰이지 않지만, 완전히 사라진 것이 아니다. '영향력'이라는 이름으로 개명해서 아직 살아있다. 영향력은 바꾸어 말해서 '리더가 가진 인간적 매력' 정도이고 그 스펙트럼은 아주 넓으므로 이러한 영향력을 가진 리더(나 장래의 리더)가 합법적인 리더의 위치에 오르면 더 효과적인 리더가 된다.

② 설득력

설득력(persuasiveness)은 자신의 주장을 납득할 수 있게 전달하여 상대에게 받아들이게 하는 능력이다. 설득은 (소통과 함께) 리더가 해야 할 기능적 역할 중에서 가장 중요한 역할에 속한다. 그 과정은 일방적인 통보가 아니라 쌍방향으로 이루어진 소통이어야 한다. 그러한 과정을 통해 컨센서스(consensus)에 도달하려면 리더다운 설득력이 필요하다. 설득을 역할이 아니라 역량적 관점에서 보면, 그 중요성은 다시 부각된다. 설득력을 역량(competency)이라는 렌즈로 들여다보면 이렇다.

'리더들은 입을 여는 순간마다 리더십을 시험받는다'는 말이 있다. 그 시험은 무슨 시험일까? 바로 설득력이 시험의 중심주제다. 그러한 설득력은 어떻게 구성될까? 리더십 역량을 평가하는 세계적인 기준이라 할 평가센터 방식에서는 설득력의 구성요소로 논리구조(logical structure)와 자신감 있는 전달(confident delivery)을 꼽는다. 자신의 말이 얼마나 논리적이고, 얼마나 자신감 있게 전달되는지 그것만으로도 설득력을 짐작할 수 있을 것이다.

③ 통합조정 능력

통합조정(Integrated Adjustment) 능력은 (조직 내) 다양한 이해관계자의 입장 차이를 조정해서 뜻을 하나로 모으는 능력이다. 통합조정 능력은 한국의 리더들에게 특히 요구되는 능력이다. 왜냐하면 내향성이 지배하는 조직문화에서는 통합조정자의 역할이 (암묵적으로) 주로 리더에게 부과되기 때문이다. 한편, 외향적인 서양문화에서는 통합조정이 상대적으로 쉽게 이루어지는데, 일상의 갈등조정, 일상적 협상 등이 그 예다. 서양문화에서는 그저 일상적인 통합조정이 부족하면 어떤 일이 일어날까?

모든 조직에는 갈등이 존재한다. 견제와 균형의 원리로 구성된 조직의 특성상 갈등은 당연한 현상이다. 이때 리더가 통합조정 능력을 충분히 발휘하지 못하면 조직은 부서이기주의에 빠진다. 구성원들은 각자 자신에게 맡겨진 일만 잘하면 끝이라고 여기게 된다. 그러면 개개인으로서는 성공하지만 조직은 실패한 결과가 생긴다. 조직이 존재하는 이유는 상호협력을 통해

(혼자서는 할 수 없는 것을 해내고) 공동의 성과를 극대화하는 데 있다.

4 비대면 사회에서 생긴 새로운 리더십 3형제

강요된 비대면 사회가 장기화되면서 리더십에도 변화가 생겼다. 리모트 리더십, 사상적 리더십, 영적 리더십 등이 그것이다. 이들은 모두 리더십의 본질이 상황대응적인 것이고, 적응적이라는 사실을 말해준다. 큰 그림을 통해 리더십의 세계에 생긴 변화의 트렌드를 읽어보자.

(1) 리모트 리더십

리모트 리더십(Remote Leadership)은 리더가 같은 공간에 있지 않아도(즉, 원격상황에서도) 발휘되는 리더십을 말한다. 리모트 리더십은 코로나19의 장기화와 이로 인한 재택근무나 유연근무의 보편화로 그 필요성이 촉발된 리더십의 새로운 형태다. 코로나19에 대한 방역대책이 위드 코로나(With Corona)로 바뀐 후에도 비대면의 편리성에 길들여진 인간의 행동은 쉽게 전면 대면상태로 돌아오지 않을 것이다. 그 이면에 생긴 변화 중에서 무엇을 알고 있어야 할까?

리더의 관점에서 보면, 상황만 허락한다면 리더는 조직 구성원들과 같은 공간에서 함께 일하고 싶어 한다. 같은 공간에 있다는 것은 리더의 영향력에 임장형(臨場形) 권위를 더해준다. 함께 일하는 사람들의 일과 행동을 실시간으로 아무 노력 없이도 모니터링할 수 있다. 그래서 리더가 끌어가야 할 상황을 예측할 수 있다. 리더와 함께 일하는 사람들의 입장에서도 같은 공간에 있는 리더의 마음을 읽을 수 있고, 맥락적 소통이 가능해진다. 이러한 대면적 맥락교환이 사라진 비대면 상황에서는 어떤 변화가 생길까?

같은 공간에서 (리더와 조직 구성원이 함께) 일하는 것이 허락되지 않는 상황이거나, 디지털 기반 협업 도구들의 급격한 발전으로 구태여 함께 일하지 않아도 성과달성에 지장이 없는 리모트팀, 또는 다직능팀(cross-function team)이나 고성과팀(high-performance team)에서도 리모트 리더십은 필요해진다. 이렇게 리모트 리더십을 탄생시킨 비즈니스 환경 변화에 어쩔 수 없이 이미 적응해버렸고, 비대면의 업무환경이 더 편안하다고 느끼는 신세대에게 전달되어 수용되는 리더십은 점점 리모트 리더십을 닮아갈 것이다. 그러한 맥락에서 리모트 리더십은 사상적 리더십과 뿌리를 공유한다.

[리모트 리더의 다섯 가지 실천사항]

① 다양한 방법으로 소통해야 한다.

② 비대면 소통에만 의존하지 말아야 한다.

③ 정서적으로 타인을 이해해야 한다.

④ 타인이 감시받고 있다고 느낄 행동을 금해야 한다.

⑤ 함께 일하는 사람들에게 먼저 신뢰를 보여야 한다.

(2) 사상적 리더십

사상적 리더십(Thought Leadership)은 생각의 우월성에서 발현된 리더십으로 물질적 가치관에 기반한 리더십에 대한 일종의 반작용으로 생겨났다고 할 수 있다. 그래서 리모트 리더십과 영적 리더십의 연결고리가 된다. 그렇다면, 사상적 리더십은 구체적으로 어떤 리더십을 말하는가? 이 질문에 답하려면 사상적 리더십과 대비되는 행동적 리더십과 비교해보아야 한다. 왜 이 시대는 행동적인 리더십보다 사상적인 리더십을 필요로 할까? 그 제약점과 가능성이라는 관점에서 살펴보자.

사상적 리더십의 가치는 무엇보다 그 초월성과 희소가치에 있다. 다른 이해관계자들보다 한 차원 높은 관점에서 본 큰 그림과 전략적인 접근법, 뚜렷한 방향성, 혁신적인 아이디어 등은 누구나 가질 수 있는 차원의 것이 아니다. 그래서 희소가치가 있고, 그 파급력 또한 크고 지속적이다. 그런 이유로 행동적 리더십이 제약을 받는 비대면 상황에서 더 가치를 인정받는 것이다. 사상적 리더십은 리모트 리더십과 영적 리더십의 뿌리가 되므로 독립된 하나의 모델로 정의하는 것은 쉽지 않다. 그러나 물질적 가치를 초월한 리더십이 요구되는 인공지능 시대가 확산될수록 사상적 리더십은 리더십의 원천이 되어갈 것이다. 사상적 리더가 실천해야 할 행동특성을 정리해보면 이렇다.

[사상적 리더의 다섯 가지 실천사항]

① 자기 분야의 공부를 깊게 해야 한다.

② 인접 분야에 대한 이해도도 넓혀야 한다.

③ 타인의 생각에서 배우는 겸손을 갖추어야 한다.

④ 지적 오만에 빠지지 말아야 한다.

⑤ 자신의 생각을 사회적 연결망 속에서 폭넓게 공유해야 한다.

(3) 영적 리더십

영적 리더십(Spiritual Leadership)은 영적 차원에서 발휘되는 리더십을 말한다. 영적 리더십에는 두 가지 개념이 혼재한다. 하나는 '영적 차원의 리더십'이고, 다른 하나는 '영적 세계의 리더십'이다. 전자는 물질문명이 지배하는 세계관에 대한 반작용으로 대두된 것이고, 앞에서 살펴본 리모트 리더십 및 사상적 리더십과 맥락을 공유한다. 그래서 코로나19 이후의 비대면 사회에서 더 필요한 리더십으로 부각된다. 반면 후자는 모든 종교의 지도자들에게 요구되는 리더십을 말한다. 이 짧은 글에서 영적 리더십 전반을 언급하는 것은 불가능하다. 그래서 (종교지도자적 리더십이 아닌, 일에서 생각할) 영적 차원 리더십에 대해서만 쓰겠다. 영적 리더십의 본질은 무엇일까?

업무적 영역에서 영적 리더십이 가지는 의미와 가치는 세 가지 차원으로 나눌 수 있다. 우선 일의 의미 찾기와 동기부여의 가치에 있다. 리더십의 근본이 선한 영향력의 행사라면, 리더가 먼저 자신의 역할과 일에서 의미를 찾고, 다른 사람도 자신만의 것을 찾도록 도와야 한다. 그러면 개인적 목적과 조직의 목적을 한 방향으로 정렬시키는 영향력이 자연스럽게 발휘된다. 그 결과로 얻어지는 상호신뢰(mutual trust)와 이에 기반한 윤리적 리더십(Ethical Leadership)은 두 번째 차원이다. 세 번째 차원에서 영적 리더십은 진정성 리더십 및 서번트 리더십과 근원적으로 닿아있다. 영적 리더십이 종교지도자들의 리더십에 국한되지 않는 이유가 여기에 있다. 달리 표현하자면 영적 리더십은 하이터치(high-touch) 리더십이다. 하이터치는 또 뭘까?

전설적인 코치 빈스 롬바르디(Vince Lombardi)는 "리더는 함께하는 사람들이 자신을 믿고 따르도록 하는 영적 능력을 갖추어야 한다"고 했다. 변호사이자 선교사로 중국 및 동아시아 선교사역에 헌신한 오스왈드 샌더스(Oswald Sanders)도 영적 리더십을 "리더의 존재만으로도 영적 세계의 존재를 믿게 하는 무의식적 영향력"으로 정의했다. 아이젠하워(Dwight Eisenhower) 대통령은 "당신이 원하는 일을 다른 사람이 스스로 원해서 하도록 하는 예술"이 리더십이라고 했는데, 이것은 영적 차원의 리더십을 지칭한 것이다.

결국 영적 차원을 터치하는 영적 리더십은 가장 차원 높은 리더십이므로 영적인 하이터치 리더십은 인공지능의 확산과 더불어 인공지능에 리더의 역할을 내주지 말아야 할 리더들이 자신의 존재가치를 입증하기 위해 더 가까이 다가가야 할 리더십이 될 것이다. 영적 차원의 리더십을 개발하기 위해 리더들은 무엇을 해야 할까? 최소한 다섯 가지를 실천해야 한다.

[영적 리더의 다섯 가지 실천사항]

① 리더라면 자신에게 불리하더라도 정직해야 한다.

② 타인에게 공정해야 한다.

③ 타인을 인격적으로 존중해야 한다.

④ 타인에게 요구하는 규율을 자신이 먼저 지켜야 한다.

⑤ 함께 일하는 사람의 가능성을 믿어야 한다.

2.
한국형 리더십의 특징과 리더십코칭의 방향성

1

한국의 리더들이 빠지는 다섯 가지 편향(bias)

한국의 리더들이 주로 빠지는 편향은 다음과 같은 다섯 가지다. 이것들은 한국적 리더들의 특성과 관계된 것들이 대부분이다. 한국의 리더들은 이러한 편향성에 빠지지 않도록 의식적으로 노력해야 한다. 그 이유는 뭘까?

리더가 이런 편향에 빠지면 그것을 바로잡을 권한이 있는 사람은 리더의 상사뿐이다. 그런데 상사의 상사 눈에는 이런 것들이 잘 보이지 않는다. 또한, 이러한 편향성들은 기질과 연관되어 있어서 결정적인 계기가 없다면 고쳐지지도 않는다. 지속적인 자기인식과 개선 노력이 필요한 것은 그런 이유에서다.

〈표 1〉 한국적 리더들이 빠지는 5대 편향

편향성 구분	특성의 정의	한국적 리더십에 미치는 영향
경험 휴리스틱	휴리스틱(heuristics)은 표준절차를 정한 알고리즘(algorithm)이 없을 때 주로 경험에 입각해서 직관적으로 판단하는 편향성이다.	연공서열이 높을수록 리더가 될 가능성이 크다면 경험 휴리스틱도 더 크게 작용한다.
자기과신 편향	자기과신(over-confidence)은 자신의 능력이 (실제보다) 뛰어나다고 여기는 착각을 말한다. 지나친 낙관이나 독단으로 이어진다.	스스로의 실력을 믿을수록 운도 실력이라 착각하므로 예상할 수 있는 문제에 대비하지 않는다.
완벽성 편향	완벽성(perfection)은 오류를 범하지 않으려는 특성이지만 이것이 지나치면 창의와 혁신이 사라지고, 미래세계로 전진할 수 없다.	치밀한 특성의 한국적 리더들은 완벽성의 함정에 쉽게 빠지고, 이로 인해 많은 비능률을 만든다.
성실성 편견	성실성을 능력으로 착각하는 것을 말한다. 성실성은 중요한 태도이지만, 그것으로 성과나 능력을 평가하려는 경향은 문제다.	리더가 성실하면, 중요한 일을 타인에게 믿고 맡기지 못한다. 그래서 인재개발의 기회를 놓친다.
책임감 중독	책임의식(accountability)은 필요하지만 과도하면 스트레스와 탈진현상으로 이어진다. 함께 일하는 다른 사람들도 힘들게 한다.	꼼꼼한 리더일수록 세부적인 것까지 직접 판단하고 결정하려 하므로 권한위양이 어렵다.

2

한국형 리더십의 네 가지 특징

한국형 리더십의 네 가지 보편적 특성을 논하기 전에 '특성(characteristics)'의 개념부터 명확히 하고 들어가겠다. 리더십 진단과 같이 리더십코칭 이

전에 실시하는 리더십 유형분석에서는 그 특성들이 서로 MECE(Mutually Exclusive Collectively Exhaustive) 관계에 있도록 분석이 구조화된다. 특성 간의 중복도 겹침도 없다는 뜻이다. 이러한 분석 모델은 설명용으로는 훌륭하지만, 실용성은 아주 낮다. 왜냐하면 현실의 리더는 그렇게 뚜렷이 구분되는 특성별로 나누어지지 않기 때문이다.

한국에서 자랐고, 여기서 교육받고 일하며 검증받아온 리더들이라면, 그들이 가진 공유특성이 차별화된 특성보다 더 많다. 결국 MECE하게는 '한국형'이라는 '보편적 특성'을 분리할 수 없다는 뜻이다. 그래서 서로 겹치더라도 한국의 리더들이 가진 공통특성(common characteristics)을 찾으려 했다. 한국인 리더들의 보편적 특성 또는 공통특성은 무엇일까? 그 특성은 네 가지로 압축되는데 내향성(introversion), 우호성(amiable), 과제지향성(task-oriented), 완벽지향성(perfectionistic)이 그것이다.

각 유형 리더의 사례를 다루기 전에 이 네 가지 특성의 개념부터 먼저 재정리해야 혼란이 없을 것이다. 강조하고 싶은 것은 이들 특성이 공유특성이므로 리더들 서로 간에는 물론 한 리더의 내적 특성 간에도 겹친다는 점이고, '겹침'이나 '겹치지 않음'이 좋고 나쁨과는 무관하다는 점이다. 각각의 특성을 재개념화해보면 아래와 같고, 각각의 구체적인 사례를 보면 더 깊이 이해할 수 있을 것이다.

① 내향성(introversion)

내향성은 외향성과 반대되는 특성이다. 내향성이 가진 여러 특성 중에서 자신의 (신체적 · 정신적 · 정서적) 에너지를 외부세계보다는 내부세계(예컨대 일과 자기성찰)에 투입하는 특성에 주목해야 한다. 내향성에 대한 대표적인 오해는 '에너지가 부족하다'는 것이다. 그런 생각은 진실과 거리가 멀다. 내향형의 에너지는 내면세계로 향한다. 그 내면은 일의 세계를 포함한다. 그래서 그 에너지가 밖에서는 잘 보이지 않는다. 내가 코칭했던 내향적 리더들은 모두 내적 에너지와 그에 기반한 정신력이 강한 리더들이었다.

② 우호성(amiable)

우호성은 주도성과 반대되는 특성이다. 우호성은 부드럽고 따뜻한 리더십으로 드러난다. 만약 리더의 역할이 항상 부드럽고 따스하기만 해도 주어진 역할을 감당하기에 충분하다면 아무 문제가 없다. 그러나 리더가 리더이기 위해 감내해야 할 가장 큰 시련은 힘든 결단(tough decision)의 책임과 고통을 피하지 않는 것이다. 그래서 리더에게 우호적 특정으로는 감당하기 어려운 역할이 기대된다. 우호적인 기질적 특성은 쉽게 바뀌지 않으므로 리더십 기술로 보완되어야 한다. 대표적인 예가 어려운 대화(difficult conversation)를 끌어가는 기술, 갈등을 조정하는 기술 등이다. 우호적인 리더를 코칭하면서 가장 시간을 많이 투자하는 부분이 바로 이러한 소프트 스킬(soft skill) 개발이다.

③ 과제지향성(task-oriented)

과제지향성은 관계지향성과 반대되는 특성이다. 과제지향성이 강할수록 리더는 중요한 의사결정을 자신이 직접 하려 한다. 극단적인 경우, 리더 자신이 모든 것을 파악하지 못했다면 어떤 결정도 하지 않고 미룬다. 그러면 무슨 문제가 생길까? 가장 큰 문제는 함께 일하는 사람들, 즉 장래 리더들의 역량개발이 이루어지지 않는다. 왜냐하면 역량의 90%는 경험으로 개발되기 때문이다. 모든 조직에서 리더들에게 "권한을 더 위양하라(delegate more)"고 요구하고, 대부분의 조직에서는 임파워먼트(empowerment)를 리더십 평가의 중요한 척도 중 하나로 관리한다는 점을 상기할 필요가 있다.

④ 완벽지향성(perfectionistic)

완벽지향성은 '무결점주의'를 말한다. 우리말로는 완벽주의의 반대개념이 없다. 영어로 수용성(accommodative, agreeableness)이 반대개념과 유사하다. 여기서 주목할 점은 과제지향적 리더가 점점 완벽지향적으로 강화(reinforce)되는 조직의 생리와 구조다. 왜 그런지는 뒤의 사례에서 보충해서 설명하겠다. 완벽지향적 관리자(perfectionistic manager)는 (단기적으로) 성공적일 수 있어도 완벽지향적 리더(perfectionistic leader)는 어떤 경우에도 효과적일 수 없다. 왜냐하면 이 시대가 요구하는 리더의 행동 특성은 민첩성(agility)이기 때문이다.

한국형 리더십의 특성을 〈그림 4〉에서 살펴보고, 각각의 특성을 세부적으로 들여다보면 무엇이 보일까?

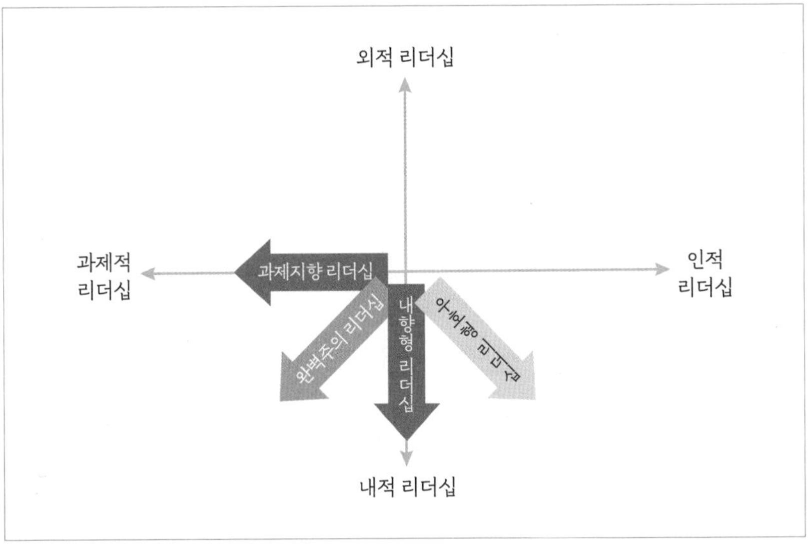

〈그림 4〉 한국형 리더십의 네 가지 특성도

(1) 내향적 리더십

MBTI 통계는 약 75%의 한국인이 내향형이라고 말한다. 이러한 통계가 의미하는 바는 뭘까? 한국인은 (서양인을 대표하는) 미국인에 비해 리더십 자질이 부족하다는 것일까? 아니면, 한국의 리더들은 내향적 기질을 살려 서양과는 차별화된 리더십을 발휘해야 한다는 것일까?

나는 지난 20년간 리더십코칭을 해오면서 성공한 리더들이 더욱 성공하도록 도왔다. 그들은 대부분 다국적 기업의 경영자나 임원, 관리자들인데, 수많은 리더 가운데 외향적 리더는 손에 꼽을 정도였다. 그 이유는 또 뭘까? 나의 멘토이자 리더십코칭의 창시자인 마셜 골드스미스 박사도 "서양에서도 크게 성공한 리더는 대부분 내향형"이라고 말했다. 한국 리더들의 성공사례를 분석한 한국리더십센터의 김경섭 박사도 경영자독서클럽 강연에서 "한국에서 성공한 리더는 거의 내향형"이라고 했다. 이 모든 정보를 종합하면, 내향적 리더십은 어떠하다는 것일까? 아래의 사례자가 많은 것을 이야기해준다.

> "저는 지금까지 내향성에 대해 일종의 콤플렉스 같은 것을 가지고 살았어요. 특히 국제회의나 다국적 모임에서는 더욱 그렇게 느꼈어요. 왜냐하면 다른 나라에서 온 사람들은 처음 본 사람과도 쉽게 어울리는데, 저는 그런 것이 편하지 않았어요. 아무래도 내향적 문화권에서 온 아시아 사람들과는 더 쉽게 어울리는데, 서양인과는 시간이 좀 필요했어요."

그에게 왜 내향성을 콤플렉스처럼 여겼는지, 또 어떻게 극복했는지 물었더니 이렇게 대답했다.

"리더십이라는 게 서양에서 만들어진 개념이잖아요. 그래서 외향적인 서양인의 행동을 리더십 행동의 표준으로 여기는 경향이 있었어요. 예를 들면, 다양한 사람들과 인간관계를 맺는 것이라든지, 낯선 외국인들과의 모임에서 내가 먼저 다가가 친구같이 대한다든지 하는 것을 말합니다. 이런 것들이 내게는 쉽지 않은데, 마치 그래야 하는 것처럼 의무감 같은 것을 가지고 있었어요. 내게 맞지 않는 옷을 입고 지내는 것처럼 어색한 것보다는 차라리 나답게, 내가 가장 잘하는 방식으로 관계를 맺자고 마음먹으니까 오히려 쉬워졌어요. 대표적인 예가 내가 관계관리를 해야 할 사람들을 리스트로 만들고, 계획적으로 안부를 묻는 메일을 보내고, 텍스트 메시지도 보내고 하는 것은 모두 내가 잘하는 방식이거든요."

리더에게는 당연히 관계관리가 필요하다. 그는 이것을 외향적인 방식으로 한 것이 아니라 자신이 잘하는 내향적인 방식으로 했다는 것이 그가 공유한 스토리의 핵심이다. 그는 글을 잘 쓰기로 소문난 전문가였다.

한국인의 기질은 내향적이지만, 이것 때문에 해야 할 일을 못하는 것은 아니다. 자신만의 방식대로 한다면 오히려 과업관리와 관계관리에서 모두 성공할 가능성이 더 크다는 점을 강조하고 싶다. 그렇다면, 내향적 리더에게는 어떤 빛과 그림자가 있을까? 아래에 제시한 과제지향, 완벽지향, 우호형은 모두 내향형과 관련된 유형이며, 각각의 빛과 그림자를 가진다. 아래의 세 가지 특성을 좀 더 살펴보자.

(2) 과제지향 리더십

과제지향(task-oriented)은 개념적 용어다. 개념적 용어를 쉽게 설명하는 방법은 반대개념과 대비시키는 것이다. 그런 맥락에서 과제지향성의 반대개념은 뭘까? 과제지향적인 리더일수록 자신의 에너지를 과제해결에 집중하려 하므로 그 반대는 관계지향성(relationship-oriented)이 된다. 이미 암시되었지만, 두 방향성의 근본적인 차이는 구체적으로 뭘까?

과제지향적 리더는 과제를 직접 해결하려 한다. 반대로 관계지향적 리더는 다른 사람을 통해 문제를 해결하려 한다. 앞에서 개념 정리한 것처럼 리더십의 본질을 "타인을 통해 성과를 내는 것(driving results through others)"이라고 극도로 단순화한다면, 과제지향과 관계지향 중 어느 쪽이 더 바람직할까? 그리고 한국의 조직문화에서는 어느 쪽이 더 타당할까? 이것이 2절의 핵심 포인트다.

리더십은 서양에서 학문적으로 발전했다. 서양문화의 특성인 외향성과 외향성의 표출 형태인 관계지향성을 기본 맥락으로 하는 것은 당연하다. 그런데 그러한 관계지향적 접근이 내향적인 한국문화에서도 타당할까? 이것을 이해하기 위해서는 한국의 교육문화를 언급해야 한다. 과제지향성과 한국교육은 또 무슨 관계를 지녔을까?

하버드대학교의 입학사정관이 한국교육의 특성을 '주입식'과 '문제풀이 학습'으로 규정한 적이 있다. 한국인에게는 기분 나쁜 평가이지만, 부인할 반증도 없다는 사실이 슬프다. 한국교육의 플랫폼인 '문제풀이식'과 리더 계층의 '과제지향성'은 뿌리가 서로 연결되어있다. 무슨 뜻일까? 그 답은 '한국 리더들의 DNA'를 분석해보면 나온다. 한국의 리더들은 어떤 사람들일까?

한국의 리더들은 공부라면 자신 있는 사람들이다. 그래서 좋은 대학을 나왔고, 좋은 직장에 들어가서 리더의 자리에까지 올랐다. 자기 자신이 가장 똑똑하다고 여기는 경향이 있다. 거기에 더해서, 경험마저 가장 많이 가졌다면? 어떻게 눈앞의 문제해결을 위해 타인의 손을 빌리겠는가? 자신이 직접 해결하는 것이 가장 빠르고 확실한데? 그러한 시각에서 보면, 함께 일하는 다른 사람들이 (자신에 비해) 준비가 많이 부족해 보이는 것이 당연하다. 그러면 어떤 결과가 생길까?

내가 지금까지 코칭했던 리더들 중에는 '전 대리'가 많았던 것으로 기억된다. 직급은 전무급이니 고위 임원이다. 그런데 일하는 방식은 '대리급'이라는 이야기다. 나만 이러한 리더들을 만난 것이 아니었다. 『초격차, 리더의 질문』에서 저자(권오현)는 "삼성의 임원 중에도 전 대리가 많았다"고 했다. 전 대리로 불릴 만한 리더들의 행동특성은 뭘까? 학창 시절부터 조직 경험까지 문제해결(problem solving)이라면 이골이 난 이들이 보이는 행동특성은 뭘까?

그들은 일을 믿고 맡기지 않는다. 자신이 보기에는 상대가 늘 부족해 보이니, 불안해서 수시로 챙긴다. 그런 챙김을 고마워할 부하직원은 없다. 불필요한 간섭으로 여기는 것은 기본이고, 자신에 대한 불신(miss-trust)으로 받아들인다. 또는 자신을 인정하지 않는 인색한 평가로 여긴다. 나쁘게 평가하는 이들은 상사가 없는 회식 자리에서 이를 '꼰대짓'이라 부른다. 여기서 '리더십의 본질(the nature of leadership)'이 무엇인지를 상기해볼 필요가 있다. 리더십의 본질은 '타인을 통해 공동성과를 극대화'하고, 그 과정에서 '리더와 장래의 리더가 함께 성장하는 것'이다. 그런 각도에서 보면 과제지향의 리더에게 어떠한 리더십코칭이 필요한지는 분명해진다. 즉, 어떻게 전 대리들이 일을 믿고 맡기게 만들까? 이런 과제와 기술은 지금까지 내가 책임졌던 코칭 프로젝트에서 빠지지 않는 메뉴였다.

(3) 완벽주의 리더십

한국에서 크게 성공한 리더라면 완벽주의자(perfectionist)일 가능성이 크다. 완벽지향 리더십은 바람직한 것일까? 이름만으로는 좋게 보인다. 그러나 조직의 생리를 알고 나면, 완벽주의는 결코 좋아 보이지 않는다. 완벽성 또는 완벽주의, 완벽지향은 어떤 빛과 그림자를 지녔을까? 먼저 빛의 영역부터 살펴보고, 이어서 그림자 영역도 비춰보자. 완벽주의란 무엇일까? 리더의 완벽지향성은 무엇을 뜻할까?

코로나 이후의 조직에서는 공통적으로 민첩성(agility)을 강조한다. '민첩하다' 또는 '애자일(agile)하다'는 것은 무슨 뜻이고, 완벽주의와는 어떤 관계가 있을까? 럭셔리 업계인 B 기업의 사례를 보자. 코로나로 인한 사회적 거리두기가 해제되면서 B사는 물류 대란을 겪고 있다. 하루에만도 5,200건 정도의 항공편이 취소되거나 지연되는 요즈음, 항공 물류에 의존하는 럭셔리 브랜드의 물류체계는 민첩성이 생명이다. 그래서 대부분의 결정을 담당자 선에서 해야 한다. 보고하고, 승인을 받고, 신중한 답변을 기다릴 시간이 없다. 그런데 민첩한 의사결정에는 항상 실수나 잘못된 결정이 따른다. 문제는 실수를 대하는 리더의 태도다. 대부분 리더들은 어떤 자세로 부하직원의 실수를 대할까? 자신의 실수는 또 어떻게 다룰까? 자기 자신의 실수를 인정하기나 할까? 이런 의문이 생기는 것은 당연하다. 에너지 업종인 J사 H 공장장의 사례를 보자.

> "내 보스인 회장님은 늘 '큰 그림을 보라' 하시는데, 그것이 쉽지 않습니다. 나는 엔지니어로 현장에 입사했고, 그때 나는 작은 결함이나 고장 하나도 용납하지 않아야 업적을 낼 수 있었습니다. 그러면서 25년의 세

월이 흐르고, 다양한 공장 업무를 두루 거친 다음 공장의 최고책임자가 되었지요. 그런데 현장에서 몸에 밴 완벽주의 성향이 고쳐지지 않는 것입니다."

나는 H 공장장이 자신에 대해 언급한 '완벽주의' 성향이라는 단어에 주목했다. 왜냐하면 대부분의 완벽주의자들은 스스로 완벽주의에 빠졌다는 것을 인정하지 않기 때문이다. 그런 맥락에서 "무엇이 문제라고 생각하시는지" 물었다. 이런 대화를 나누기 전에 나는 이미 그의 이해관계자 12명을 모두 일대일로 면담했고, 이해관계자들의 입을 통해 "무엇이 그의 강점인지", "무엇이 문제인지"도 모두 파악하고 있었다. 그렇지만, 그의 이야기를 들어주는 것이 코치로서 나의 임무였다. 그의 이야기를 축약하면 이렇다.

"관리자로 일하는 동안에는 나의 완벽주의 성향이 회사 업무를 예측 가능하게 만드는 데 기여하고 있다고 여겼지요. 그런데 경영자가 되고 보니, 나의 완벽주의가 오히려 방해된다는 것을 알아차렸습니다. 대표적인 예가 의사결정 과정에서 드러났지요. 부문별 책임자들이 나의 판단을 묻는 경우, 확실한 상황 파악이 되기 전까지는 어떤 결정도 하지 않는 나 자신을 발견했지요. 의사결정이 지연되어 관리자들이 갑갑해하는 것이 보였지만, '신중한 것'이라 합리화하고 있는 자신을 발견했습니다."

경영자에게 완벽주의 성향은 고칠 점이지만, 그는 스스로 그 폐해를 알고 있었기 때문에 코칭이 쉬웠다. 나는 다양한 모델을 동원해서 문제의 본질을 분석하고, 대안을 도출하는 방법론들에 익숙해지도록 도왔다. 특히 문제해결을 위해 집단지성을 동원하는 방법론을 권장했다. 그는 그 과정에서 자신의 의사결정 능력뿐 아니라, 함께 일하는 관리자들의 의사결정 능력과 문제해결 능력도 함께 성장하는 과정을 지켜보는 것이 보람되다고 했다. 그러나 대부분 완벽주의자들은 그와 같지 않다.

많은 완벽주의자들이 자기주장을 끝까지 고집하고, "미안합니다"라는 한마디 말로 종결될 문제조차 합리화하는 논리를 펴느라 회의 시간을 낭비하고, 이해관계자들은 이를 혼란스러워한다. 무엇보다 완벽주의자는 실수를 용납하지 않기 때문에 실수를 통해 배울 기회를 주지 않는다. 장래의 리더들이 가장 많이 배우는 것은 상사가 덮어준 실수를 통해서인데도 말이다.

(4) 우호형 리더십

한국 리더들의 40% 정도는 우호형(amiable)이다. 우호형은 내향적이고, 마음이 따스하다. 그래서 내향성과 우호적 성향은 겹친다. 이들은 함께 일하는 사람들을 존중하고, 친절하게 대한다. 그래서 다른 사람들로부터 진정성(authenticity)이 있다는 평가를 받는다. 함께 일하고 싶은 상사인 것은 분명하다. 그러나 리더에게 늘 맑은 날만 있는 것이 아니다. 맑은 날씨만 계속된다면 누구나 리더 역할을 감당할 수 있다. 그러나 궂은 날도 리더는 자신의 역할에 충실해야 할 책임이 있다. 그래서 우호형에게도 빛과 그림자가 있다. 다음의 사례를 보자.

"나는 지난 1년 동안 하루하루를 힘겹게 이겨냈습니다. 내가 직접 면접해서 뽑은 사람들을 내가 다시 면담해서 희망퇴직서를 받아야 했으니까요. 코치님의 도움이 없었다면 기나긴 터널을 견뎌내지 못했을지도

모릅니다."

그 조직은 1년 이상 대대적인 구조조정을 단행해야 했다. 기능이 축소 개편되는 부문의 책임자인 K 대표는 출근하기조차 괴로웠다. 코칭이 있는 날은 이미 정해진 코칭 세션 어젠다보다 당면과제에 대해 논의하고 싶어 했다. 이슈의 대부분은 구조조정에서 파생되는 문제들이었다. 어제까지 한솥밥을 먹던 식구들을 하루아침에 입장을 바꿔 차갑게 대한다는 것은 어느 리더에게나 괴로운 일이다. 그리고 우호형에게는 특히 더 괴로운 일이다. K 대표의 솔직한 심정이다.

"그럴 수만 있다면 차라리 내가 사표를 내고 싶어요. 그렇지만 조직의 책임자가 조직이 어떻게 되든 무책임하게 사표를 던질 수는 없잖아요? 그래서 코치님이 가르쳐주신 방법대로 마인드컨트롤을 하면서 출근하고, 퇴근길에도 마음을 관리하며 일터의 스트레스를 가정으로 이전시키지 않으려 노력했습니다. 그렇게 하지 않으면 불면의 밤을 맞거나, 잠을 이루더라도 악몽에 시달리게 돼요."

모든 조직에는 수명주기가 있다. 리더의 역할에도 그러한 주기가 있는 것은 당연하다. 좋은 역할만 할 수 있다면 정말 운이 좋은 경우다. 만약 악역을 맡아야 하는데 자신이 우호형이라면, 차라리 자신의 대리인 역할을 할 차가운 사람을 전면에 내세우는 것이 좋다. 구조조정 같은 비정례적인 일이 아니라도 우호적인 리더가 치러야 할 시험은 또 있다. 그것은 갈등의 관리(conflict management)다. 소비재 업종에서 영업과 마케팅을 총괄하는 Y 전무의 이야기다.

"마케팅부서와 영업부서는 서로 견제하며 균형을 찾아가는 구조입니다. 부서 간에 갈등이 존재하는 것은 당연하지요. 그런데 문제는 갈등 자체가 아니라, 갈등을 대하는 나의 자세에 있다는 것을 알았습니다. 부서 간의 갈등을 조정해서 긴밀한 협력체계를 만들어가는 것이 내 임무인데, 갈등을 회피한다기보다는 갈등이 드러나는 것을 좋아하지 않다 보니 갈등의 소지가 있는 것을 공개하거나 건설적으로 풀어나가기보다 억눌러서 묻어두려 한다는 점이었어요. 그러면 갈등은 더 응축되고, 언젠가는 터지기 마련이지요."

우호형의 리더들은 훌륭한 인격자들이다. 훌륭한 인격을 가진 리더일수록 갈등을 피하려는 경향이 있다. 어려운 결단을 요구하는 의사결정도 미루려는 경향이 있다. 갈등적 에너지가 건설적 에너지로 전환될 수 있는 타이밍은 갈등을 덮거나 미루지 않고 건설적으로 해결하겠다고 마음먹는 그 순간이어야 한다. 그런 이유에서 우호적 리더들에게는 갈등관리 기술, 특히 갈등에 직면하는 기술, 예컨대 '어려운 대화기술(Having Difficult Conversation)' 등이 더 많이 필요하다.

3 한국형 리더십코칭의 세 가지 방향성

한국형 리더십코칭은 (원칙적으로) 고유한 방향성을 지닌다. 예외는 있을 수 있지만, 나는 지난 20여 년간 예외라고 할 케이스를 발견하지 못했다. 그 방향성이란 무엇일까? 왜 한국의 리더들에게만 이러한 방향성이 요구될까? 이것을 이해하는 것은 리더들에게는 물론 장래의 리더들에게도 중요한 생각의 전환 계기가 될 것이다. 그것은 먼저 과제에서 관계로, 개별성과에서 공동성과로, 단기성과에서 지속가능한 성과로 대별된다. 각각에 대해 핵심과 실천사례만 정리해본다. 먼저 '과제에서 관계로'란 어떤 방향성을 말하는가?

(1) 과제에서 관계로

리더들이 존재하는 이유는 높은 성과를 내기 위해서다. 높은 성과 달성을 위해서는 일을 해야 하는데, 일을 하는 방향성에는 '과제(task)'지향성과 '관계(relationship)'지향성이 있다. 과제지향적으로 일하려면 누가 일하든 성과만 내면 그만이다. 이 경우에 똑똑한 리더들은 자신이 직접 일을 해버린다. 또는 권한을 위임하기보다 일을 시킨다. 업무지시는 자주 명령조다. 성과는 내겠지만 성장은 따르지 않는다. 그러한 성과는 지속가능하지 않다. 반면, 관계지향적으로 일한다면 어떻게 달라질까?

관계지향적으로 일하려면, 누구에게 어떤 일을 위임하고, 그 일을 통해 어떤 유익한 경험을 쌓게 기회를 부여하고, 결국 그 사람이 일을 통해 무엇을 배우게 하고, 어떻게 성장시킬지 (마음속에라도) 계획이 있어야 한다. 일을 시키기에 앞서서 일의 의미와 가치부여가 선행된다. 내가 권한위양(delegation과 empowerment 포함)을 주제로 다룰 때 가장 중점을 두는 것은 바로 이 방향성의 유지문제다. 그래서 나는 위임계획서(delegation planner)를 작성하고 사용할 것을 강조한다. 어떻게 위임하라는 것일까?

위임계획서의 작성목적은 '과제지향'적으로 하던 업무방식을 '관계지향'적으로 전환하기 위해서다. 위임계획서에는 일을 맡기는 배경과 이유, 목적과 목표, 마감 시한, 관련 정보, 보고체계 등이 명시되므로 이러한 위임계획서를 준비해서 일대일로 위임회의를 하면 '업무지시'로 끝날 수도 있는 일대일 미팅이 '능력개발'을 위한 코칭의 장으로 바뀐다. 무엇보다 일을 맡기는 사람과 일을 맡는 사람 사이에 신뢰가 형성된다. 이때 '관계자산'과 '신뢰자산'이 쌓인다.

대부분의 리더들은 너무 바빠서 여기까지 생각이 미치지 못한다. 아마도 그럴 마음의 여유가 없을 만큼 어깨의 짐이 무거울 것이다. 터널시야로 좁아진 리더들의 시각을 넓혀주는 것이 리더십코치의 역할이다.

사례 /// 과제에서 관계로 전환하는 코칭

J 부사장은 전지업종의 연구개발센터장이다. 화학공학이 전공배경인 그는 매우 분석적이고 과정지향적이다. 조금의 빈틈도 허락하지 않는다. 그는 좋은 성과를 만들어내고 있었으며, 그의 높은 성과는 회사에서도 인정하고 있었다. 이렇게만 보면 그는 코칭을 받을 이유가 없어 보인다. 그렇지만 그와 함께 일하는 사람들은 그와 일하는 것을 힘겨워했다. 왜 그럴까?

그는 탁월한 문제해결자다. 구체적으로 업무지시를 하고, 업무수행 과정을 수시로 보고받고 확인한다. 보고 시간에는 날카로운 질문으로 팀장들을 긴장시킨다. 지시가 추상적이어서 무엇을 어떻게 하라는 것인지 모르게 만드는 것도 문제이지만, 지시가 지나치게 구체적인 것도 큰 문제다. 왜 그럴까?

MZ세대는 구체적인 지시를 원하기도 하지만, 그에게 보고하는 팀장들은 그가 좀 더 관계지향적으로 일하기를 바랐다. 즉 자신들이 (리더의) 성과창출 도구로만 쓰이기보다 (리더와) 함께 성장해가기를 원했다. 리더는 어떻게 성장해야 하기 때문일까?

---

(2) 개별성과에서 공동성과로

리더의 주 역할이 성과창출이라면 어떤 성과를 말할까? 개별성과에서 공동성과로 지향성을 바꾸어야 하는 이유를 이해하려면 모든 조직에 공통된 성과관리 시스템을 이해해야 한다. 대부분의 기업은 물론이고 기업의 시스템을 따라가는 정부 및 비영리단체의 성과평가 시스템도 경쟁체제에 기반을 둔다. 성과평가를 하는 목적은 평가 결과에 따라 공정한 보상을 하기 위해서다. 물론, 개인이 속해있는 팀이나 부문의 단체성과에 따라 개인성과의 인센티브도 함수적으로 달라지기는 하지만, 단체성과의 배분 비중은 미미하다. 그래서 주된 보상은 개인성과에 따라 이루어진다. 구성원들이 경쟁적으로 개인성과에 올인하는 이유다. 여기서 무엇이 문제가 될까?

어느 조직이든 부서이기주의로 골머리를 앓는다. 부문이기주의는 협력을 방해한다. 이때 우리는 중요한 것을 망각한다. 즉 개인성과의 합이 부문성과가 될 수 없고, 부문성과의 합이 조직 전체의 성과가 될 수 없다는 사실을 말한다. 조직이 존재하는 이유는 공동성과를 극대화하는 시너지 효과 창출을 위해서다. 리더조차 이것을 망각하면 곤란하다. 내가 리더십코칭을 하면서 '성과관리'라는 주제에서는 '경쟁적 마인드의 덫(competitive mindset trap)'에서 빠져나오도록 하는 이유도 여기에 있다. 부문의 리더조차 이것을 망각한다면 누가 큰 그림을 유지하겠는가?

리더라면 이러한 두 가지, 즉 관계지향적이고 공동성과 지향적인 마인드가 지속가능한 성과창출 시스템을 만든다는 사실을 기억해야 옳다.

사례 /// 공동성과 창출 코칭

L 전무는 화학업종의 공장장이다. 그는 생산의 총책임자이지만, 그의 카운터파트인 마케팅 부문의 H 전무는 한국과 일본, (중국을 제외한) 아시아를 관장한다. 가장 협력적으로 일해야 할 생산과 마케팅 부문은 서로 경쟁자가 되었다. 마케팅은 생산이 협조해주지 않아서 고객의 요구를 맞출 수 없다고 했고, L 전무는 "마케팅의 잦은 계획변경 때문에 생산성을 유지할 수 없다"고 불평했다. 생산과 마케팅의 책임자가 함께 코칭 대상자로 들어온 이유였다. 둘은 어떤 코칭을 통해 어떻게 변화되었을까?

이 두 사람의 핵심성과지표(KPI)를 보면 이들의 갈등이 이해된다. 모든 조직의 성과평가척도는 부서성과 중심이다. 생산은 주로 생산성과 품질지표로 평가받고, 마케팅은 시장점유율 변화와 고객만족도로 평가받는다. 이 네 가지 지표는 상호보완적인 관계이지만, 각각 따로 평가받는다. 그러면 전체의 성과보다 부서의 성과에 더 신경 쓰는 것이 당연하다. 두 리더는 무엇을 어떻게 바꾸었을까?

반년 동안의 코칭을 통해 두 임원은 부서성과만을 위해 일하지 않고, 공동성과 극대화를 위해 함께 힘을 모으고, 그것으로 평가받게 되었다. 서로가 지켜야 할 행동강령을 합의해서 정하고, 그것을 지켰는지 여부를 상호 평가하도록 했다. 이처럼 성공적인 리더십코칭은 경영컨설팅의 맥락과 겹치는 경우가 많다.

(3) 단기성과에서 지속가능한 성과로

단기성과 위주로 일한다면 가장 일을 잘할 사람은 아마도 리더일 것이다. 그래서 똑똑한 리더일수록 중요한 일은 자신이 직접 하는 경우가 많다. 어떤 조직은 이것을 리더에게 필요한 행동으로, 또는 리더의 솔선수범으로 여기기도 한다. 그러나 이것은 잘못 포장된 것이다. 왜냐하면 솔선수범하는 리더는 가장 어려운 일을 직접 하지, 가장 중요한 일을 직접 하지 않는다. 중요한 일일수록 맡길 수 있어야 신뢰가 쌓이고, 이해관계자가 성장한다. 예를 들어, 횡적 협력을 위한 조정작용을 보자. 리더가 나서서 조정하면 단번에 해결될 부서 간 갈등도 리더는 뒤로 빠지고 중간관리자나 담당자가 전면에 나서서 해결하려면 어떻게 진행될까? 십중팔구는 대리전으로 발전한다. 리더는 체면을 지키고, 담당자만 피를 흘린다. 이런 시스템에서는 지속가능한 성과가 만들어지지 않는다. 어떻게 하라는 말일까?

리더가 경쟁심리의 덫에 걸리면 자신을 대체 불가능한 존재로 만들고 싶어진다. 중요한 일은 자신이 결정하고, 다른 이해관계자를 개입시키더라도 단지 도구적으로만 동원한다. 이런 시스템에서는 인재육성이 되지 않고, 지속가능한 성과를 만들어낼 체계도 구축되지 않는다.

사례 /// 지속가능한 성과창출 시스템 코칭

Y 부사장은 소비재 기업의 마케팅 부문을 총괄하는 책임자다. 치밀하고 일 처리가 꼼꼼하기로 소문난 임원이다. 그래서 남들보다 일찍 임원이 되었다. 마케팅 리서처로 일을 시작했다. 소비재시장의 빠른 추이를 통계적으로 분석하고, 변화를 예측하는 일에는 이골이 난 사람이다. Y의 상사인 S 대표가 말하는 Y의 문제는 중요한 일은 모두 혼자서 한다는 점이었다. 다행히도 지금은 좋은 성과를 유지하고 있지만, Y에게 자신의 자리를 물려주고 자신은 더 큰 역할을 맡고 싶은데, 그것이 불가능하다는 것이었다.

이 문제를 표면적으로만 보면 후계계획의 문제로 보인다. 그러나 리더십코칭의 관점에서 보면 이것은 장기 성과창출 시스템의 문제다. 혼자서 좋은 성과를 내는 것은 단기적으로는 가능할 수 있어도 지속가능하지 않다. 스마트한 리더들은 스스로 성과를 내기보다 성과창출 시스템을 만든다.

Y 부사장이 코칭의 필요성을 인정하고 코칭을 받기까지 회사의 승계계획이 일조했

다. Y가 '스스로 성과를 내기보다 성과창출 시스템을 구축'하는 것을 대표직 승계의 조건으로 정했기 때문이다. Y가 치밀한 성격을 버리기는 불가능해 보였지만, 자신의 경력계획이 걸린 이슈였기 때문에 그는 해냈다. 그는 일을 맡기고 결과를 기다리는 조직개발의 인내심을 보여주었다. 자신이 직접 하던 업무보고도 팀장들이 하도록 바꾸었다. 그는 정해진 1년의 기간 동안에 모든 상황을 바꾸어놓았고, 상위직으로 승진했다는 소식을 들었다.

그래서 〈그림 5〉와 같이 '한국형 리더십코칭이 지향할 세 가지 방향성'을 개념적이나마 제시한다. 리더십코칭의 생명은 올바른 방향성이다.

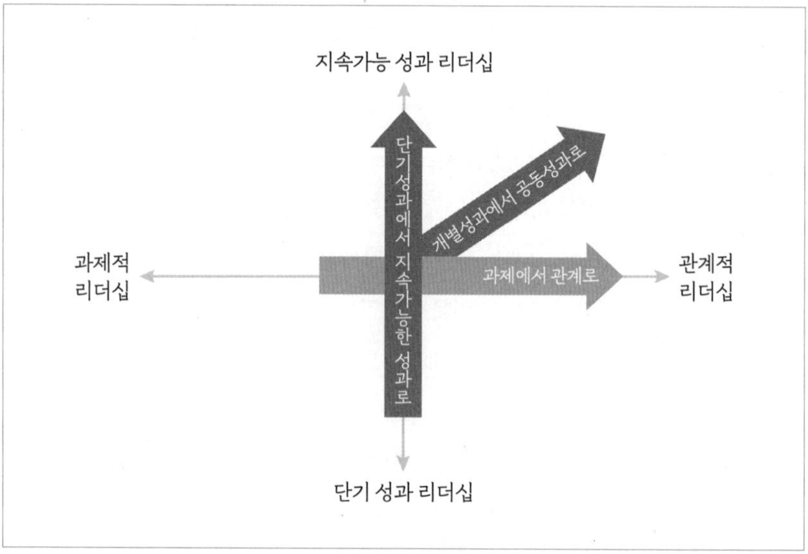

〈그림 5〉 한국형 리더십코칭이 지향할 세 가지 방향성

3. 한국형 리더십코칭의 3차원적 접근법

1 진단기반의 접근(assessment-based approach)

모든 리더십코칭에는 진단이 필요하다. 두 종류의 진단이 존재하는데, 사전진단과 사후진단이 그것이다. 사전진단은 방향성을 정하기 위해, 사후진단은 리더십코칭의 성과를 평가해서 유효성을 입증하기 위해 필요하다. 방향성이 명확해야 코칭계획을 세울 수 있고, 효과성이 입증되어야 대가를 청구할 수 있다. 1회성이나 무료로 진행하는 코칭이라면 예외일 수 있겠지만, 가능하면 간단한 방법으로라도 진단하는 것이 전문성을 유지하는 방법이다.

(1) 리더십 진단의 의미와 필요성

리더십 진단은 왜 필요한 것일까? 리더가 자신의 리더십 스타일을 알도록 하기 위해서일까? 그보다 중요한 이유가 있다. 리더십코칭의 대상자들은 공통적으로 자부심이 강하다. 그런 리더들, 또는 그러한 장래 리더들이 가진 강점은 탁월한 능력이다. 빛이 강하면 그림자도 진해지는 법이다. 훌륭한 리더들에게도 고칠 점이 많은 것은 당연하다. 그러한 자기변화를 리더들이 스스로 수용할까? 자부심과 자존감이 강할수록 자기변화의 필요성을 스스로 느끼지 못하는 법이다. 그래서 진단도구의 도움이 필요하다. 어떠한 성격의 진단이 필요할까?

세상에는 수많은 종류의 진단도구들이 존재한다. 그 많은 진단도구들을 모두 섭렵하는 것은 불가능하다. 그렇다고 자신이 아는 도구만 써서 모든 리더십코칭 이슈들을 해결하겠다고 생각한다면 어떻게 될까? 모든 도구는 저마다의 강점이 있는데, 그 도구적 강점이 나의 코칭 목표와 방향성이 맞지 않는다면 어떻게 될까? 결국 실패를 초래한다. 내게도 리더십코칭의 초기에는 그렇게 실패한 프로젝트가 있었다. 목표로 한 자기변화를 실천하지 않는 리더와 코칭을 계속 진행하는 것은 무의미하므로 중도 진도까지만 정산받고 코칭 프로젝트를 종결한 적이 있다. 결국 어떤 도구를 쓰라는 것일까?

(2) 리더십 진단의 세 가지 차원

리더십 진단도구 하나를 선택할 때도 전략이 필요하다. 우선 리더십의 갭이 생길 수 있는 아래 세 가지 대표영역 중에서 어디에 초점을 두고 진단을 실시할지 판단해야 한다. 이러한 판단에 이르기 위해서는 사전면담이 필요하다. 코치에게는 '케미스트리 미팅(chemistry meeting)'이라 불리는 처음 미팅에서 이러한 요소들을 파악하는 눈이 필요하다. 리더십 진단에서 필요한

3차원적 접근은 아래와 같다. 각각의 영역에서 어떠한 리더십 갭이 생길지를 예측하는 안목이 필요하므로 아래와 같이 나누어 살펴본다.

① 과제지향성

과제지향성은 리더에게 필요한 문제해결 능력과 판단력에 중점을 둔 접근법이다. 이미 리더로 평가받는 인재들은 이 부분에는 대체로 문제가 없다. 왜냐하면 몇 차례의 스크린 과정, 예컨대 승진평가라든지 매년 성과평가 과정을 거쳐 과제해결 능력은 검증되었기 때문에 오늘의 자리까지 올라왔다는 것이다. 그럼에도 회사에 따라서는 이러한 차원의 진단을 원하는 경우도 있다. 그때 코치는 그것의 불필요성을 이해할 수 있게 설명할 수 있어야 한다. 그럼에도 고객기업이나 조직의 주관자(counter part)가 원한다면 차라리 실용적 진단법인 '미결함(in-box) 기법'을 쓸 것을 제안할 필요가 있다.

미결함 기법은 평가센터 방식에서 주로 쓰는 도구인데, 여러 가지 성격의 미해결 과제를 주고 짧은 시간에 그것을 해결한 결과를 놓고 분석 평가해서 과제해결 패턴과 능력을 분석하는 기법이다. 지금까지 내가 수행했던 수많은 코칭 프로젝트에서도 이 과제를 사용한 적이 여러 번 있는데, 적어도 현직의 리더들에게는 특이한 문제점이 발견되지 않았다. 따라서 현재의 리더들에게는 필요하지 않은 접근이라 결론지어도 좋겠다.

② 관계지향성

원칙적으로 리더십은 관계지향적 기술이자 태도다. 리더십코칭 과정을 설계하기 위한 리더십 진단이 여기에 집중하는 이유도 관계지향성이 리더십의 원형이기 때문이다. 왜 관계지향성이 중요할까? 그 이유는 외향성이 지배하는 문화권에서는 리더십이 학문화되었기 때문이다. 그 결과, 내향성이 지배하는 문화권, 특히 한국을 포함한 극동아시아권에서 리더십을 진단하면, 리더십 갭이 가장 많이 발생하는 영역이 바로 관계지향성 영역이다.

분석적으로 보면 리더십은 관계지향 기술의 집합체여야 한다. 관계지향성을 리더십 진단에서 가장 중요하게 다루는 이유가 여기에 있다. 관계지향 기술들은 리더십 진단을 목적으로 한 이해관계자 인터뷰(stakeholder interview)를 통해 주로 진단한다. 그 이유는 뭘까? 관계기술은 관계 속에서 진단해야 옳기 때문이다. 예를 들면, 비영리조직의 리더 A는 스스로 소통의 달인이라 생각한다. 그런데 이해관계자들을 면담해보면 그들의 생각은 반대다. 전혀 소통이 없다고 그들이 생각하는 이유를 어떻게 분석할 수 있을까?

방향성으로 보면, 소통은 쌍방향이어야 한다. 일방적 소통은 지시나 명령 전달이지 소통이 아니다. 이들의 대표주자는 무엇으로 구성될까? 리더십, 공감적 소통, 설득력 3형제가 그들이다. 관계지향적 리더십 기술 3형제의 관계를 표시하면 〈그림 6〉과 같다.

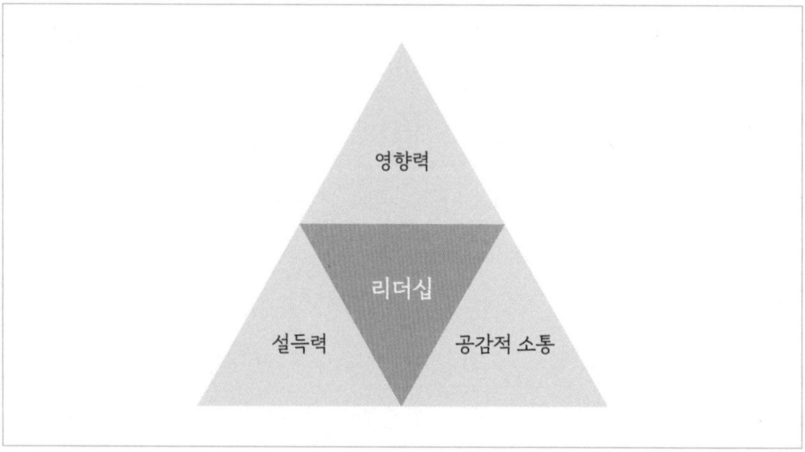

〈그림 6〉 관계지향적 리더십 기술 3형제의 개념도

③ 내적 지향성

내적 지향성은 리더의 내적 특성들, 예컨대 창의성, 적극성, 스트레스 내성, 회복탄력성, 일관성, 책임감, 신뢰도 등을 뜻한다. 이러한 내적 특성들을 평가하는 진단도구들은 많다. 진단은 대부분 자기진술식 설문으로 이루어지는데, 나는 이런 진단도구들을 좋아하지 않는다. 사회적으로 바람직한 방향으로 왜곡된 답변을 할 수 있고, 이러한 진단도구에서 도출할 수 있는 코칭 목표나 코칭 성과가 없기 때문이다.

다른 코치들은 자신만의 방법을 가지고 있겠지만, 나는 주로 이해관계자 인터뷰를 통해 이해관계자들이 피부로 느끼는 리더의 내적 특성을 파악한다. 이렇게 도출된 내적 특성은 타당도가 높고, 매우 구체적이다. 특이하게 이해관계자가 다수인 경우에도 상당히 일관성 있는 결과값이 도출된다. 리더를 보는 눈은 비슷하기 때문이다. 간혹 일관성이 부족한 경우에도 그러한 데이터 분산이 왜 생기는지를 파악한다. 거기서 더 많은 리더십코칭 포인트를 특정할 수 있기 때문이다. 예컨대 일종의 사내 팬클럽(fan-club) 같은 비선 조직의 존재 여부도 여기서 파악된다.

(3) 리더십 진단도구

리더십 진단도구는 여러 종류다. 그래서 선택의 폭이 넓을 것 같지만 그렇지 않다. 왜냐하면 타당도가 검증된 것이 많지 않고, 진단목적에 맞는 것을 찾기는 더 어렵기 때문이다. 그래서 필요한 질문은 "왜 진단을 하려 하는가"이다. 진단목적을 묻는 이 질문에 답하지 못한다면 진단도구의 선택은 할 수 없다. 결정적인 이유는 진단도구마다 진단목적이 다르기 때문이다. 도구가 그것을 밝히지는 않지만, 나는 구별하여 쓴다. 우선 네 가지 유형의 리더로 구분하는 진단지를 보자. 무엇이 문제일까?

이 도구는 리더를 장군형, 학자형, 동기부여가형, 봉사자형으로 나눈다. 2×2로 나누므로 단순하고 쉽다. 그러나 진단 결과를 어디에 쓸 수 있을까? 대부분의 리더십코칭이 리더의 행동변화를 목표로 하는데, 이런 진단에서는 코칭 목표도 성과평가도 나오지 않는다. 상상력이 풍부한, 부지런한, 책임감 있는, 담대한 등의 (천부적) 특성들을 진단하는 도구도 있다. 도구의 이름은 브랜드의 명예를 고려해서 밝히지 않겠다. 그런 진단에서 얻을 수 있는 것은 무엇일까? 성격은 변하지 않는다는 사실을 알면 답이 보인다. 나는 주로 LSI를 쓰는데, LSI를 쓰는 이유는 나의 리더십코칭 목표와 부합한 도구이기 때문이다. 무엇이 어떻게 부합한다는 것일까? 아래의 12가지 리더십 유형을 이해하고 나면 LSI를 쓰는 이유도 이해가 될 것이다.

(4) 12가지 리더십 유형

아래에 제시한 12가지 리더십 유형은 휴먼시너지스틱스(HumanSynergistics)의 LSI 모델에 기반한 분류다. 나는 리더십코칭을 시작하기 전에 사전진단용으로 LSI를 사용하는데, 다음과 같은 세 가지 이유가 있다.

① 코치가 하기 싫은 이야기를 대신 해준다. 예컨대, 너무 수동적이라거나 너무 공격적이라는 이야기는 코치도 하기가 어렵다. 리더의 체면도 생각해야 하기 때문이다. 이때 리더가 듣기 싫은 말들을 대신해주는 도구다.

② 행동지향적 도구다. 리더십코칭의 목표는 리더의 행동변화다. 그런데 기질이나 성격을 얘기한다면 무용지물이다. 그런 것들은 변하지 않기 때문이다. LSI는 어떠한 행동변화가 필요한지 구체적으로 밝혀준다.

③ 가치지향적 도구다. 리더의 행동변화를 목표로 하는 코칭에서 가치 중립적인 진단 결과는 무용지물이다. 분명한 방향성을 제시하려면 가치지향적이어야 한다. 어떤 가치지향을 의미할까? 〈표 2〉를 참고하여 도구가 지향하는 가치가 어느 방향인지 유추해보기를 권한다. 적어도 리더십코치에게는 그 방향성이 보여야 마땅하다.

〈표 2〉 12가지의 리더 행동유형 조견표

구분	유형번호, 유형명	긍정적 특성	부정적 특성
수동 방어적 유형	#3. 인정(approval)형	타인에 대한 배려	지나친 눈치 보기
	#4. 보수(conventional)형	규칙 철저 준수	창의 혁신성 부족
	#5. 의존(dependence)형	권위자 존중	주도성 절대 부족
	#6. 회피(avoidance)형	책임소재 확실히 하기	책임 회피
공격 방어적 유형	#7. 대립(oppositional)형	뚜렷한 자기주장	지나친 비판
	#8. 권력(power)형	확실한 권한 행사	직무 권한의 남용
	#9. 경쟁(competitive)형	승부근성	사소한 승부에 집착
	#10. 완벽주의(perfectionistic)형	오류가 없음	형식적 완결성에 집착
건설적 유형	#11. 성취(achievement)형	질적 성취	단기성과에 초연
	#12. 자아실현(self-actualization)형	자신과 타인의 성장 독려	싫은 소리를 못 함
	#1. 인간적 격려(humanistic-encouraging)형	인간적 동기부여	질책하지 않음
	#2. 우호(affiliative)형	신뢰하는 인간관계 구축	악역의 회피

출처: 휴먼시너지스틱스 리더십 개발 툴스 매뉴얼에서 변용

〈표 2〉에 표기된 유형번호는 #3번으로 시작해서 #2번에서 끝나는데 오타가 아니다. 원본의 유형번호는 마치 에니어그램이 번호로 통하듯 고정된 코드다. 지면의 제약상 코드 각각을 설명하는 것은 불가능하지만, 조견표를 읽고 첨부된 진단지로 자신의 리더십 특성을 체크해보면 LSI가 지향하는 방향성이 보일 것이다. 그것을 스스로 분석해보는 것도 리더십코칭 훈련이 될 것이다.

(5) 리더십 진단과 결과의 디브리핑 시 유의점

리더십코칭을 위한 진단이 끝나면 그 결과를 디브리프(debrief)한다. 여기서 브리핑을 하지 않고 디브리프를 하는 이유는 뭘까? 그 이유는 브리핑과 디브리프의 의미 차이를 알면 이해가 될 것이다. 브리핑(briefing)은 '보고(reporting)'와 같은 말이지만, 디브리프는 '경과 보고+후속질문'으로 구성된다. 디브리프는 리더십코치가 리더에게 진단 결과를 알려주기 위해 하는 것이 아니다. 진단 결과를 설명해주고 리더의 생각을 묻고, 리더의 반응을 살피기 위한 것이며, 리더십코칭의 방향성과 코칭 목표 등을 토의하고 결정하는 것이 모임의 목표다. 그래서 아래와 같은 유의사항에 충분히 대비해야 한다.

- 에둘러 얘기하면 효과가 없다. 리더가 듣기 싫은 이야기를 어떤 방법으로 할 것인가?

- 사실대로 말해야 한다. 그러나 리더에 대한 비판적인 정보제공자를 보호하면서, 사실을 사실대로 어떻게 말할 것인가?
- 하나의 목표에만 집중한다. 근본적인 변화 '하나'를 끌어내고, 다른 것들은 자연히 좋아지게 할 그 '하나'는 무엇인가?

2
구조적 접근(structured approach)

리더십코칭에서 구조화된 접근은 어떤 의미와 가치를 지닐까? 구조화된 접근에서 코칭의 목표설정과 어젠다 및 실라버스(syllabus) 설계 등은 어떤 의미를 지니는 것일까? 20년을 리더십코치로 살아온 경험에 기반해서 핵심만 정리한다.

(1) 구조적 접근의 의미와 가치

구조적 접근은 신뢰감을 준다. 코칭 상대가 권위적이거나 힘있는 사람일수록 더 구조화된 접근이 필요하다. 왜냐하면 구조화된 프로세스는 변수를 통제하고, 결과를 예측 가능성의 영역 안으로 끌어들이기 때문이다. 구조화는 리더와 코치 사이의 약속에 그치지 않는다. 리더십코칭에 협조해야 할 이해관계자들, 예컨대 리더의 상사와 부하직원, 동료 등에게도 리더의 변화에 동참하게 만드는 효과가 있다. 그래야 리더십코칭이 궁극적으로 지향하는 공동성장(growing together)이 가능해진다. 이러한 구조화의 중심에 코칭 목표설정이라는 이벤트가 존재한다.

(2) 리더십코칭 목표설정

리더십코칭에서 목표설정의 중요성은 얼마나 클까? 그것은 한 가지 관례만으로도 짐작이 가능하다. 예를 들면 리더십코칭이 예기치 않은 사정으로 중단되는 경우가 있는데, 진단 결과의 디브리프만 마쳤어도 진도의 50%를 달성한 것으로 간주한다. 왜냐하면 디브리프의 결과로 코칭의 목표설정이 토의되기 때문이다. 만약 목표설정이 완료되고, 리더가 자기변화의 목표를 이해관계자들에게 공표까지 했다면 60%의 진도를 달성한 것으로 인정한다. 그 뜻은 정확한 목표설정이 되었다면 유능한 리더들은 스스로 실천할 실행역량을 갖추었다고 보기 때문이다. 그만큼 목표설정이 중요하다. 그다음으로 중요한 구조화 대상은 어젠다와 실라버스 설계다.

(3) 리더십코칭 어젠다와 실라버스 결정

구조화된 접근의 마지막 단계는 (진도평가를 제외하면) 어젠다와 실라버스 설계다. 어젠다와 실라버스는 코치와 리더 모두에게 준비되고 예측 가능한 코칭 세션을 진행하게 만든다. '코칭리더십 개발'을 위한 10일간의 그룹코칭 프로그램과 '피플 리더십 개발'을 위한 12개월간의 리더십코칭 프로그램 실라버스를 예로 들어본다. 두 사례는 모두 내가 코치로 참여한 프로그램이다. 이들 사례는 리더십코칭의 표준형이라기보다 리더십코칭 대상자 또는 대상 그룹의 진단 결과에 따른 맞춤형 구성이다. 따라서 대상자의 특성에 따라 얼마든지 달라져야 한다. 이 두 가지 프로그램 구성내용을 보면 무엇이 보여야 할까? 나는 다음과 같은 것들이 보여야 옳다고 생각한다.

- 코칭리더십의 광범위성: 코칭리더십 과정이든 리더십코칭 과정이든 '코칭 기술'이나 '리더십 기술'에 집중하지 않는다는 점이다. 이것은 코칭과 리더십이 모두 휴머니티(humanity) 기술이기 때문이다. 휴머니티는 인공지능이 인간의 인식체계를 지배하는 이 시대에 더욱 절실해진 기술들이다.
- 과제보다 사람을 리드하는 기술: 코칭리더십과 리더십코칭은 모두 소프트 스킬(soft skill), 즉 사람을 다루는 기술에 기반하고 있다는 것이다.
- 소프트 스킬 중심: 소프트 스킬의 핵심은 의사소통 기술이지만, 의사소통 기술은 더 광범위한 인간에 대한 이해를 바탕에 두려고 한다는 점이다.
- 강함과 부드러움의 조화: 소프트한 기술 뒤에는 그 부드러움을 유지하는 강함, 예컨대 저성과자를 잘 다룬다든지, 문제행동을 교정시킨다든지 하는 강한 기술 위에서 유지된다는 것이다.
- 장기간이 필요한 리더십 개발: 코칭리더십에 10일을 투자하는 이유는 뭘까? 리더십코칭에 15개월을 투자하는 이유는 또 뭘까? 사람은 쉽게 변하지 않기 때문이다. 그래서 장기간의 훈련, 지속적인 모니터링과 피드백, 새로운 시도와 노력이 필요하다.

(4) 피플 리더십 개발 12회 코칭 어젠다 사례

다음의 어젠다와 실라버스도 맞춤형으로 설계된 것이다. 무엇보다 이 15회차의 코칭이 18개월 동안 이루어진 이유를 이해하는 것이다. 이렇게 장기간이 필요한 이유는 리더의 행동변화를 끌어내기도 어렵지만, 변화된 행동이 습관으로 정착하기까지 지속적으로 관리하지 않으면 다시 이전의 모습으로 회귀할 가능성이 있기 때문이다.

〈표 3〉 코칭리더십 10일 프로그램 구성 사례

일자별	주제	중심 내용
1일차	리더로서의 자기이해(DiSC 이용)	자신과 타인의 강 · 약점 차이 인지
2~3일차	상황적 리더십과 동기부여 기술	"상황이 다르면 리더십도 달라져야 한다."
4일차	고성과를 유지하는 성과 코칭	목표관리 기술 + 성과코칭 기술
5일차	성과관리와 성과평가 기술	성과평가 기술 + 저성과자 관리 기술
6일차	모호성과 애자일한 변화관리	뉴노멀 시대에 필요한 민첩성 관리
7일차	창의/혁신과 상자 밖 사고	고정관념 타파 + 관점 전환 기술
8~9일차	부문 간 경쟁을 넘어 협력의 장으로	팀워크 자세와 협력기술 개발
10일차	미래인재를 선발하는 역량면접	인재 선발에 다양성과 포용성 넓히기

〈표 4〉 리더십코칭 15회차별 어젠다 구성

회차	주제	내용
1	리더십 진단 결과 디브리핑	진단도구를 통한 진단 + 이해관계자 면접 결과 공유
2	리더십코칭 목표 설정	핵심목표 1 + 부수적 목표 2~3가지
3	코칭 어젠다/실라버스 합의	12회차의 주제 및 평가진행 방법 합의
4	네 가지 스타일의 커뮤니케이션	이론적 모델 이해와 자기진단

회차	주제	내용
5	네 가지 방법의 커뮤니케이션 수단	듣기와 읽기, 말하기와 쓰기의 사용특성 분석
6	나의 리더십 커뮤니케이션 특성	자신만의 소통기술 개발하기
7	(리더십 개발 진도평가 결과 보고)	7회까지의 성과평가와 추후 계획 결정
8	의사결정 연습	의사결정 패턴이 집단지성에 얼마나 기여하는지 분석
9	갈등 다루기 연습	자신의 갈등관리 패턴 분석과 기술개발
10	성과관리 연습	성과관리를 위한 일대일 면담과 평가미팅 연습
11	(리더십 개발 진도평가 결과 보고)	11회까지의 성과평가와 추후 계획 결정
12	팀워크 능력개발 연습	부서 간 경쟁체제를 협력체제로 전환하기
13	코칭리더십 개발	과잉지시, 과잉개입을 '필요만큼' 개입으로 바꾸기
14	공동성장과 동기부여	"최고의 복지는 성장 기회 부여"라는 사실 인식하기
15	(종합진도평가와 지속개발계획)	14회까지의 진도평가 결과 공유, 향후 실천계획 수립

3

평가 조건부 접근(evaluation-based approach)

리더십코칭에서 평가는 성과평가(performance evaluation)라는 이름보다 진도평가(progress review)라는 이름으로 이루어진다. 평가항목도 최대한 단순화시켜 많아도 5개의 질문을 넘어가지 않는데, 평가 부담을 줄이기 위해서다. 리더십코칭에서 평가는 어떤 의미를 지닐까?

(1) 코칭 실행과 평가의 중요성

리더십코칭에서 실행과 평가의 관계는 동전의 양면과 같다. 어떤 코칭에 평가가 따른다는 것은 모두에게 부담스럽다. 그러나 평가가 수반되지 않으면 실행이 소홀해지기 쉽다. 장기적인 관점에서 보면, 평가가 있어서 신뢰도가 유지된다. 코칭의 신뢰도는 다음 프로젝트로 연결하는 다리가 된다. 코칭에 만족한 고객이 다음 프로젝트를 연결해주고, 그 만족도를 구체적으로 입증한 코치가 시장에서 살아남는다는 뜻이다. 동시에 성과평가는 중요한 기능을 수행한다. 바로 변화의 담보 역할이다. 무슨 뜻일까?

대부분의 리더들은 본연의 일만으로도 바쁘다. 리더십코칭을 받는 것이 우선순위에 있지 않다는 뜻이다. 그래서 코칭 세션을 마치 개인교습 받듯이 하고, 자기변화는 실천하지 않는 경우가 자주 발생한다. 이것을 방지하는 역할이 진도평가와 평가 결과의 중간보고다.

(2) 코칭 세션의 성공요소 세 가지

리더십코칭 세션의 성공 여부를 판단할 공통의 기준은 없다. 그러나 경험 많은 코치들은 세 가지에 유의해서 매 코칭 세션을 진행한다. 그것은 ① 목표관리, ② 기대수준 관리, ③ 만족도 관리다. 여기서 말하는 목표관리는 코칭 목표의 관리를 말한다. 목표로 정한 코칭 성과에 얼마나 근접하고 있는지 세션마다 (주관적이지만) 확인해야 한다. 기대수준 관리가 필요한 이유는 기대수준의 충족 여부에 만족도가 달렸기 때문이다. 따라서 매 세션의 만족도는 물어보거나 체크리스트로 확인해야 한다. 그래야 다음 세션에서 불만족한 부분을 보완할 수 있다.

(3) 리더십 성장진도의 중간평가와 종합평가

앞의 (1)번 항에서 이미 다루었지만, 다른 각도에서 중간평가와 종합평가에 대해 쓰겠다. 중간평가는 3개월마다 실행하는 것이 바람직하다. 그래야 1년이라는 코칭 기간을 기준으로 보면 최소 3회에서 최대 4회의 중간평가가 가능해진다. 그러면 코칭성과의 트렌드가 보이게 된다. 이 트렌드는 매회의 만족도보다 중요하다. 왜냐하면 리더에게 요구되는 것이 매회의 평가가 아니라, 지속적인 성과향상의 추세이기 때문이다. 가능한 한 진도평가 설문은 간단해야 하며 리더십코칭 목표에 부합하는 행동적 요소만 평가해야 한다. 그래야 관찰이 가능하기 때문이다.

(4) 지속적 리더십 개발 계획수립과 팔로우업

진정성 리더십 모델에서 설명했듯이, 리더십의 진정성 모델은 4반세기 이상 최고의 인기를 구가하는 중이다. 그 이유는 뭘까? 바로 일관성과 지속가능성에 있다. 일회성의 행동이 리더답기는 쉽다. 그러나 그 리더다움이 한결같기는 참으로 어렵다. 그래서 리더십 개발은 자주 여정(journey)에 비유된다. 리더로서의 여정(leadership journey)은 일관성, 지속성, 예측 가능성의 연장선상에 있다. 따라서 리더십코칭 프로젝트의 종료는 훈련의 끝이 될 수 없다. 1년간의 리더십코칭 프로젝트가 끝나면 나는 항상 새로운 시작을 권유한다.

영원히 지속할 하나의 루틴(routine)을 무엇으로 할지 정하라고 한다. 그것을 지속하기 힘들 때면 언제든 도움을 주겠다고 약속한다. 그리고 실제로 두세 차례 팔로우업도 한다. 훌륭한 리더는 매일 초심의 리더로 태어난다. 그 여정에 동행하기 위해 리더십코치도 매일 길 위에 선다.

4.
맺는 글

1

리더십코칭은 언제 성공도구가 되는가

Part I을 시작하면서 나는 "똑똑한 리더가 걸리는 덫"이라는 개념으로 글을 시작했다. 그 덫을 극복해야 진정한 리더가 된다고 했다. 이제 같은 개념으로 글을 닫겠다. 아마도 이것은 진정한 리더가 안고 갈 숙명적 딜레마일 것이다. 즉 똑똑하지 못하면 리더의 반열까지 오를 수 없고, 그 똑똑함에만 의존한다면 리더로서 성공할 수 없다는 진실을 말한다. 그럼 어떻게 하라는 말일까?

워렌 베니스는 "리더십은 타고나는 것이 아니다"라고 말했다. 리더십은 누군가가 가르칠 수 있는 것도 아니고, 스스로 배워야 할 것이라고 갈릴레오는 말했다. 그렇다면 현재의 리더이거나 장래의 리더인 당신은 이 글에서 무엇을 배워 실천하기로 결심했는가? 나는 독자들이 아래의 다섯 가지를 통해 자신만의 계획을 세워서 꾸준히 실천할 것을 기대한다.

① 리더로서 올바른 자기인식 가지기

많은 리더들과 장래의 리더들이 '똑똑함의 함정'에 빠져있다. 자신이 가장 똑똑하다고 여기는 순간 확증편향과 그에 따른 집단사고가 그룹의 헌법이 된다. 자신이 가장 똑똑하다는 착각을 아직도 버리지 못했는가? 그렇다면 리더십도 곧 버리게 될지 모른다.

② 리더에게 필요한 꾸준한 자기관리

많은 리더들이 리더로 인정받는 순간에 '허들 경기'가 끝났다고 착각한다. 그때부터 모든 허들에 걸려 넘어진다. 조기 낙마는 정해진 수순이다. 신뢰받을 만하게 행동하는 것, 자신의 평판을 지속적으로 의식하고 관리하는 것은 자기관리의 기본이다. 스스로 자기관리에 얼마나 엄격한지 하루에 한 번씩은 물어야 한다.

③ 리더로서 스스로 성장하고, 함께 성장하기

리더가 계속 성장하면 함께 일하는 사람들 모두가 따라서 성장한다. 그러나 리더가 성장하기를 멈추는 순간 함께해온 사람들의 성장에 걸림돌이 된다. 90%의 성장은 경험에서 비롯된다. 낯선 경험 쌓기를 두려워하지 않아야 리더답다. 아직도 낯선 일에서 실패할 것이 두려운가?

④ 리더다운 관계관리

능력 있는 리더일수록 중요한 결정을 혼자 하려 한다. 자신의 능력을 과신하기 때문이다. 혼자 결정하는 행동은 결국 위험한 집단사고로 끌고 간다. 함께 결정하면 구성원 모두가 집단지성에 기여할 수 있다. 결국 리더와 구성원 간의 관계도 좋아진다. 중요한 결정은 혼자 하면서 구성원들과 관계가 좋아지기를 기대하는가?

⑤ 리더다운 공감과 소통

리더가 구성원 개개인의 입장에서 생각해보지 않으면 결코 공감적 소통을 할 수 없다. 공감적 소통이 없다면 구성원들의 소속감도 없어진다. 공감적 소통은 차 한잔 놓고 마주 앉아서 인간적인 대화를 할 때 시작된다. 공감적 소통은 언어기술이 아니라 마음 자세에 달렸다. 그런 사랑과 배려가 행동으로 표현되고 있는가? 행동으로 표현되지 않은 사랑은 결코 전해질 수 없다.

2 Part I에서 장래의 리더들이 얻어야 할 교훈

Part I은 현재의 리더에 초점을 두고 썼다. 그러나 장래의 리더들도 이 글에서 별도의 교훈을 얻었으면 좋겠다. 리처드 브랜슨(Richard Branson)은 "미래사회는 자신의 신념을 위해 현실을 박차고 일어날 수 있는 '열정과 자신감을 가진 리더'를 원한다"고 했다. 그러한 열정과 자신감을 가진 장래의 리더라면, 적어도 세 가지를 꾸준히 실천해야 한다. 그것은 '지식보다 리더다운 행동' 패턴화하기, '설득력보다 공감적 소통능력' 개발하기, '상향 경쟁력보다 횡적 팀워크 능력' 개발하기 등이다. 아래에 각각의 핵심 포인트만 정리한다.

① 리더다운 행동패턴 개발

장래의 리더에는 (영어로) 두 가지 개념이 있다. 첫째는 장래에 '리더가 될' 사람(future leader)이고, 두 번째는 장래에 필요한 '리더십을 지금 발휘'하는 사람(being a leader of the future)이다. 어느 쪽이 진정한 장래 리더일까? 그 답을 이해하는 것은 리더십의 본질을 아는 것과 다름없다.

'현재는 공부만 열심히 하자. 실력만 있으면 먼 장래에 리더가 될 기회가 올 거야. 그때 먼저 리더가 되는 것이 당연한 사실 아닐까!' 이렇게 생각하는 장래 리더들이 있을 것이다. 그러나 리더십은 그렇게 마음대로 발휘되는 성격의 것이 아니다. 지금은 공부만 열심히 하고, 리더다운 행동은 장래에 그런 행동이 요구될 때 하려고 한다면, 그 사람은 앞에서 말한 리더십의 덫에 이미 빠져들고 있는 것이다.

장래에 발휘되어야 할 리더다운 행동은 지금 발휘되거나 개발되어야 한다. 지금부터 몸에 익혀야 한다는 것이다. 리더다운 행동패턴이 DNA 수준까지 각인되지 않으면 지금 행동하는 그대로 장래에도 행동하게 될 것이다. 그렇다면 어떤 것이 '장래의 리더다운 행동패턴'일까? 세 가지 차원의 실천사항만 살펴보자. 아래의 세 가지 차원의 개발요소는 모두 장기적 투자가 필요한 것들이다. 리더답기 위해 당신은 ① 주도적 행동패턴(initiative), ② 언행일치(integrity), ③ 활력(energy) 중에서 지금 무엇을 실행하고 있는가?

② 공감적 소통능력 개발

리더들은 사람들 앞에 설 때마다 자신의 리더십을 시험받는다. 이 말의 뜻은 '설득력'의 중요성을 강조하는 말이다. 설득력도 소통능력의 핵심이자 리더십의 기초다. 그러나 장래의 리더에게는 공감적 소통능력이 더 요구된다. 공감적 소통능력은 무엇이고, 어떻게 개발되는 것일까?

공감적 소통(empathic conversation)이란 공감적 경청을 전제로 한 소통이다. 공감적 경청에 대한 정의는 이렇다. "상대방의 말에 공감하며 집중해서 듣는 것"이다. 그럼 공감적 소통이란 무엇일까? 표준적 정의가 없다. 나의 정의는 "공감적 소통이란 상대가 말하는 내용뿐 아니라 의도와 감정까지 알아차리려고 집중해서 반응하며 듣고, 상대가 나의 집중도와 의도를 알아차리도록 말하기"를 말한다. 꾸준한 훈련이 필요한 것들은 ① 능동적 듣기(active listening), ② 정서지능(emotional intelligence) 개발, ③ 핵심에 집중하는 능력(또는 핵심포착 능력) 등이다. 이러한 능력은 개발의 난이도가 아주 높다.

③ 팀워크 능력 발휘

경쟁력은 살아남은 자들의 무기다. 영국 사회학의 창시자라 할 허버트 스펜서(Herbert Spencer)의 사회적 다윈주의(social Darwinism), 즉 (사회적) 적자생존 이론이 그것을 지지한다. 그러나 리더에게는 다르다. 똑똑한 경쟁력은 리더십의 원천이 되지 못한다. 리더십의 원천인 선한 영향력은 이타적 방향성에서 나오기 때문이다. 그중의 하나가 (리더의 필수도구인) 팀워크 능력이다. 장래의 리더들에게 팀워크 능력은 어떻게 길러질까?

현대사회는 다양한 별명을 가졌다. 지위경쟁사회, 소득경쟁사회, 학벌경쟁사회, 결혼경쟁사회 등이 그것이다. 모두가 부정적 경쟁체제를 대변한다. MZ세대는 끝없는 경쟁 토너먼트에서 살아남은 사람들이다. 이들이 장래의 리더가 되려면 가장 큰 걸림돌은 무엇일까? 바로 혼자서도 성과를 내는 능력, 즉 (개인) 경쟁 체제에서 (팀) 협력 체제로 전환하는 것이다. 그러나 개별경쟁력은 장래의 리더들이 너무 오랫동안 의존해온 무기에 해당해서 버리기가 어렵다. 내가 죽도록 노력해서 얻은 똑똑함을 나누기는 죽을 만큼 어렵다. 그래도 장래의 리더이기에 노력해야 한다. 장래의 리더에게 필요한 팀워크 능력은 ① 집단의 지혜(collective wisdom)를 끌어내는 능력, ② 갈등관리(conflict management) 능력, ③ 프로젝트관리(project management) 능력 등이다. 리더다운 노력은 배신하지 않는다.

성찰질문

아래의 질문에 스스로 답해보시기 바랍니다.

1. 리더 또는 장래의 리더로서 나는 어떠한 리더인가?
2. 리더 또는 장래의 리더로서 나는 자기관리가 철저한가?
3. 리더 또는 장래의 리더로서 나는 지속적으로 배우고 성장하는가?
4. 나는 과제를 혼자 해결하기보다 관계 속에서 해결하려 노력하는가?
5. 나는 리더다운 공감능력과 소통능력을 개발하기 위해 지속적으로 노력하는가?

참고문헌

권오현. 『초격차, 리더의 질문』. 쌤앤파커스, 2022.

니콜로 마키아벨리. 『군주론』. 신복룡 역, 을유문화사, 2009.

마셜 골드스미스. 『일 잘하는 당신이 성공을 못하는 20가지 비밀』. 이내화 · 류해원 역, 리더스북, 2008.

유필화. 『역사에서 리더를 만나다』. 흐름출판, 2010.

카를 폰 클라우제비츠. 『전쟁론』. 정토웅 역, 지식을 만드는지식, 2008.

Bernard M. Bass. *Leadership and Performance Beyond Expectation*. Free Press, 1985.

James MacGregor Burns. *Transforming Leadership*. Grove Press, 2004.

______. *Leadership*. Harper Torch Books, 1978.

Jeffry Fox. *How to Become a CEO*. Ebury, 2000.

______. *How to Become a Great Boss*. Hachette Books, 2002.

Leadership Development Tools. Human Synergistics International Resource Manual, January 2012.

Marshall Goldsmith et al. 『Coaching for Leadership』, 3rd ed. Pfeiffer, 2012.

Max Landsberg. *The Tao of Coaching*. Profile Books, 2011.

Robert K. Greenleaf. *Servant Leadership*. Paulist Press, 1977.

Ronald A. Heifetz. *Leadership Without Easy Answers*. Harvard University Press, 1994. (번역판: 로널드 하이페츠. 『하버드 케네디스쿨의 리더십 수업』. 김충선 외 역, 더난출판, 2008.)

Stogdill R. M. *Handbook of Leadership: A survey of the literature*. New York: Free Press, 1974.

Warren Bennis. *On Becoming a Leader*. Basic Books, 2009.

부록

리더 행동 스타일 자가진단 체크리스트

Leadership-Behavior Style Inventory

아래에 적힌 36개 서술은 당신의 업무적인 행동 스타일 또는 행동 뒤의 생각이나 동기에 관한 서술입니다. 이 문항들은 모두 자기탐색과 자기성찰을 위해 고안된 것들입니다. 따라서 가능하면 솔직하게 응답하려 노력하십시오. 정답이 없는 질문이므로 사회적으로 바람직한 답을 찾아 답하시면 진단에 아무런 의미가 없습니다.

진단 결과는 누구와도 공유하지 말고, 단지 리더로서 자기행동이 어떠한지 자기분석을 위해서만 쓰도록 하십시오. 응답하는 방법은 예시된 것처럼 3, 2, 1점 중에서 자신의 행동이나 생각과 비슷한 내용에 체크(✓)하면 됩니다.

* 응답 기준: 3 - 자주 비슷함, 2 - 가끔 비슷함, 1 - 비슷하지 않음

#	서술 또는 질문	3	2	1	그룹 소계
1	다른 사람들이 인정해주기를 바라며 일한다.				#3.
2	업무시간에 열심히 일하는 것은 의무감에서다.				
3	휴일이나 일과시간 외에도 자주 일한다.				
4	규정이나 매뉴얼을 항상 지키며 일하려 노력한다.				#4.
5	전례가 없는 일이 생기면 할지 말지를 망설인다.				
6	변화와 혁신에 관심이 별로 없다.				
7	중요한 의사결정에서 상사의 결정에 의지한다.				#5.
8	의무감에서 세부적인 사항까지 상사에게 보고한다.				
9	위에서 내려온 방침을 그대로 따를 때 마음이 편하다.				
10	위험이 따르는 일 앞에서 망설인다.				#6.
11	익숙하지 않은 일이 잘못될 가능성을 걱정한다.				
12	일이 잘못되면 책임소재를 분명히 밝히려 한다.				
13	철저히 확인한다.				#7.
14	다른 이의 요구나 요청을 쉽게 받아들이지 않는다.				
15	자신의 입장을 강하게 변호할 때 존재감을 느낀다.				
16	업무분장 내의 모든 의사결정을 직접 하려 한다.				#8.
17	중요한 결정 앞에서 다른 이의 의견을 잘 듣지 않는다.				
18	강한 책임감을 느낄 때 존재감과 소속감도 느낀다.				
19	어떤 상황에서든 항상 이겨야 한다고 생각한다.				#9.
20	나보다 유능한 사람을 보면 질투심을 느낀다.				
21	경쟁에서는 절대 지지 않는 것이 생존전략이라고 여긴다.				

#	서술 또는 질문	3	2	1	그룹 소계
22	내가 한 일에는 작은 오류도 없어야 한다고 생각한다.				#10.
23	자신은 물론 타인의 부주의한 실수도 용납하지 못한다.				
24	중요한 일은 문서로 (근거를) 남기려 노력한다.				
25	장기적인 목표를 세우고 실행한다.				#11.
26	일을 빨리 하기보다는 올바르게 하는 것이 중요하다.				
27	도전적인 목표 앞에서도 물러서지 않고 기꺼이 도전한다.				
28	꾸준히 지속적인 자기개발을 실천한다.				#12.
29	새로운 '일'이 생기면 새로운 '기회'가 왔다고 여긴다.				
30	'일을 통해 가치 있는 것을 배운다'는 점을 믿는다.				
31	다른 사람의 장점을 잘 발견한다.				#1.
32	다른 사람이나 다른 부서에 대해 칭찬을 잘한다.				
33	어려움에 처한 사람을 격려하려 노력한다.				
34	다른 사람들과 어울려 함께 일하는 것을 즐긴다.				#2.
35	대부분의 상황에서 분위기를 띄우는 역할을 한다.				
36	사람들과의 관계 구축과 유지에 우선순위를 둔다.				

자신의 스타일을 찾기 위한 점수 계산 방법과 점수의 의미

#그룹별 점수 ( ) 안에 옮겨 적기	#해당 영역 합계 점수	영역 점수의 의미
#3: ( )	#3+4+5+6=	이 영역 점수가 가장 높다면: 귀하는 '수동방어적' 행동특성을 보입니다. 수동방어적인 행동특성은 스트레스가 가해지는 상황에서 먼저 수동적인 자세로 자신의 입장을 방어하려는 동기에서 나옵니다. 수동방어적인 행동특성이 강할수록 '착한 리더십'에 대한 환상을 가졌다고 할 수 있습니다.
#4: ( )		
#5: ( )		
#6: ( )		
#7: ( )	#7+8+9+10=	이 영역 점수가 가장 높다면: 귀하는 '공격방어적' 행동특성을 보입니다. 공격방어적인 행동특성은 스트레스가 가해지는 상황에서 먼저 공격적인 마음가짐을 가지고 자신의 입장을 방어하려는 동기에서 나옵니다. 공격방어적인 행동특성이 강할수록 '강한 리더십'에 대한 환상을 가졌다고 할 수 있습니다.
#8: ( )		
#9: ( )		
#10: ( )		
#11: ( )	#11+12+1+2=	이 영역 점수가 가장 높다면: 귀하는 '건설적' 행동특성을 보입니다. 건설적인 행동특성은 스트레스가 가해지는 상황에서도 수동적이거나 공격적이지 않고 적극적으로 문제를 해결하고, 그 결과로 높은 성과를 내며, 과정을 통해 (함께) 성장하려는 동기에서 나옵니다. 건설적인 행동특성이 강할수록 '따뜻한 카리스마'를 가졌다고 할 수 있습니다. 한편 이 영역의 점수는 360도로 평가해서 타인의 평가를 받는다면, 자신이 스스로 평가한 수준보다 대체로 낮게 나오는 영역입니다. 왜냐하면, 이 영역에 해당한다고 스스로 여긴 행동들이 이해관계자들의 눈에는 수동방어적인 행동 또는 공격방어적인 행동으로 비치기 때문입니다. 이러한 편향을 줄이기 위해 리더십코칭에서 일관되고 지속적인 건설적 행동을 요구하는 것입니다.
#12: ( )		
#1: ( )		
#2: ( )		

II

PART

리더십코칭의 역사와 프로세스

윤영돈

"리더가 된다는 것은 진정한 자기 자신이 된다는 것과 같다."

– 워렌 베니스

1. 리더십코칭의 역사

'리더십코칭'의 역사를 살펴보면 '리더십'과 '코칭'의 역사적 조우(遭遇)를 지켜볼 수 있다. 기존 리더십이 단순히 일방적인 통제의 역할에서 벗어나기 시작하면서 자연스럽게 코칭의 장점을 받아들여 경청하고 질문하면서 피드백하는 역할의 변화를 가져오게 되었다.

본래 '리더십(leadership)'의 어원은 앵글로색슨의 고대어 '레단(ledan)'에서 유래했다. 그 의미는 '가다(to go)'라는 뜻의 움직임을 나타내는 동사다. '리더십(leader + ship)'은 '배의 방향을 이끄는 사람'이라는 뜻을 내포하고 있다. 원래 '코치(coach)'라는 어원은 1500년대 마차의 한 종류를 일컬을 때 사용되었다. '코칭하다'라는 단어의 어근은 '귀한 사람을 지금 있던 곳에서 원하는 곳으로 실어 나르는 것'이다. 따라서 '리더십코칭'은 어원의 태동부터 함께해왔는지도 모른다.

1

코칭리더십과 리더십코칭의 차이

'코칭리더십'과 '리더십코칭'의 개념을 혼동해서 사용하는 경우가 많다. '코칭리더십'이 "리더십의 도구로, 리더십 중심으로 코칭을 바라보는 것"이라면, '리더십코칭'은 "비즈니스 코칭의 한 분야로, 코칭 중심으로 리더십을 바라보는 것"이다. 좀 더 자세하게 살펴보면 다음과 같다.

'코칭리더십(coaching leadership)'이란 관리자가 코치로서 코칭을 통해 구성원을 지원하며 영향력을 끼치는 것으로, 코칭 내용은 업무와 직무 성과에 집중된다. 형식적으로 보면, '코칭리더십'은 동료 코칭, 팀 코칭, 조직 간 코칭, 위계적 코칭 등으로 세분하기도 한다.

반면, '리더십코칭(leadership coaching)'이란 최고경영진과 임원들이 발휘하는 리더십이 성과를 개선하도록 지원할 목적으로 수행되는 것이다. 다른 말로 '임원 코칭(executive coaching)'이라고도 하는데, 리더십뿐만 아니라 정신건강, 회복력(resilience), 스트레스 같은 이슈를 포함함으로써 '코칭리더십'보다 훨씬 포괄적 의미로 볼 수 있다.

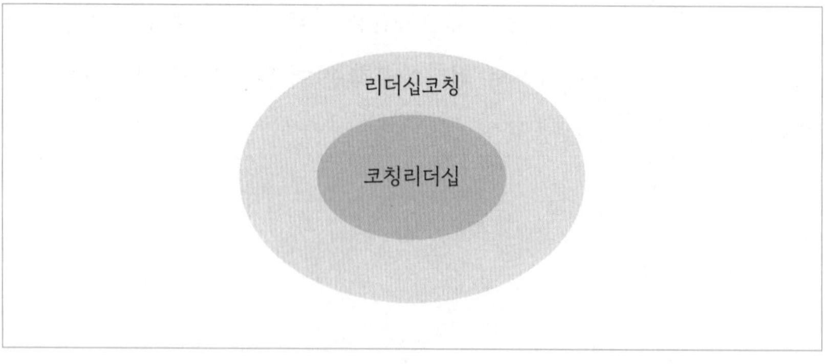

〈그림 1〉 코칭리더십과 리더십코칭의 관계

2

리더십코칭의 역사

리더십코칭의 역사는 1960년대로 거슬러 올라간다. 비키 브록(Vikki G. Brock) 박사가 『코칭의 역사(*Sourcebook of Coaching History*)』에서 리더십코칭의 출현을 정리했다. 리더십코칭이 본격적으로 등장한 시기는 1960~1970년대로, 미국에서 리더십 개발 프로그램과 평가센터가 생기면서다. 1960년대부터 코칭의 부흥에 부합한 평가센터를 포함하는 리더십 개발 프로그램들의 부흥을 보게 된다. 더글러스 맥그리거의 『X이론, Y이론』, 피터 드러커의 『효과적인 경영자』, 워렌 베니스의 『리더십의 수정주의 이론』, 허시와 블랜차드의 『영적 리더십』 등이 영향을 주었고, 1970년대 로빈과 스티븐스의 『코칭, 학습 그리고 행동』(1971), 포니스의 『성과 향상을 위한 코칭』(1978) 등이 있다.

(1) 리더는 태어나는 것이다: 특성 리더십 이론

리더십의 초창기 연구로 개인의 자질, 기질, 성격 등 특성 리더십 이론(trait leadership theory)이다. "될성부른 나무는 떡잎부터 다르다"라는 속담처럼 리더 자신만이 가지고 있는 우수한 자질이나 특성만 있으면 자신이 처한 상황이나 환경이 변하더라도 언제나 효과적인 리더가 될 수 있다는 이론이다. 한마디로 리더는 만들어지는 것이 아니라 태어나는 것이다. 리더의 개인적 자질에 의해 리더십의 성공 여부가 결정된다고 보는 이론이다. 효과적인 리더는 외향성, 성실성, 개방성을 갖추고 있다. 리더가 어울리기를 좋아하고 자기주장을 확실하게 한다는 외향성, 리더가 규칙적이며 자기가 약속한 바에 대해 책임을 진다는 성실성, 리더가 혁신적이며 창의적이고 유연함을 보인다는 개방성 등 개인의 특성으로 리더십 개발의 길라잡이하는 데 적합하다. 위인전에 나오는 위인처럼 훌륭한 리더는 일반인들에서 나타나지 않는 특성을 보유하고 있다고 보는 한계가 있다. 최근 카리스마적 리더십 이론이 유행하면서 다시 중요시되고 있는 이론이기도 하다.

(2) 리더는 훈련될 수 있다: 행동주의 리더십 이론

행동주의 리더십(behavioral leadership)이란 리더는 태어나는 것이 아니라 만들어진다는 것이다. 리더의 자질을 타고났는가의 유전적 요인이 중요한 것이 아니라 리더로서의 기술을 습득했느냐 하는 것이 중요시된다. 한마디로 리더십을 특성이 아닌 행위나 스타일로 보기 시작한 것이다. "리더는 어떤 행동 또는 역량을 가지면 조직의 목표를 달성할 수 있을까?"라는 질문에 오하이오주립대학교의 연구에서는 리더의 두 요인을 꼽았다. 과업지향적 행동과 관계지향적 행동이다. 전자는 목적을 달성하기 위해 리더가 자신과 부하직원들의 역할을 정의하고 조직화하는 정도를 말한다. 생산 중심의 목표를 정해주고 지시하는 것으로, 단기성과에 좋은 효과를 낼 수 있다. 후자는 업무와 관련된 관계가 중립적인 신뢰에 바탕을 두고 부하직원들의 아이디어를 존중하며 그들의 감정을 보호하는 특징을 가진다. 친밀한 관계를 중시하고 동기부여를 중심으로 장기성과에 좋은 리더십이다. 행동이론은 문화권이나 나라마다 과업지향적 행동과 관계지향적 행동에 대한 선호도가 다를 수 있기 때문에 어느 것이 좋다고 말하긴 어렵다.

리더십 행동이론이 갖는 가장 큰 취약점은 모든 상황에서 훌륭한 리더

스타일이 존재한다는 입장을 취하는 데 있다. 행동측정 방법의 신뢰성과 타당성이 결여되어 있고 상황에 따라 달라진다는 취약점 때문에 이러한 한계를 극복하려는 노력으로 1960년대 리더십 상황이론의 시대가 열리게 된다.

(3) 부하직원 한 명을 넘어서 전체를 보라: 상황적 리더십 이론

상황적 리더십 이론(situational leadership theory)은 리더 자체에 연구의 초점을 두는 것이 아니라, 리더가 직면한 상황에 연구 초점을 두는 방식으로 접근했다. 피들러(F. E. Fiedler)는 리더와 부하의 관계, 직위권력, 과업구조의 결

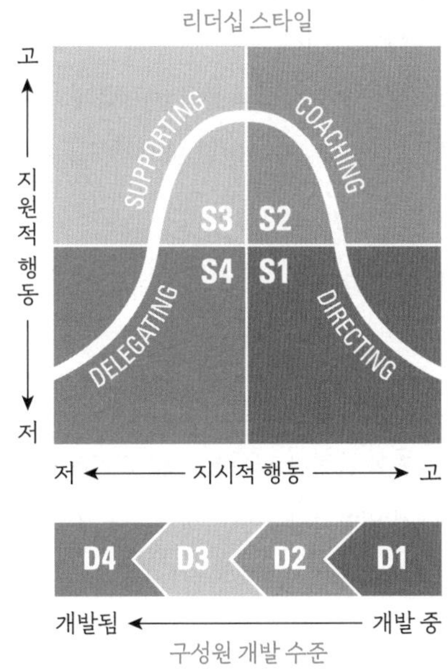

〈그림 2〉 상황적 리더십

합상황에 따라 리더십 효과가 다르다는 이론을 주장했다. 어떠한 리더십 스타일이 적당한가를 생각할 때 추종자나 상황의 문화적 차이가 극히 중요한 요인이 된다는 것은 명백하다. 폴 허시와 케네스 블랜차드의 상황이론은 부하직원에 따라 상황에 맞게 리더십 스타일을 사용하라고 주장한 이론이다. 리더십을 부하직원 한 명 한 명이 아닌 전체를 보고 네 가지 행동 중 하나를 선택해서 발휘하라는 이론이다. 부하직원의 유형은 능력(competence)과 의욕(commitment)의 높고 낮음에 따라 아래 네 가지로 구분된다. 리더십 스타일은 지시적 행동과 지원적 행동이라는 두 기준에 따라 분류한다. 이 두 가지 기존의 조합에 따라 네 가지 리더십 스타일이 완성된다.

① 지시(delecting)형 리더십

예 /// 이제 막 입사한 새내기

→ 부하직원이 능력도 낮고 일할 의지도 낮을 때 계획, 역할 분담, 작업 방법 등 리더가 결정한 뒤 세세하게 지시하고 명령한다.

② 코칭(coaching)형 리더십

예 /// 의욕이 넘치는 대리급 사원

→ 부하직원이 능력은 낮은데 일할 의지가 높을 때 리더가 부하직원에게 일방적인 지시를 하기보다 부하직원이 납득할 수 있도록 충분히 설명하고 소통한다.

③ 지원(supporting)형 리더십

예/// 권태기가 찾아온 중간관리자

→ 부하직원이 능력은 높은데 일할 의지가 낮을 때 계획, 역할 분담, 작업 방법 등에 대해 리더의 도움을 받으면서 부하직원이 결정한다.

④ 위임(delegating)형 리더십

예/// 역량이 뛰어난 상급자

→ 부하직원이 능력도 높고 일할 의지도 높을 때 과업지향적 행동과 관계지향성 행동을 둘 다 낮춰 리더가 거의 참견하지 않고 부하직원이 자유롭게 알아서 할 수 있도록 위임한다.

(4) 비전과 미션을 제시하라: 변혁적 리더십 이론

상황이론이 갖고 있던 수동적 성격에서 벗어나 리더의 적극적인 주도 노력을 강조하는 이론들이다. 리더십의 실패란 변화를 추구하지 않고 현실에 안주하려는 경우에 발생한다. 변혁적 리더(transformational leader)란 부하직원이 조직의 이익을 위해 자신의 이익을 희생하도록 고무하고 부하직원에게 특별한 영향력을 행사할 수 있는 능력을 가진 리더를 말한다. 이상적인 영향은 비전과 미션을 제시하고 자존심을 높여주며 존경과 신뢰를 얻는다. 영감을 주는 동기부여는 높은 기대를 전달하고, 노력에 집중할 수 있도록 상징을 사용하며, 중요한 목적을 쉽게 표현한다. 지능 합리성을 장려하며 문제를 사려 깊게 해결한다. 상대방에 대한 배려는 개인적 관심을 보이고 직원들을 개별적으로 다루며 코치하고 조언한다.

(5) 헌신 · 봉사 · 섬김을 조력하라: 서번트 리더십 이론

서번트 리더십(servant leadership)이란 리더가 부하직원을 공동체의 일원으로 생각하고, 부하직원의 성장을 위해 헌신 · 봉사 · 섬김을 조력하는 리더십이다. 서번트 리더십은 그린리프(R. Greenleaf)라는 경영학자에 의해 1970년대 초에 처음 소개되었다. 그린리프는 헤세(H. Hesse)가 쓴 『동방 순례』라는 책에 나오는 서번트 레오(Leo)의 이야기를 통해 서번트 리더십의 개념을 설명했다. 레오는 순례자들의 허드렛일이나 식사 준비를 돕고, 때때로 지친 순례자들을 위해 밤에는 악기를 연주하는 사람이었다. 레오는 순례자들 사이를 돌아다니면서 필요한 것들이 무엇인지 살피고, 순례자들이 정신적으로나 육체적으로 지치지 않도록 배려했다. 그러던 어느 날 갑자기 레오가 사라져버렸다. 그러자 사람들은 당황하기 시작했고, 피곤에 지친 순례자들 사이에 싸움이 잦아졌다. 그때서야 비로소 사람들은 레오의 소중함을 깨닫고, 그가 순례자들의 진정한 리더였음을 알게 되었다.

서번트 리더십의 구성요소로는 힐링, 공동체 형성, 자기인식, 구성원의 성장, 몰입, 공감, 통찰력 등이 있다. 서번트 리더는 자신의 이해관계를 넘어 부하직원의 성장과 계발을 도울 기회에 초점을 맞춘다. 서번트 리더는 부하의 성장 발전을 위해 '자신이 희생을 감내하는 것'으로 설득을 강조한다. 그들의 독특한 행동 양식에는 경청, 공감, 설득, 관리자로서의 책임감(stewardship) 수용, 부하직원, 잠재능력, 적극적 계발 등이 포함된다.

(6) 리더십코칭의 태동

코칭은 1971년 하버드대학교 테니스부 부장 출신 티머시 갤웨이로부터 시작되었다. 그의 『테니스 이너 게임』 출판과 함께 1974년에 본격 등장했다. 이 책에서 인본주의와 초개인심리학의 원리를 스포츠에 적용하면서 "내부의 적이 외부의 적보다 더 어려운 상대"라는 개념을 이야기했다. 그동안의 경험을 통해 기술적이고 상세한 지시보다 고객이 자신의 내면적 정신작용에 집중하도록 도울 때 가장 쉽게 테니스를 배울 수 있음을 발견했다. 갤웨이의 지도를 받은 사람들은 이 방식이 회사 생활에서의 어려움을 극복하는 데도 적용된다고 생각했고, '이너 게임'을 배운 코치들이 기업에서 이를 가르치게 되었다. 이후 이너 게임 원리는 스포츠, 교육, 기업경영, 의료 등 다양한 분야에 적용되기 시작했다.

1960년대 살롱카 챔피언십에서 우승한 프로레이서 경력이 있는 존 휘트모어 경은 영국, 스위스, 미국에서 기업을 운영한 경험이 있으며, 1980년대 초에 티머시 갤웨이와 함께 이너게임사를 설립하여 스포츠와 기업의 훈련 분야에 새로운 바람을 몰고 왔다. 처음 이너 게임을 유럽에 소개했고, 조직에 코칭을 도입했으며, 세계에서 가장 많이 사용되는 코칭 모델인 'GROW 모델'을 개발했다. 전 세계 코칭시장의 리더인 '퍼포먼스 컨설턴트 인터내셔널(Performance Consultants International)'의 공동설립자로 전 세계의 코칭과 리더십에 이바지하며 조직문화를 혁신하는 데 도움을 주었고, 평생의 업적을 인정받아 국제코치연맹 회장상을 수상했다. 또한 『성과 향상을 위한 코칭 리더십』(1992)을 저술하여 20여 개 언어로 번역돼 100만 부 이상 팔려 '코칭의 바이블'로 불리면서 확대 발전시킨 공이 있다.

① 현대 코칭의 아버지 토머스 레너드

'현대 코칭의 아버지'라고 불리는 토머스 레너드(Thomas J. Leonard)는 원래 재무설계사였다. 그는 고객에게 성공적인 인생을 살도록 도왔는데, 그의 고객이 그런 그를 '코치'라고 명명하면서 1980년대 비즈니스에 코칭을 도입하게 되었다. 고객의 재정 컨설팅을 하면서 의식과 행동의 변화에 필요한 전인적인 이해와 전문 기술이 필요하다는 것을 깨닫고 코칭 방법론을 연구하게 된 것이다. 1992년 토머스 레너드는 '코치 유니버시티'라는 회사를 설립했다. 1994년 전문코치 프로그램을 인증하고 전문코치 자격증을 발급해주는 국제코칭연맹(ICF: International Coaching Federation)을 설립하면서 본격적으로 시작되었다. 코칭이 직업으로서 일반인에게 알려지고 비즈니스 코치, 라이프 코치, 커리어 코치로 세분화되면서 발전하기 시작했다.

② 세계적인 리더십 구루 마셜 골드스미스 박사

'리더십코칭'에 큰 영향을 끼친 사람 중에 빼놓을 수 없는 사람이 마셜 골드스미스 박사다. 1977년 UCLA에서 조직행동론으로 박사학위를 받고, '360도 맞춤형 피드백 평가 프로그램'을 창안하면서 리더십코치로 명성을 얻었다. '마셜 골드스미스 파트너스'라는 CEO 리더십코칭 전문 기관을 운영하고 있다. 마셜 골드스미스의 행동주의 코칭(behavioral coaching)은 '행동 변화'를 끌어내기 위한 코칭이다. 리더 자신과 직원, 그리고 팀을 위해 긍정적이며 장기적인 측정 가능한 행동의 변화를 달성하도록 돕고 있다. 행동주의 코칭이 다른 코칭 모델과 다른 점은 과거에 대한 평가인 '피드백(feedback)'보다 미래에 대한 제안인 '피드포워드(feed-forward)'를 강조한다는 것이다. 피드백은 부정적 · 비판적이기 쉽지만, 피드포워드는 긍정적 · 미래지향적이다.

③ 현대 코칭의 대모 로라 휘트워스

평화봉사단 자원봉사자로 활동한 경험이 있는 공인회계사 로라 휘트워스(Laura Whitworth)는 1981년부터 코치와 워크숍 리더로서 활약하면서 1992년 CTI(Coaches Training Institute)를 설립했고 '코칭의 대모'로 불린다. 1998년 출간된 『코액티브 코칭』은 헨리 킴지하우스, 카렌 킴지하우스, 필립 샌달, 로라 휘트워스 공저다. '코액티브 코칭(co-active coaching)'이란 고객과 코치가 대등한 파트너로서 함께 코칭의 기술로 '고객이 잘살 수 있도록 지원하는 강력한 파트너십'이다.

1995년 설립된 국제코칭연맹(ICF: International Coach Federation)은 1998년 전문적인 코치협회(Professional Coaches Association)와 통합되면서 세계에서 가장 큰 코치들의 연합체가 되었다. ACC(Associate Certified Coach), PCC(Professional Certified Coach), MCC(Master Certified Coach) 등 국제코치 자격증을 발급하고 있는 곳으로 전통 깊은 코칭 기관이며, 전 세계 140여 국에 지부가 있다. 코칭 관련 협회가 발족되면서 코칭 문화가 급격하게 확산한다. 한편, 2003년에는 토머스 레너드가 국제코치협회(IAC: International Association of Coaching)를 창설했고, 그 외에 분야별 코치협회의 하나로 국제비즈니스코치협회(WABC: Worldwide Association of Business Coaches)가 활동해오고 있다.

CMOE 창립자 스티븐 스토웰(Steven J. Stowell) 박사는 리더와 조직 구성원 간의 코칭 행위 시 가장 효과적으로 활용될 수 있는 ① 방향 제시(direction), ② 개발(development), ③ 결과책임(accountability), ④ 관계(relationship) 등의 네 가지 구성요인을 제시했다. 『감성의 리더십』의 저자 다니엘 골먼 박사는 감성 리더십의 구성요인으로 ① 자기인식(self-awareness), ② 자기관리(self-management), ③ 사회적 인식(social awareness), ④ 사회적 기술(social skills)을 제시했다. 진성 리더십의 네 가지 구성요인은 ① 자기인식(self-awareness), ② 자기규제(self-regulation), ③ 관계적 투명성(relational transparency), ④ 균형화된 정보처리 과정(balanced processing)이다.

기존 리더십 및 코칭 연구를 종합해보면 다음과 같이 정리할 수 있다. 리더십코칭이란 결국 자기인식, 사회적 관계, 방향성 있는 목표, 현실성 있는 정보, 대안, 의지 등 조직 구성원의 행동이나 태도를 변화시키기 위해 자발적으로 일할 수 있도록 분위기 조성을 하면서 지속적으로 긍정적인 영향을 미치는 것이다. 리더십코칭은 리더와 구성원 간의 관계가 일방적인 소통에서 쌍방향 소통으로 변화하고 있다. 이때 가장 중요한 것이 신뢰를 기반으로 시작해야 한다. 리더십코칭의 목적은 구성원의 능력과 의욕 향상, 문제해결 및 학습 능력 향상, 목표 달성과 조직성과, 역량개발 및 동기부여, 성과 향상 등이다. 리더십코칭의 행동으로는 잠재력 개발, 문제해결 능력의 향상, 의사소통, 지원, 격려, 피드백, 피드포워드, 피드업 등을 발견할 수 있다.

2. 한국형 리더십코칭의 프로세스(REGROW)

한국형 리더십코칭의 탄생은 한국리더십센터에서 코칭을 본격적으로 알리기 시작하면서다. 한국에서 코칭 발전을 위한 본격적인 첫출발은 2003년 6월 7일 ICF Korea Chapter 결성이었다. 2003년 12월에는 한국코치협회(KCA: Korea Coach Association)가 발족했다. 2004년부터는 '대한민국 코치대회'가 열리면서 발전하고 있다. 2006년 노동부 산하 사단법인 인가를 받으면서 차츰 인정받기 시작했으며, 국내 대학과 대학원에서 코칭 관련 학과가 생기면서 더욱더 학문적으로 깊이 있게 연구되고 있다. 국민대학교, 광운대학교, 남서울대학교, 동국대학교, 백석대학교, 서강대학교, 숙명여자대학교, 아주대학교, 연세대학교, 제주대학교 등에서 경영, 심리, 교육, 신학 등과 접목해서 코칭을 가르치고 있다.

전통적인 리더십은 위계적이고 수직적인 개념으로 '명령'과 '통제'라는 방법을 사용했다. 기존 한국형 리더십코칭은 지배와 복종, 지시와 순종이라는 관계로 이루어졌지만, 다양성과 포용성이 중요해지면서 경청과 칭찬, 인정과 격려라는 이끌어주는 리더십이 중요해지고 있다.

한국형 리더십코칭의 프로세스 REGROW는 다음과 같다.

1

R(Respect): 존중하는 분위기를 조성하라

- 우리가 어떻게 하면 서로 존중할 수 있을까요?
- 당신은 어떤 존재로 성장하고 싶은가요?
- 당신의 삶에서 판단 기준이 되는 가치관은 무엇인가요?

리더십코칭이 일어날 수 있는 상호 존중 분위기를 조성하고 관계를 형성하는 단계다. 리더십코칭을 할 때 고객과 그들의 팀에게 코칭의 초점을 맞출 수 있는 분위기인지 파악해야 한다. 리더십코칭을 지속시키는 변수는 코칭을 받고 있는 리더와 그의 동료들이었다. 코칭에 집중할 수 있는 고객의 상황이 더 중요하다. 고객이 주변 사람들을 통해 배울 수 있도록 돕는 데 초점을 맞춰야 한다. 자신의 한계를 그대로 수용하고 한계를 가진 자신을 존중해준다면, 그 사람은 자신을 존중해준 사람에게 쉽게 마음을 열고 신뢰를 보낸다.

에드거 샤인이 말하는 '겸손한 질문(humble inquiry)'을 하면 좋다. '겸손한 질문'의 태도는 호기심, 진실을 향한 열린 마음, 서로 귀 기울이는 말을 배우고 공유한 맥락에 대해 공감대가 형성되도록 적절히 대응하는 법을 배우면 대화와 관계를 통해 통찰을 이끌어낼 수 있다는 깨달음에서 비롯된다. 리더의 역할은 상대방을 논쟁으로 굴복시키는 것이 아니다. 리더가 먼저 솔선수범으로 존중의 분위기를 만들면 구성원들도 따라 하게 되어 조직문화가 서서히 변하기 시작한다. 변화와 성장은 행동이 실행될 수 있도록 환경을 구체적으로 조성해줄 때 만들어진다. 사람마다 후원 환경이 다를 수 있다. 리더십코치의 역할은 리더에게 가장 적합한 상호 존중할 수 있는 그라운드룰을 만들도록 해야 한다.

2

E(Encouragement): 구성원의 책임감을 깨닫게 하고 북돋아라

- 구성원에게 북돋아주고 싶은 것은 무엇인가요?
- 당신이 일에 실패했을 때 리더로부터 어떤 격려를 받았을 때 좋았나요?
- 상황을 문제로 보지 않고 도전과 기회로 본다면 어떻게 될까요?

존중 분위기가 조성되면 목표를 세우고 실행할 수 있도록 동기를 부여하는 단계다. 리더는 단순히 명령과 지시하면 조직 구성원이 그대로 따라줄 것이라는 생각을 버려야 한다. 리더는 조직 구성원이 목적을 위해 뚜렷하게 초점을 맞추고 달려갈 수 있는 추진력을 촉진하는 역할로 변화하고 있다. 리더는 자신의 아이디어를 구성원과 교류하면서 구성원에게 선택 가능한 방안의 폭을 넓혀 코칭 관계를 즐거운 학습의 장으로 바꿔야 한다. 이제 리더는 자신을 따르며 자신의 경험과 노하우를 나눠주는 경험에서 벗어나야 한다. 리더 역시 같은 구성원의 한 명으로서 자신의 경험과 노하우를 나누는 것이다. 상황을 문제로 보지 않고 도전과 기회로 봐야 한다. 리더는 구성원의 책임감을 깨닫게 하고 북돋우는 역할이다. 리더십에서 가장 중요한 것은 자기인식이다. 당신은 고객이 자신의 강점을 발견하여 더욱더 강화하고 약점을 보완하는 방법을 원할 것이다. 이는 훌륭한 리더의 필수 기술이다. 마찬가지로 코치로서 자신의 행동이 주변 사람들에게 어떤 영향을 미치는지 이해해야 한다. 자신에 대한 인식을 보여주면 코칭 대상자에게 자기인식을 촉진할 가능성이 더 크다. 리더십코칭에서 달라지지 않는다면 앞선 신뢰 관계가 형성되지 않아서일 수 있다.

3

G(Goal): 목표를 함께 설정하라

- 당신이 이야기하고 싶은 것은 무엇인가요?
- 당신이 이루고 싶은 것은 무엇인가요?
- 당신은 이 코칭에서 어떤 점이 달라져 있기를 원하시나요?

리더십코칭 모델에서 목표설정은 가장 중요한 단계다. 코칭 목표는 현실적이며 도전적이어야 하고, 고객의 영향력 안에 존재하는 것이어야 한다.

예를 들면, "직원들이 주도적으로 일했으면 좋겠어요"라는 목표를 설정한 경우 고객 본인이 주체가 아닌 목표를 자신의 영향력 안의 목표로 바꿀 수 있도록 도와줘야 한다. 따라서 "직원들이 주도적으로 일할 수 있도록 환경을 조성하고 싶습니다" 등으로 재구성하면 좋다. 이는 리더와 조직 구성원이 코칭 이슈에 대해 논의하고 코칭의 방향과 목표를 명확히 하는 과정이다. 코칭을 통해 얻고자 하는 것을 구체적으로 합의함으로써 조직 구성원의 적극성을 이끌어주며, 긍정적 기대를 가지게 한다. 이 단계에서 리더와 조직 구성원은 목표를 함께 만들면서 신뢰 관계를 형성할 수 있다. 코칭에서 중점적으로 논의할 주제가 합의되어야 하며, 목표를 확인하고, 기대성과를 명확히 하고, 코칭 성과를 점검할 수 있도록 해야 한다. 변화의 목표는 혼자 정하는 것이 아니라 함께 정해야 한다. 리더는 구성원들과 함께 만든 코칭의 목표에 진심으로 공감해야 한다.

4

R(Reality): 현실을 파악하라

- 현재 상황은 어떤가요?
- 무엇 때문에 이 문제가 일어나고 있나요?
- 이것을 해결하기 위해 지금까지 어떤 노력을 했나요?

리더십코칭에서 가장 많은 시간이 걸리는 프로세스다. 목표를 설정한 후에 현실을 파악하여 스스로 본인이 원하는 상태와 현재 상태의 갭을 의식하는 단계다. 개선하고자 하는 목표를 정의한 후에 조직 구성원의 현실을 구체적으로 알아볼 필요가 있다. 이슈 주변의 현상들을 통찰하여 목표와 현실 간의 차이를 인식하는 단계로, 사례와 사실들을 수집하여 조직 구성원의 감정을 파악해야 한다. 리더는 구성원의 경험에 대해 공감하고 긍정적으로 반영하면서 구성원이 언급하는 사건들의 관련성을 파악한다. 코칭 주제에 대해 마인드 매핑을 하고, 구성원이 말한 내용을 사실과 감정 및 해석으로 구분한다. 그러고 나서 다양한 질문을 통해 고객의 자원을 이끌어낸다.

5

O(Option): 대안을 탐색하라

- 당신이 취할 수 있는 행동들을 나열해주실 수 있나요?
- 당신에게 어떤 대안이 있나요? 그중 가장 선호하는 것은 무엇인가요?
- 예상치 못한 상황이 생길 수 있다면 어떤 일이 있을까요?

리더십코칭에서 갭을 줄이기 위한 대안을 탐색하는 단계다. 주의해야 할 것은 코치의 평가가 개입되어서는 안 된다. 조직 구성원 스스로 문제에 대한 인식을 새로이 하고 통찰력이 생겼다면, 이제 구체적으로 어떤 변화된 행동을 함으로써 목표를 실현시킬 수 있을 것인가에 대한 대화를 나누도록 한다. 브레인스토밍을 하듯 자유로이 제안에 대한 대화를 통해 조직 구성원은 합리적이고 현실적인 대안을 발견할 수 있으며 목표 달성을 위한 더욱 분명한 행동지침을 갖게 된다. 리더는 조직 구성원이 보유한 잠재력을 점검하고, 목표 달성에 필요한 잠재력이 무엇인지 파악한다. 조직 구성원과의 대화를 통해 현실성 있는 대안을 제시하고 선택한다. 대안을 위한 구체적인 계획을 세운 뒤 조직 구성원을 지지한다. 새로운 실행계획을 세우기 위해 "대안을 하나만 더 생각해본다면?"이라는 질문을 이용하여 다양한 대안을 세우게 돕는다.

6

W(Will): 의지를 지원하라

- 당신에게 필요한 지원은 무엇인가요?
- 극복해야 할 장애물은 무엇인가요?
- 당신을 돕는 사람을 찾는다면 그 사람은 누구인가요?

고객이 스스로 세운 대안 중에 우선순위를 정하게 하고 그것을 실행하게 하는 단계다. 리더십코칭에서 가장 중요한 단계로서 조직 구성원의 행동을 요구한다. 모든 과정이 그렇듯 저절로 시행되는 것은 없다. 대안 탐색을 통해 많은 계획이 수립되어도 조직 구성원의 행동 변화가 없다면, 목표와 현실의 차이는 계속될 것이다. 따라서 리더는 계획의 시행을 위해 계속해서 조직 구성원의 경험적 학습을 촉진해야 한다. 대부분 사람들은 적절한 경험을 갖고 있고 이를 통해 배울 마음이 열려 있는 경우에만 배우고 성장하고 변화할 수 있다. 리더십코치로서 항상 구성원들이 과거 행동을 반성하고 무엇이 잘되었고 무엇이 그렇지 않았는지 스스로 성찰할 수 있도록 도와줘야 한다. 리더는 구성원과의 건설적인 피드백을 통해 행동의 실행과정 및 결과 그리고 개선점을 확인한다. 변화된 행동으로 인해 발생할 새로운 장애물의 등장도 항상 염두에 두면서 코칭 전체 과정을 구성원 스스로 마무리 짓도록 지지한다. 고객이 코치에게 의존하지 않도록 공식적인 코칭을 종료한다.

1세대 리더십코칭이 주로 자기인식 과정에 대한 논리나 이성에 초점을 맞추었다면, 2세대 리더십코칭은 감정, 진정성, 존재와 가치 등을 주요 주제로 접근한다. 3세대 리더십코칭은 초월, 에너지, 의식과 무의식으로 확대하며 멘탈, 명상, 영성과 관련한 주제로 심화하기도 한다.

성찰질문

아래의 질문에 스스로 답해보시기 바랍니다.

1. 우리가 어떻게 하면 서로 존중할 수 있을까?
2. 구성원에게 북돋고 싶은 것은 무엇인가?
3. 당신은 지금 어떤 점이 달라져 있기를 원하는가?
4. 예상치 못한 상황이 생길 수 있다면 어떤 일이 있을까?
5. 당신을 돕는 사람을 찾는다면 그 사람은 누구일까?

참고문헌

마셜 골드스미스, Laurence S. Lyons, Sarah McArthur. 『리더십을 위한 코칭』. 고태현 역, 코큽북스, 2017.

비키 브록. 『코칭의 역사』. 김경화 외 역, 코큽북스, 2012.

양심파 · 권기환. 「변혁적 리더십이 지식공유, 혁신행동 및 직무성과에 미치는 영향」. 『국제경상교육연구』 14(6), 2017.

에드거 샤인, 피터 샤인. 『리더의 질문법』. 노승영 역, 푸른숲, 2022.

오아람. 「유아교육기관 원장의 코칭리더십이 교사효능감과 교사-영유아 상호작용에 미치는 영향」. 서울교육대학교 석사학위논문, 2021.

윤정구. 『진성리더십』. 라온북스, 2015.

조성진. 「코칭 리더십의 구성요소와 척도개발을 위한 탐색적 연구: 국내 학술지(2011년~2020년)를 중심으로」. 『한국융합학회』 12(11), 2021.

III

PART

한국형 리더십코칭의 SOFT 스킬 훈련

최성남

"리더십과 지속적 학습은 뗄 수 없는 관계다."

- 존 F. 케네디

1. 조직에서 신뢰받는 리더의 기초체력

조직의 성과 달성과 구성원의 성장 여부는 리더의 노력에 달려 있다. 또한 리더의 노력은 리더의 코칭을 통해 구현된다. 전문 코치들의 코칭에서 사용하는 코치의 소프트(soft) 스킬은 관찰, 경청, 질문, 피드백, 공감, 인정, 칭찬 등 매우 다양하다. 이렇게 전문 코치들이 사용하는 다양한 소프트 스킬들을 현업의 리더들이 모두 배우고 익히려면 오랜 시간과 노력이 필요하기 때문에 매우 힘든 과정이 될 것이다.

그래서 이 책에서는 현업 리더들에게 꼭 필요한 코치형 리더의 소프트 스킬을 '경청', '질문', '피드업, 피드백, 피드포워드'로 요약했다. 또한 이러한 역량들을 현장에서 바로 사용할 수 있도록 개념화하고 예시를 제시하여 리더의 코칭 역량 향상에 도움을 주고자 한다. 또한 코칭 스킬을 체화해 사용하기 위해서는 연습으로 익히고 훈련으로 강화하는 과정이 필요하다. 따라서 이 절에서는 연습과 훈련의 개념적 차이를 먼저 소개하려 한다.

1

연습으로 익히고 훈련으로 강화하는 코칭 스킬

최근 대기업 L사의 신임 팀장들을 대상으로 리더십 이슈에 대한 그룹코칭을 진행했다. 팀장들은 부임한 지 3개월 정도였고, 그룹코칭도 처음이었다. 그룹코칭은 참가자들이 함께 생각을 나누며 이슈에 대한 해답을 찾는 과정으로 진행된다. 코칭은 총 5회기로 진행되었는데, 3회기에 한 팀장이 "어떻게 하면 코칭을 잘할 수 있나요?"라는 화두를 꺼냈다. 이 화두에 대한 팀장들의 대화는 다음과 같았다.

김 팀장: 구성원들에게 코칭을 잘하고 싶은데, 어떻게 해야 할지 모르겠어요. 다른 팀장님들은 어떠세요?

박 팀장: 맞아요. 저도 그래요. 코칭은 구성원이 답을 찾도록 하는 과정이라고 하셨는데, 대화하다 보면 '아~~ 이것도 몰라?'라는 생각이 들면서 제가 그냥 답을 말하게 돼요. 어떻게 해야 할지 답답하기만 하네요.

이 팀장: 저는 그룹코칭 초기에 코치님께서 소개해주신 책을 보면서 구성원들과 대화할 때 코칭 스킬을 적용해보려고 노력하고 있어요. 뭐, 아직 잘되진 않지만, 그룹코칭을 시작했을 때와 비교해보면 조금씩 좋아지고 있는 것 같아요.

팀장들의 대화에서 코칭을 잘하고 싶은데, 어떻게 하면 코칭 스킬을 익히고 구성원들과의 대화에 적용할지 고민하고 있음을 알 수 있다. 여기서 이 팀장은 책에서 접한 코칭 스킬을 구성원들과의 대화에서 사용하고 있다.

즉, 책에서 배운 코칭 스킬을 구성원과의 대화에 적용하기 위해 연습하고 있었다.

한편, 연습(練習)의 사전적 의미는 "학문이나 기예 따위를 익숙하도록 되풀이하여 익힘"이다. 그리고 연습과 비슷한 단어로 '훈련(訓練)'이 있는데, 훈련은 "일정한 목표나 기준에 도달할 수 있도록 만드는 실제적인 정신적 · 기술적 활동"을 의미한다.

자전거 타기를 예로 들자면, 연습은 반복적인 자전거 타기로 중심 잡는 감각과 두 다리에 힘의 균형을 맞추는 기술 등을 반복하고 숙달하는 과정이다. 반면에 훈련은 자전거 타기를 통해 한 달 안에 체지방 5kg 감소를 위한 기술적인 노력과 꾸준히 자전거 타기를 할 수 있는 의지와 마인드컨트롤 등의 정신적 강화까지 포함한 노력을 의미한다.

리더가 코칭을 잘하기 위해서는 코칭 스킬 연습과 코칭의 목표를 명확히 하고 리더의 활동에 코칭을 적용하겠다는 의지와 정신적 강화를 포함하는 훈련이 필요하다. 여기서 정신적 훈련은 구성원과 대화 시 코칭을 기반으로 하겠다는 의지와 구성원에게 필요한 도움을 주겠다는 마음가짐이다. 이러한 코칭 스킬 연습과 훈련은 코치형 리더가 되기 위한 중요한 요소들이다.

정리하자면, 코치형 리더가 되고 싶다면, 목표를 명확히 하고 꾸준히 연습하고 훈련해야 한다.

다음 절에서는 코치형 리더의 기본이라 할 수 있는 메타인지에 대해 알아보자.

2

메타인지를 통해 자기를 관리하는 리더

어느 날 L 기업의 조 팀장이 전화로 코칭을 요청했다. 조 팀장은 2년차 팀장인데, 한 달 전에 새로운 조직을 맡게 되었다. 그 조직은 5년 전에 만들어졌고, 그동안 실적이 좋지 않아 여러 번 팀장이 바뀌었다고 했다. 설상가상으로 조 팀장은 자신이 다섯 번째 팀장이라며, 깊은 한숨을 쉬며 이야기를 시작했다.

조 팀장: 코치님, 요즘 제가 뭘 하고 있는지 모르겠어요.

코치: 그래요? 목소리가 힘이 없네요. 무슨 일이에요?

조 팀장: 새로운 조직을 맡은 지 한 달째인데, 업무 파악은 안 되고, 구성원들도 마음을 열지 않아 너무 힘드네요. 뭐가 잘못된 건지 모르겠어요.

코치: 네~ 말씀만으로도 답답함이 느껴지네요.

조 팀장은 자신을 발령 낸 임원에 대한 원망도 함께 털어놓았다. 한참 이야기를 듣고 난 후, 문득 '조 팀장은 자신의 팀과 구성원들의 변화와 성장을 진심으로 바라고 있구나'라는 느낌이 들었다. 조 팀장과는 오래 알고 지낸 사이여서 조 팀장의 차분한 성격과 탄탄한 경력이 이번에도 어려움을 극복할 힘이 될 것이라고 믿었다. 그래서 조언보다는 조 팀장이 스스로 현재 상황을 좀 더 객관적으로 인지할 수 있도록 도와야겠다는 생각이 들어 다음과 같은 질문으로 대화를 이어갔다.

코치: 지금의 상황을 헬리콥터를 타고 500m 정도 상공에서 내려다본다면, 어떻게 보일 것 같아요?

조 팀장: 하~ 지금 제 모습이 좀 한심해 보이네요. 예전 조직에서의 제 모습이 아니에요. 그저 이 상황을 피하려고만 하는 것 같아요. 이전 팀장들 탓만 하고, 구성원들이 무능하다고 생각하고 있네요.

코치: 그럼 지금부터 무엇을 시도해보시겠어요?

조 팀장: 조직의 미션과 전략을 다시 꼼꼼하게 분석해야겠어요. 그리고 구성원과는 일대일 면담을 통해 과거 이야기와 개인적인 상황도 깊이 있게 들어보고 싶어요.

조 팀장은 이번 코칭에서 자신의 상황을 객관적으로 보게 되었다. 즉, 관점 전환을 통해 현재보다 한 차원 높은 인지 수준으로 상황을 관찰하고 실행해야 할 일을 찾게 된 것이다. 이러한 인지 과정을 '메타인지'라고 한다. 조 팀장은 메타인지 과정을 통해 자신의 상황을 객관적으로 돌아보고 어려움을 극복하기 위한 실행계획을 찾게 되었다.

조 팀장의 사례에서 보듯이, 메타인지는 자신의 인지과정을 객관적이고 새로운 시각에서 관찰하게 한다. 그리고 효과적인 해결책을 찾을 수 있게 도와준다. 그 결과 힘든 상황에서도 스스로 통제하는 힘을 더하게 된다. 이

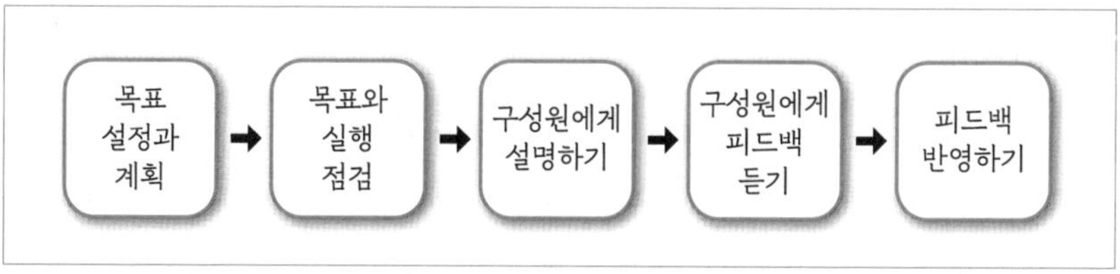

〈그림 1〉 메타인지 훈련 과정

러한 리더의 자기관리를 위한 메타인지 훈련 과정은 위의 〈그림 1〉과 같다.

코치형 리더로서 자신과 구성원의 성장을 원한다면, 메타인지 훈련과 코칭이 도움이 될 것이다. 또한 사례에서 사용된 코칭 질문으로 셀프 코칭을 해보는 것도 리더의 자기관리에 도움이 된다. 만약 셀프 코칭이 어렵다면, 전문 코치에게 도움받기를 추천한다.

1

메타 성과를 조직의 기초체력으로 만드는 리더

리더들은 조직의 성과를 책임져야 한다. 성과는 매출이나 이익 등 눈에 보이는 부분과 눈에 보이지 않는 부분을 포함한다. 만약 코끼리를 본 적 없는 세 사람이 눈을 감은 채 각자 위치에서 코끼리를 만진 후 코끼리가 어떻게 생겼는지 설명하도록 한다면 각자 다르게 코끼리를 묘사할 것이다. 다리를 만진 사람은 코끼리는 굵고 단단한 기둥 같다고 말할 것이다. 그리고 귀를 만진 사람은 넓고 펄럭거리는 존재라고 말할지도 모르겠다. 분명히 나머지 한 사람도 자신이 만진 형태나 느낌을 이야기할 것이다.

당신이 리더라면 조직의 성과도 눈을 감은 채 만져지는 코끼리의 몸통처럼 보고 있는 것은 아닌지 돌아보아야 한다. 무엇이 진정한 성과인지 알아야 제대로 전략을 수립하고 일하는 방식도 변화할 수 있다. 눈을 뜨고 코끼리를 보아야 하고, 자신의 눈높이에서 코끼리를 제대로 관찰할 수 없다면, 높은 곳에 올라가 코끼리를 보아야 한다. 이러한 사고 과정이 메타인지 과정이며, 메타인지적 관점에서의 성과를 '메타 성과'라 한다. 즉, 진정한 성과는

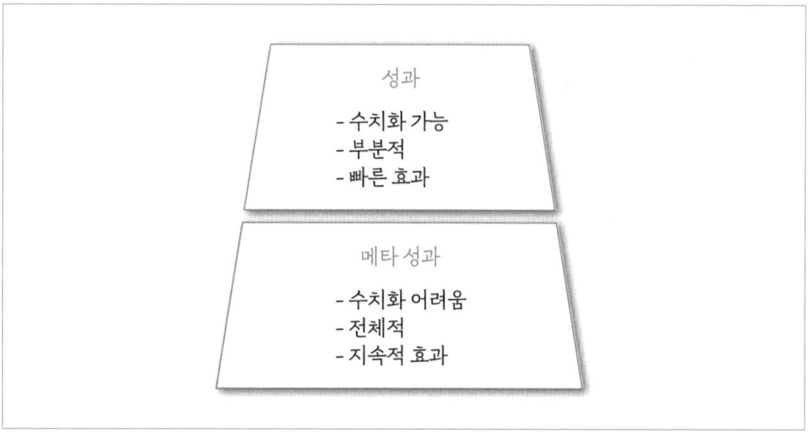

〈그림 2〉 성과를 창출하는 메타 성과

부분이 아닌 전체를 보는 거시적 안목이다.

여기서 '메타(meta)'란 "고차원적이고 더 크다"는 의미로, 메타 성과는 성과 이상의 성과로 눈에 보이는 성과를 창출하는 토대가 되는 성과다. 동양의학을 예로 들자면, 근본적인 체질이나 기운, 체력을 보강하여 병을 낫게 하는 전체적인 향상의 개념과 유사하다. 눈에 보이는 성과와 눈에 보이진 않지만 조직 성과의 토대가 되는 메타 성과를 요약하면 〈그림 2〉와 같다.

따라서 리더십코칭에서의 메타 성과는 조직과 구성원의 성장을 제로(0) 상태에서 플러스(+) 상태로 향상시키는 과정이다. 즉, 부분이 아닌 전체적인 성장을 도모할 수 있는 성과의 기초가 되는 메타 성과가 진정한 성과다.

이러한 메타 성과는 단기적인 성과 창출력에서 지속적인 성과 창출을 가능하게 하는 기초체력이 된다.

또한 메타 성과는 지시적이고 일방적인 커뮤니케이션 환경에서 질문을 통한 상호 소통형 환경으로의 변화를 가져온다. 그리고 리더가 구성원을 대하는 관점도 변화시킨다. 즉, 구성원은 관리와 통제의 대상이라는 관점에서 동기부여의 대상이고 스스로 성과 창출과 성장을 위해 노력하는 존재라는 관점으로 변화하게 된다. 다시 말하자면, 리더가 조직의 성과를 극대화하고 싶다면, 구성원을 전인적인 존재로 대해야 한다. 이러한 변화는 일방적인 상하 구조의 소통이 아닌 쌍방향 소통 조직문화의 토대가 된다.

2.
구성원의 말을 잘 들어주는 리더의 3단계 경청

1

1단계 경청: '나(I)' 중심 경청

리더의 코칭은 구성원에게 집중하고 구성원을 인정하는 태도에서부터 시작된다. 코칭 스킬 중 경청은 들리는 것과 함께 들리진 않지만, 상대방이 정말 말하고자 하는 것까지 듣는 상태다. 즉, 이야기 이면에 있는 의미까지 듣는 것이다. 더불어 이야기하는 사람의 마음속 사보투어(saboteur: 내면에서 일어나는 저항과 두려움, 물러섬, 변화를 거부하는 등의 내면의 방해꾼)의 소리까지 듣는 상태를 의미한다.

따라서 효과적인 경청은 이야기하는 사람과 듣는 사람 모두의 자각(awareness)을 불러일으키게 된다. 또한 경청을 통해 서로에게 미치는 영향을 확인(mirroring)할 수 있도록 돕는다. 이러한 상호 자각과 영향의 확인은 진정성(transparency)으로 확장되어 조직의 변화와 성장의 기초가 되는 진정성 리더십 실천의 과정이 된다. 이러한 리더의 단계별 경청 스킬을 〈그림 3〉과 같이 구조화했으며, 다음 절부터 단계별 경청에 관해 소개하고자 한다.

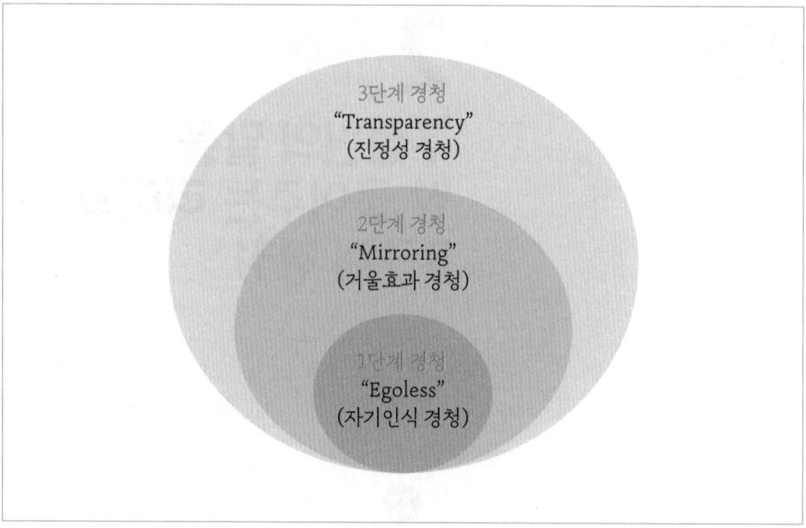

〈그림 3〉 단계별 경청의 초점

최 팀장은 팀장이 된 지 3년 되었는데, 회사에서 일 잘하기로 소문이 난 팀장이었다. 어느 날 팀의 구성원인 김 대리가 최 팀장에게 면담을 요청했다.

김 대리: 팀장님, 요즘 제가 맡은 업무가 뒤죽박죽인 것 같아요. 일이 많은 건지, 아니면 제가 능력이 없는 건지 모르겠어요. 다음 주 수요일 보고 예정인 전략보고서도 작성해야 하는데, 집중이 되지 않습니다. 어떻게 하면 좋을까요?

최 팀장: 나도 예전에 그런 적이 있었어요. 중요한 게 뭔지 잘 생각해보세요.

김 대리: 후~ 중요한 거요? 아내가 한 달 동안 몸이 좋지 않아서 병원에 다니고 있는데, 일이 바빠서 집안일을 전혀 돕지 못하

고 있어요. 아내 혼자 살림하고 아이들까지 챙기고 있는 상황입니다. 그래서인지 아내와 사이가 좋지 않아요.

최 팀장: 음~ 그랬군요. 근데 내가 살아보니까 시간이 약이더라고요. 아내분도 시간이 지나면 풀릴 거예요. 지금 중요한 일에 집중하세요.

김 대리: 아~ 네. 근데 사실 마음이 편치 않아서 일이 손에 잘 잡히지 않거든요.

최 팀장: 지금 우리 팀에 어떤 일이 중요한지 김 대리가 누구보다 잘 알고 있잖아요. 일단 다음 주 전략 보고에 집중합시다. 지금 보고서가 어디까지 진행됐지요?

김 대리: 네~ 알겠습니다. 팀장님.

최 팀장은 주변 사람들에게 "나는 자면서도 일한다. 자다가도 아이디어가 떠오르면 일어나서 메모하고 다시 잔다"며 항상 일에 매몰되어 있는 자신을 자랑하듯 이야기하곤 한다. 심지어 회식 자리에서도 일 이야기만 하는 사람이다.

이렇게 일에만 몰두해 있는 최 팀장을 보면, 일이 최 팀장의 삶에서 가장 중요한 우선순위라는 생각이 들 정도다. 김 대리와의 대화에서도 최 팀장은 김 대리의 상황보다는 자신이 중요하게 생각하는 회사 일만 중요하게 생각하고 있다.

위의 사례에서처럼 상대방의 상황과 상태, 감정 등을 고려하지 않는 최 팀장의 경청 자세를 '1단계 경청'이라고 한다. 이런 1단계 경청을 '나(I)' 중심 경청이라고도 한다. 최 팀장이 보여준 '나' 중심 경청은 오로지 '자신의 생각과 판단, 느낌이 중심이 되는 듣기'다. 상대방의 말을 들으면서도 '저 사람의 말이 나에게 어떤 의미가 있을까?'라는 생각과 함께 나와 타인에 대해 내가 내린 결론에 집중하는 경청이다. 즉, '나' 중심 경청은 나의 욕구를 충족시키는 경청이다. 최 팀장과 김 대리의 대화에서도 최 팀장은 다음 주에 있을 전략보고서 작성이 중요한 일이기 때문에 김 대리의 상황에는 전혀 주의를 기울이지 않고 있다.

위의 사례를 '나' 중심 경청을 기준으로 해석해본다면, 최 팀장은 김 대리가 자신의 상황을 인지하고 이해할 수 있도록 돕는 경청의 태도로 전환해야 한다. 즉, 이야기하는 김 대리가 자신의 상황을 인지하고 스스로 상황을 극복할 수 있도록 돕는 '나' 중심 경청으로 대화를 진행하면 다음과 같다.

최 팀장: 김 대리 이야기를 들으니 정말 힘든 상황인 것 같네요. 김 대리를 돕고 싶은데, 어떤 도움이 필요해요?

김 대리: 팀장님께서 제 상황을 알아주시니 힘이 좀 나는 것 같습니다. 제가 맡은 부분 중에 SWOT 분석을 다른 구성원에게 나누어주시면 야근하지 않고 집에서 아내를 도울 수 있을 것 같습니다.

최 팀장: 그래요? 그럼 작년에 이 대리가 그 부분을 담당했으니, 내가 이 대리에게 부탁할게요. 앞으로도 이런 일 있으면 얘기해줘요. 오늘 얘기해줘서 고마워요.

정리하자면, '나' 중심 경청은 이야기를 듣는 사람이 자신에게 일어나는 생각이나 감정적 변화 등을 내려놓고(egoless), 이야기하는 사람이 자신의 상황을 스스로 인식할 수 있도록 돕는 경청이다. 만약 리더인 당신이 구성원과 대화할 때 자기 생각이 강하게 올라온다면, '이야기하고 있는 구성원은 지금 어떤 상황일까?'라고 자신에게 질문해야 한다. 그리고 대화의 중심을 내가 아닌 구성원에게 두고 듣는다면, 리더는 자신의 판단을 내려놓고(egoless) 구성원의 자기인식(self awareness)을 돕는 경청을 하게 된다.

2

2단계 경청: '너(You)' 중심 경청

'나' 중심 경청 사례에서 최 팀장은 듣기의 중심을 자신에서 김 대리에게 돌림으로써 김 대리가 스스로 자신의 상황을 인식할 수 있도록 도왔다. 이번에는 '나' 중심 경청에서 2단계 경청인 상대방 중심의 '너(You)' 중심 경청을 앞에서 소개한 사례를 통해 알아보자.

김 대리: 팀장님, 요즘 제가 맡은 업무가 뒤죽박죽인 것 같아요. 일이 많은 건지, 아니면 제가 능력이 없는 건지 모르겠어요. 다음 주 수요일까지 보고해야 하는 전략보고서도 작성해야 하는데, 도무지 집중되지 않습니다. 어떻게 하면 좋을까요?

최 팀장: 김 대리가 요즘 많이 힘들었겠네요. 전략보고서 작성하는 게 집중되지 않는다고 했는데, 어떤 일이 김 대리를 힘들게 하나요?

김 대리: 아내가 한 달 전부터 몸이 좋지 않아 병원에 다니고 있거든요. 그런데 회사 일이 바빠서 집안일을 전혀 돕지 못했어요. 아내 혼자 살림하고 아이들까지 돌보고 있는 상황입니

다. 그래서인지 아내는 화가 나 있고, 저하고 사이가 좋지 않은 상황입니다.

최 팀장: 일이 바빠서 아내를 돕지 못하고 있군요. 제가 미안해지네요. 가정이 우선이지요, 제가 무엇을 도와주면 될까요?

김 대리: 제가 전략보고서를 담당하고 있는데, SWOT 분석을 다른 구성원이 할 수 있도록 배려해주시면 감사하겠습니다.

최 팀장: 그래요? 그럼 이 대리에게 업무지시 해놓을게요. SWOT 분석을 이 대리가 대신 한다면 김 대리에게 도움이 될까요?

김 대리: 네, 팀장님. 배려해주셔서 감사합니다.

'너' 중심 경청은 이야기하는 사람에게 주의를 기울여 집중하여 듣는 것이다. 상대방의 이야기를 주의 깊게 듣고, 그 사람이 말하지 않은 상황이나 상태, 감정까지 알아차리며 듣는 태도다.

이렇게 이야기하는 사람에게 경청하고 있다는 것을 적극적으로 표현하는 것이 '너' 중심 경청의 태도다. 이야기하는 사람이 거울을 보는 것처럼 사용한 단어나 문구, 표정이나 감정까지도 리더의 입으로 구성원에게 돌려주기 때문에 '미러링(mirroring) 경청'이라고 한다. 즉, 리더의 코칭은 구성원 입장에서 듣고, 리더의 입으로 돌려주는 것이다. 그리고 그 사람의 제스처나 목소리 톤까지도 따라 함으로써 이야기하는 사람이 거울을 보듯이 자신의 상황이나 상태를 알 수 있도록 돕는 경청이 바로 '너' 중심 경청이다.

이러한 '너' 중심 경청의 대화에서는 공감대가 형성되고, 협업과 시너지가 일어나게 돕는다.

3

3단계 경청: '우리(We)' 중심 경청

3단계 경청인 '우리(We)' 중심 경청은 대화하는 상대방과 내가 함께 세상의 중심에서 모든 정보를 받아들이는 것처럼 듣는 것과 같다. 즉, 듣는 사람은 대화 중 관찰할 수 있는 모든 것(감정, 촉각, 청각, 후각 등)을 느끼는 단계다.

이러한 3단계 경청을 '환경적 경청'이라고 하는데, 대화 중에 느껴지는 온도, 에너지 수준, 밝고 어두움까지도 느끼는 상태다. 이렇게 느끼기 위해서는 마음을 열고 부드럽게 집중해야 한다. 여기서 집중은 이야기하는 사람의 작은 변화나 갑작스러운 변화도 민감하게 알아차리고 반응하는 것까지를 의미한다.

그렇다면 최 팀장과 김 대리의 대화를 '우리' 중심 경청으로 다시 살펴보자.

김 대리: 팀장님, 요즘 제가 맡은 업무가 뒤죽박죽인 것 같아요. 일이 많은 건지, 아니면 제가 능력이 없는 건지 모르겠어요. 다음 주 수요일까지 보고해야 할 전략보고서도 작성해야 하는데, 집중되지 않습니다. 어떻게 하면 좋을까요?

최 팀장: 김 대리 목소리에서 답답함과 에너지가 빠진 것 같은 느낌이 드네요.

김 대리: 네~ 팀장님. 지금 너무 답답하고 힘이 빠집니다. 저는 나름대로 가정을 위해 최선을 다하고 있다고 생각하는데, 아내는 제가 집안일에 소홀하다고 불편한 기색을 표현하고 있습니다.

최 팀장: 김 대리가 회사에서 정말 열심히 일하는 모습에서 가정을 얼마나 소중하게 생각하는지 느낄 수 있었는데, 지금 이야기에서도 다시 한번 강하게 느껴지는 것 같네요.

김 대리: 네~ 저는 모든 일을 가정을 위해 한다고 생각하거든요.

최 팀장: 그렇군요. 그렇다면 김 대리의 가정을 위해 제가 무엇을 도와드리면 될까요?

김 대리: 제가 요즘 야근을 자주 하고 있거든요. 업무를 좀 조정해주시면 감사하겠습니다.

최 팀장: 네~ 알았어요. 그럼 오늘 오후에 팀 회의를 통해 업무분장을 다시 해볼게요. 오늘 솔직하게 이야기해줘서 고마워요. 앞으로도 자주 대화해요.

김 대리: 네~~ 팀장님, 제 이야기를 들어주셔서 감사합니다.

'우리' 중심 경청은 듣는 사람이 모든 것을 동원해 이야기하는 사람을 관찰하고 느껴지는 모든 것에 반응하고 표현하는 총체적 경청이다. 또한 리더 자신의 진정성(transparency)을 구성원에게 보여주는 것을 의미한다. 즉, 리더는 구성원의 이야기를 경청하면서 떠오른 생각과 감정을 진실하게 표현함으로써 진정성 있는 소통을 하게 된다. 이러한 '우리' 중심 경청은 온 마음을 다해 듣기 때문에 구성원과의 원활한 의사소통, 상호 존중과 배려하는 조직문화를 만드는 기초가 된다.

3. 성장하는 조직의 리더는 'SOFT'하게 질문한다

1

S(Specification): 구체적으로 질문한다

최근 들어 MZ세대와의 소통에 어려움을 겪는 리더들을 자주 코칭하곤 한다. 나도 재직 당시 MZ세대와 대화하면서 자주 당황했던 기억이 있다. 그럴 때마다 '내가 신입사원 때는 업무 방향만 알려주면 죽이 되건 밥이 되건 일단 시작부터 했는데, 요즘 신입사원들은 그렇지 않네'라는 생각을 하곤 했다. 물론 "나 때는 말이야~"라고 하면 꼰대라는 말을 들을까 봐 선배나 동년배의 동료와 대화하며 불편한 경험을 나누는 게 전부였다.

이렇게 리더들이 소통하기 어렵다는 MZ세대가 자주 사용하는 단어가 따로 있다. 바로 '3요'다. 리더가 업무지시를 하면, "제가요?", "이걸요?", "왜요?"라고 대답하는 것이다. 리더에게는 정말 답답한 질문들이다.

그런데 MZ세대 입장에서 '3요'를 해석해보면, "제가 그 일을 해야 하는 이유는 무엇인가요?", "이 일을 혼자 하는 건가요? 아니면 같이하는 건가요?", "이 일은 어떤 가치가 있나요?"로 해석할 수 있다.

아마도 리더들도 사원 시절에 이런 질문을 하고 싶었지만, 마음속에만 품고 묵묵히 일했을 것이다. 하지만 MZ세대는 다르다. 자신의 생각이나 의사를 직접적으로 표현한다.

그렇다면 리더들은 '3요'에 대해 어떻게 답해야 할까?

MZ세대가 '3요' 질문을 하기 전에 구체적인 질문으로 소통한다면, MZ세대의 생각과 의사를 명확하게 들을 수 있다. 더불어 일에 대한 책임감을 갖게 하는 효과도 얻을 수 있다. 구체적으로 업무를 지시하는 질문의 예는 다음과 같다.

[구체적인 질문으로 업무 지시하기]

① 이 업무의 가치를 어떻게 정의할 수 있을까요?
② 이 업무를 수행하는 데 어떤 역량이 필요할까요?
③ 필요한 역량을 우리 팀에서 찾아본다면, 누가 적임자일까요?
④ 만약 적임자가 없다면, 이 업무에 도전해보고 싶은 분은 누구인가요?
⑤ 이 업무를 수행하는 데 필요한 자원은 무엇인가요?
⑥ 이 업무를 기한 내에 마무리하기 위해 우리가 가진 자원은 무엇인가요?

위와 같은 질문으로 회의를 진행한다면, MZ세대뿐만 아니라 모든 세대가 책임감을 갖고 스스로 상황을 통제하며 업무를 수행할 수 있게 된다. 즉, 구성원 스스로 책임 있게 상황을 통제하며 일하기를 원하는 리더라면, 상황에 맞는 구체적인 질문을 해야 한다.

2
O(Objective): 일의 목적을 질문한다

조직의 목표 달성과 구성원의 성장을 위한 질문을 하기 위해서는 조직의 존재 이유와 일의 목적이 명확히 정의되어야 한다. 또한 구성원들에게 이러한 목적들이 공유되어야 한다. 왜냐하면, 조직의 존재 이유는 리더와 조직 구성원이 존재하는 근본적인 목적이기 때문이다. 이러한 조직의 존재 이유에 충실한 조직은 리더와 구성원 사이에 두터운 신뢰 관계가 형성된다.

그런데 '마이크로 매니저형 리더'는 구성원을 믿지 못하기 때문에 다음과 같은 현상이 발생한다. 첫 번째, 구성원에게 업무 위임하는 것을 어려워한다. 두 번째, 조직과 일의 전략적인 방향성이나 큰 그림 대신 세부 사항에 집착한다. 세 번째, 일의 목적과 관련이 없는 일까지도 모니터링하며 관리하려고 한다. 네 번째, 구성원의 상황이나 업무 능력 등 구성원의 입장을 고려하지 않고 리더의 생각대로, 그리고 생각날 때마다 업무를 지시한다. 이런 마이크로 매니징은 구성원의 이직률을 높이고, 불만이 쌓여 업무 성과 또한 저조해진다.

S 기업의 박 팀장도 마이크로 매니저형 리더였는데, 박 팀장의 마이크로 매니징은 조직 구성원의 사기를 하락시켰다. 그리고 자신들의 일에 책임지는 구성원이 없었고 미래 리더도 육성할 수 없었다. 그렇게 박 팀장의 조직은 망가져가고 있었다. 그런데 어느 날 회사 CHO(인사 담당 최고책임자)와의 면담 자리에서 CHO의 말씀에 뒤통수를 강하게 맞은 듯한 충격을 받았다고 했다. 그 후로 일과 구성원을 대하는 방식이 바뀌게 되었는데, CHO의 말씀을 요약하면 다음과 같다.

“박 팀장의 팀에서 일을 가장 잘하는 사람은 누구일까요? 아마도 박 팀장일 겁니다. 그래서 회사에서는 박 차장을 팀장 자리에 앉힌 겁니다. 그러니 구성원들이 박 팀장보다 일을 못하는 것은 당연한 겁니다. 만약 박 팀장이 구성원들의 일을 세세하게 다 챙기려 한다면, 성과는 하락하고 조직의 건강은 상하게 될 겁니다.”

박 팀장은 자신이 처음 팀장이 되었을 때 위와 같은 CHO의 말씀을 들었다면, 조직의 존재 이유와 일의 목적과 가치에 초점을 맞추어 조직을 운영했을 것이라고 회고했다. 다음의 질문들은 조직의 목표 달성과 구성원의 성장 등 모든 측면에서 건강한 조직이 될 수 있도록 돕는 ‘목적을 묻는 질문’들이다.

[목적을 묻는 질문]

① 우리 팀의 존재 이유는 무엇인가요?
② 팀의 존재 이유를 달성하기 위한 개인의 역할은 무엇인가요?
③ 이번 일은 우리 회사에 어떤 의미가 있을까요?
④ 이번 일은 우리 팀에 어떤 의미가 있을까요?
⑤ 이번 일이 구성원 개인에게는 어떤 의미인가요?
⑥ 이번 일을 하는 데 각 구성원은 어떤 역할을 해야 할까요?
⑦ 이번 일의 바탕에는 어떤 믿음이 있나요?
⑧ 이번 일을 통해 우리 회사(팀)가 추구하는 가치는 무엇인가요?

위와 같이 목적을 묻는 질문은 앞서 언급한 구체적이고 측정 가능한 질문들을 동반하게 된다. 그리하여 일을 통한 자아실현과 성취감도 극대화할 수 있다. 즉 리더가 구성원에게 동기를 부여하고 싶다면, 일의 목적을 묻는 질문을 해야 한다.

3

F(First Intuition): 직관을 믿고 질문한다

리더는 조직에서 일어나는 일에 관여하고 의사결정을 해야 한다. 특히 일의 기한이 촉박하거나 예상하지 못한 일이 발생할 때마다 자료를 찾고 객관적인 팩트를 토대로 의사결정을 한다는 것은 현실적으로 어려울 수 있다. 더욱이 구성원의 업무 방식이나 일의 진행이 리더의 생각이나 조직의 목표와 다르게 진행된다고 느낀다면, 정말 답답한 상황이 되고 만다. 이러한 상황은 조직 내에 선배, 혹은 경력이 비슷하거나 직급이 같은 구성원이 있다면, 리더는 더욱 힘든 상황에 처하게 된다.

최근에 코칭했던 H 기업의 고 팀장도 새로운 조직을 맡았을 때, 나이가 비슷하고 직급도 같은 구성원과 함께 일하며 이런 상황을 여러 번 겪었다고 했다. 고 팀장은 답답하고 힘든 상황이 되면, 하고 싶은 말을 하지 못하고 빙빙 돌려 변죽만 울리는 말만 했다. 그리고 고 팀장의 생각처럼 일이 진행되지 않을 때는 자신과 직급이 같은 구성원이 하던 일을 직급이 낮은 직원이 하도록 조정하기도 했다. 그 결과 그 직원과는 더욱 어색해졌고, 일을 대신했던 직원들은 불만이 쌓이는 현상이 발생했다.

이런 상황이 반복되면서 조직이 와해될 정도로 분위기가 악화되었는데, 그 시점에 코칭을 받게 되었다. 고 팀장의 코칭은 5회기로 진행되었는데, 3회기에 다음과 같은 질문을 했을 때 이 질문이 고 팀장 스스로 현실을 인식하고 성찰할 수 있도록 도왔다.

"고 팀장님, 만약 그 직원이 하는 일이 잘못되었다고 느껴졌던 그 상황으로 다시 돌아간다면, 어떻게 하고 싶으세요?"

이 질문을 통해 고 팀장은 '일이 리더의 생각이나 조직의 목표와 다르게 진행될 때 리더는 자신의 직관을 믿고 그 상황이나 일의 방식 등에 대한 구성원의 생각이나 의도에 대해 질문해야 한다'는 성찰을 하게 되었다고 했다.

즉, 리더는 직관대로 이야기해야 한다. 직관은 "사고, 판단, 선택 등과 같은 복잡한 인지적 과정을 거치지 않고 어떤 사물이나 사건(또는 현상)에 대해 즉각적으로 지각하거나 파악하는 심리(정신) 작용이나 활동이며, 대상을 보거나 듣는 즉시 곧바로 깨닫는 통찰력"이다. 이러한 통찰력을 다시 말하면, 오감(청각, 시각, 미각, 후각, 촉각)을 넘은 여섯 번째 감각(sixth sense)이라 할 수 있다.

이러한 직관은 개인의 관심을 끌기 위해 노력하고, 내 주변 일들에 집중하다 보면 개발되기도 한다. 따라서 직관에 따르는 것은 지극히 자연스러운 과정이다.

또한 직관은 구성원의 의견에 대해 해석하지 않고 중립적인 관점에서 느껴지는 감각에 가까운 것이다. 다음의 사례로 듣는 사람의 직관과 판단(해석)하는 대화의 차이를 확인해보자.

"김 차장의 의견은 좀 앞뒤가 맞지 않는 것처럼 들리네요."

전자는 김 차장의 이야기에 맞고 틀림이 아닌, 무엇인가 맞지 않는다는 느낌을 이야기하는 것으로 '직관'이다. 반대로

"김 차장의 이야기는 아주 중요한 것을 숨기고 있는 것처럼 들리네요. 어떻게 생각하세요?"

후자 아주 중요한 것을 숨기고 있다는 '해석'이 포함된 것이다.

조직 내에서 이루어지는 리더의 코칭은 구성원 스스로 해결책을 찾도록 돕는 과정이다. 리더가 구성원의 말에 해석이 섞인 말을 하는 것은 구성원 스스로 해결책을 찾는 과정에서 높은 장벽으로 작용하게 된다. 즉, 리더의 좋은 질문은 충고, 조언, 평가, 판단이 섞이지 않은 직관적 질문이다.

만약 구성원의 이야기가 타당하지 않거나 리더의 의도나 조직의 목표와 다르다는 느낌이 든다면, 다음의 말과 함께 질문해보자. 일이 잘 풀리지 않을 때, 리더의 직관을 믿고 질문한다면, 구성원이 스스로 해결책을 찾는 데 도움이 될 것이다.

[직관의 신호를 말로 표현하기]

① 제 느낌에는 ~~

② 제 직감을 이야기해도 될까요?

③ 제 느낌(생각)이 맞는지 확인해주세요.

④ 제 직관은 ~~인데요.

한편 직관은 다음의 신호로 알아차릴 수 있는데, 직관의 신호를 감지한

리더의 직관적 질문은 문제해결에 주요한 열쇠가 되기도 한다.

[직관의 신호 알아차리기]

① 무엇인가 잘못되었다거나 옳다는 느낌
② 이유는 알 수 없지만, 무엇인가 알고 있는 것 같은 확연한 느낌
③ 어떤 상황에서 느껴지는 열정 · 에너지가 차오르거나 꽉 막힌 듯한 기분

위와 같이 리더는 직관을 인지하거나 활용할 때 예기치 못한 놀라운 방식으로 일이 풀릴 수 있도록 돕고, 조직 내 에너지와 생기를 높이게 된다.

4

T(Targeting): 측정 가능한 것을 질문한다

조직에서의 일은 최종 목표와 실행 목표로 구분할 수 있는데, 최종 목표는 미션, 또는 조직이 컨트롤할 수 없는 영역 밖의 목표를 의미한다. 즉, '시장 선도 기업이 된다'거나 '핵심고객을 확보한다' 등은 고객과 조직 외부에서 인정받아야 가능한 일들이다. 그리고 실행 목표는 가시적인 비전이라 할 수 있는데, 전년 대비 매출 20% 증가, 고객 확보율 10% 등 명확하게 측정 가능한 것을 의미한다.

이러한 최종 목표와 실행 목표의 달성 측면에서 구성원 개인이 하는 일

은 한 개인의 성과에만 국한되지 않는다. 즉, 리더의 성과는 조직의 성과로 귀결된다. 그런데 성격이 급하거나 성과 달성에 불안함을 느끼는 리더들은 일의 진행 상황을 꼼꼼하게 챙기기보다 일의 달성 가능 여부에만 초점을 맞추어 구성원을 다그치는 경향이 있다. 이런 성향의 리더는 "지금 일이 어떻게 되고 있지? 일이 제때 끝날 수는 있는 거야?"와 같이 막연한 불안을 표출하는 질문을 자주 한다.

그런데 이런 막연한 불안을 표출하는 질문은 일의 진행에 아무런 도움이 되지 않는다. 성과를 달성하고 싶다면, 진행 상황을 구체적으로 측정할 수 있는 질문을 해야 한다. 또한 성과를 달성하는 것은 리더의 가장 중요한 역할이라 할 수 있다. 그러므로 리더는 목표 설정 단계부터 진행 과정과 결과까지의 과정에서 측정 가능한 질문을 통해 조직을 이끌어야 한다. 한편 측정 가능한 질문을 마이크로 매니징에서 사용하는 질문으로 오해하는 사람들도 있다.

다음의 질문들을 살펴보면, 구성원의 태도, 일의 방식이나 일의 진행상황을 시시각각으로 간섭하듯 확인하려 하는 마이크로 매니징과는 다르다는 것을 확인할 수 있다. 즉, 측정 가능한 질문은 조직의 성과 달성을 위한 방향 설정과 명확한 상황 파악을 토대로 구성원 스스로 해결책을 찾을 수 있도록 돕는 질문이다. 아래의 질문들을 활용한다면 조직의 목표는 언제나 측정 가능하게 되고, 성과 달성에도 도움이 될 것이다.

[측정 가능한 질문]

① 목표를 달성했다는 것을 어떻게 알 수 있을까요?

② 목표가 달성된다면, 어떤 상태가 될까요?

③ 진행 과정은 어떻게 측정할 수 있을까요?
④ 목표를 10점이라 한다면, 지금 수준은 몇 점인가요?
⑤ 현재의 갭(gap)을 극복하고 목표를 달성하기 위한 대안 세 가지는 무엇인가요?
⑥ 세 가지 대안 중 가장 우선으로 실행해야 할 것은 무엇인가요?
⑦ 그 대안을 실행하기 위해 필요한 자원은 무엇인가요?
⑧ 현재 우리가 보유한 자원은 무엇인가요?
⑨ 지원이 필요하다면, 어떤 지원이 필요한가요?
⑩ 업무를 진행하는 데 장애물은 무엇인가요?
⑪ 장애물을 극복하기 위한 방법 세 가지는 무엇인가요?
⑫ 업무를 계획대로 진행하기 위해 우리가 반드시 지켜야 할 세 가지 기준은 무엇인가요?

위와 같은 측정 가능한 질문들은 일의 실현 가능성을 높여주고, 일의 진행 정도를 확인할 수 있게 한다. 그리고 어디쯤 있는지 알 수 있어서 보완이나 수정 역시 수월해진다. 요약하자면, 조직의 성과 달성을 위한 리더의 질문은 측정 가능해야 한다.

4. 조직과 구성원의 성장을 극대화하는 피드업, 피드백, 피드포워드

1 뭘 해도 되는 조직에는 피드백이 살아있다

조직에서 팔로워는 항상 '내가 하는 일을 리더는 어떻게 평가하고 있을까?'라는 생각을 한다. 반면에 리더는 '피드백을 어떻게 해야 좋을까?'라는 생각을 한다. 이러한 생각들이 바로 피드백에 관한 것인데, 피드백은 "진행된 행동이나 반응의 결과를 본인에게 알려주는 일"이다. 즉, 구성원이 하는 일의 과정이나 결과를 그대로 알려주는 것이다.

경영학의 구루인 피터 드러커는 이런 피드백의 중요함을 "역사상 알려진 유일하고도 확실한 학습방법은 피드백이다"라고 했다. 또한 HBS(Harvard Business School)의 로버트 S. 캐플런 교수는 "피드백이 없으면 직원들은 무능해지고, 리더는 독재자가 된다"고 이야기했다. 캐플런 교수의 이야기에서 피드백은 구성원뿐만 아니라 리더에게도 필요함을 알 수 있다. 이렇게 조직 구성원에게 중요한 역할을 하는 피드백의 효과는 〈그림 4〉와 같다.

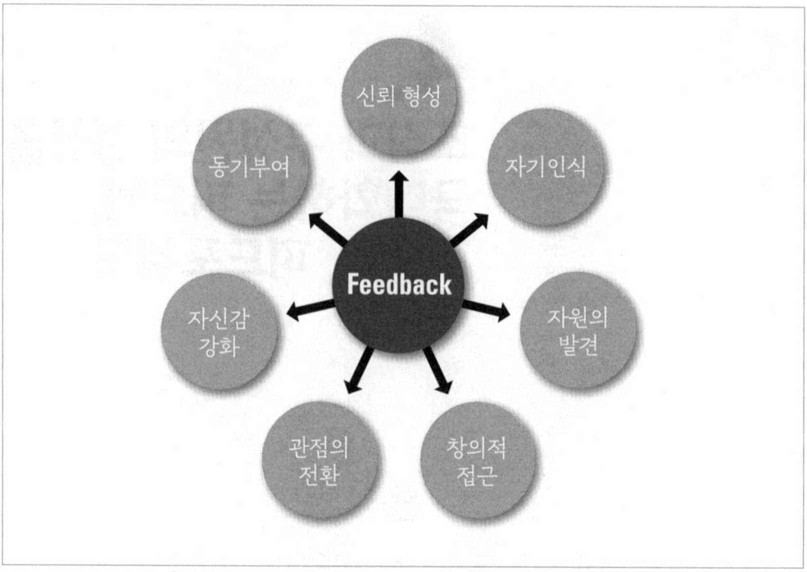

〈그림 4〉 피드백의 효과

한편 미국의 심리학자 케빈 옥스너는 자신의 연구에서 "74%의 사람들이 피드백 기술이 아주 중요하다고 답했다. 그리고 50%는 상사로부터 피드백을 좀 더 원하고 있으나, 56%는 상사로부터 피드백을 받는 데 어려움이 있다. 또한 22%만이 상사로부터 정기적으로 피드백을 받고 있으나, 사람들은 자신이 받은 피드백의 30%만 수용한다"고 밝혔다. 데이터가 말해주듯, 사람들은 리더에게 피드백을 원하면서도 그 피드백에 대한 수용도는 낮다. 팔로워 입장에서는 '우리 팀장은 왜 내 일에 대해 피드백을 제대로 해주지 않지?'라는 생각을 자주 하고, 리더는 '내가 어떻게 피드백해야 구성원들에게 도움이 될까?'라는 걱정 어린 생각을 항상 한다. 즉, 피드백이 무엇인지, 피드백을 어떻게 하는지를 모르기 때문에 구성원은 리더에게 피드백을 요청하지 못하고, 리더는 구성원들에게 피드백을 제대로 하지 못하는 것이다.

여기서 피드백의 중요함과 그 결과가 기업에 어떤 영향을 미치는지 보여주는 사례를 소개하고자 한다. 바로 마이크로소프트(이하 MS)의 전 · 현직 CEO의 사례다. 현재 MS의 CEO인 사티아 나델라는 2014년 부임할 당시 '추락하는 거대한 공룡'이라고 불리던 MS사를 2018년 미국 내 시총 1위 기업으로 이끌었다. 2018년 MS사가 미국 내 시총 1위 자리에 오른 것은 사티아 나델라 CEO가 회사 내 조직문화를 바꾸면서 변화의 태동이 시작되었다. 그는 2014년 CEO로 부임하면서 회사의 비전을 제시하고 성장 마인드셋으로 평생학습 문화를 조성하기 위해 노력했으며, 경청과 공감을 잘하는 사람을 리더로 임명했다. 무엇보다 그가 중요하게 강조한 것은 구성원들의 피드백을 적극적으로 수용하는 태도였다.

이러한 사티아 나델라의 리더십은 전 CEO인 스티브 발머와는 확연히 달랐다. 스티브 발머는 CEO로 재직 당시 내부 경쟁을 유도하여 폐쇄적인 조직문화 형성을 유도했고, 그로 인해 조직 내 사일로(silo) 효과가 팽배했다. 또한 구성원들의 피드백도 무시했다. 그 결과 MS의 주가는 끝도 없이 하락하게 되었다.

MS의 사례에서 피드백의 중요함을 알 수 있듯이, 성공하는 기업에는 피드백이 살아있다. 피드백은 리더가 구성원에게 일방적으로 하는 것이 아니라 리더와 구성원의 상호 소통 과정이다. 즉, 리더도 구성원에게 피드백을 받아야 한다. 요약하자면, 무엇을 해도 되는 조직은 리더와 구성원 간 상호 피드백이 살아있는 조직이다.

한편 피드백의 효과를 극대화하기 위해서는 일의 목적을 명확히 해야 한다. 이러한 일의 목적은 사막에서 길을 잃지 않게 도와주는 나침반이나 북극성 역할을 하기 때문이다. 즉, 일의 과정에 대한 피드백을 위해서는 일의 목적을 구성원과 리더가 함께 인식하고 있어야 한다. 이러한 일의 목적을 인

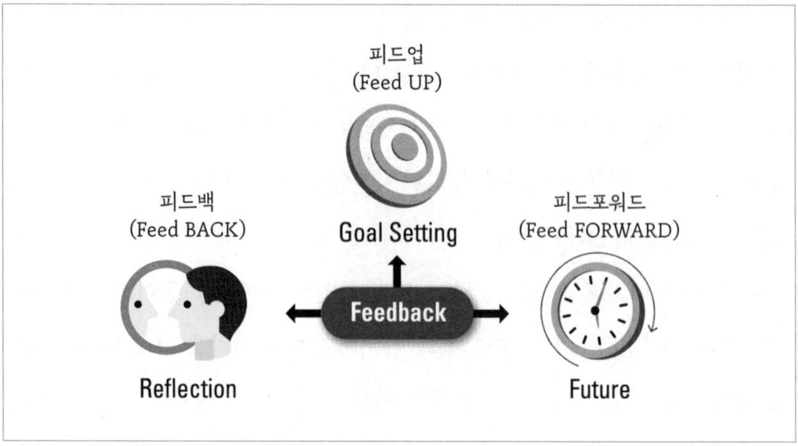

〈그림 5〉 완벽한 피드백 구조

식하고 명확히 하는 과정을 '피드업'이라 한다. 피드업을 포함한 피드백과 피드포워드의 관계는 〈그림 5〉와 같이 정리할 수 있다.

더불어 일의 목적을 묻는 다음의 피드업 질문으로 피드백과 피드포워드를 시작한다면, 효율적이고 효과적인 업무수행이 될 것이다.

[피드업 질문]

① 이 일을 하는 궁극적인 목적은 무엇인가요?

② 이 일을 통해 우리 팀이 성취해야 할 것은 무엇인가요?

③ 이 일을 통해 당신이 성취하고 싶은 것은 무엇인가요?

위와 같은 피드업 질문으로 시작하는 피드백과 피드포워드는 리더와 구성원의 메타인지 향상을 돕는다. 즉, 피드업 과정은 조직의 성과 창출을 극대화하는 기초가 된다.

2

리더에게는 피드포워드도 필요하다

지금까지 살펴본 피드백이 일의 과정이나 결과를 그대로 돌려주는 데 초점이 맞추어져 있다면, 피드포워드는 일의 목표가 달성되는 미래 관점에 초점을 맞추고 있다. 지금부터 리더의 업무 성과 창출과 성장에 도움을 주는 피드포워드에 대해 알아보자.

B 기업의 이 팀장은 신사업을 추진하고 관리하는 팀을 맡고 있었다. 이 팀장은 사업모델의 설계부터 공사관리, 사업 손익 관리까지 정말 많은 업무를 수행해야 했다. 어느 날 진행하던 사업에 문제가 발생했다. 이 팀장은 상사인 김 상무에게 현재 상황을 보고하고 앞으로의 진행 방향에 대한 조언을 듣고 싶어 면담을 요청했는데, 면담 내용을 요약하면 다음과 같다.

이 팀장: 상무님, 현재 진행 중인 태양광 사업에 문제가 좀 있습니다. 다음 주에 준공을 목표로 이번 주에 준공검사를 관련 기관에 신청했는데, 검사를 담당하는 기관 담당자가 휴가를 가서 이번 주에 준공검사를 할 수 없다고 합니다.

김 상무: 그걸 왜 이제야 얘기하는 거예요? 이 팀장은 그동안 뭐 하고 있었어요? 이 팀장 역할이 그런 상황을 대비하고 관리하는 거 아닌가요? 일 좀 한다고 해서 신사업을 맡겼더니, 일을 이렇게밖에 못하나요?

이 팀장: 죄송합니다, 상무님. 저도 오늘 아침에 기관으로부터 통보를 받아서 상무님께 보고드리는 겁니다.

김 상무: 그걸 지금 보고라고 하는 건가요? 이 팀장이 알아서 해결

하세요. 이 팀장이 책임자니까요. 알았어요?

이 팀장: 네, 상무님. 알겠습니다.

이 팀장에게 정말 필요한 것은 이미 일어난 문제에 대한 질책성 피드백이 아닌 김 상무의 경험과 지혜에서 나오는 문제해결을 위한 조언이었다.

즉, 과거의 문제에 머무는 피드백이 아닌 해결된 상태인 미래를 위한 피드포워드가 필요했다. 그렇다면 이 팀장에게 필요한 피드포워드는 구체적으로 어떤 내용이 포함되어야 하는지 다음의 대화를 통해 알아보자.

이 팀장: 상무님, 이번에 추진 중인 태양광 사업에 문제가 좀 있습니다. 다음 주에 준공을 목표로 이번 주에 준공검사를 관련 기관에 신청했는데, 검사를 담당하는 기관 담당자가 휴가를 가서 이번 주에 준공검사를 할 수 없다고 합니다.

김 상무: 그래요? 그거 참 심각한 문제네요. 이 팀장은 다음 주 준공을 위해 어떤 일이 필요하다고 생각하나요?

이 팀장: 일단 어떻게 해서든 이번 주에 준공검사를 받아야 하는데, 제가 경험이 부족해서 해결책을 잘 모르겠습니다.

김 상무: 이 팀장도 많이 답답하겠네요. 음… 혹시 준공검사를 담당하는 기관이 지금 신청한 곳만 있나요?

이 팀장: 그렇진 않습니다. 지역별로 나눠져 있긴 하지만, 다른 지역 기관에도 신청할 수 있는 것으로 알고 있습니다.

김 상무: 그렇군요. 이 팀장은 평상시에 다른 사람보다 훨씬 아이디어가 많은 강점이 있던데, 지금 그 강점을 활용해본다면, 어떤 대안이 있을까요?

이 팀장: 타 지역의 검사 기관을 알아보는 방법도 있고, 제가 직접 검사 기관에 찾아가 상황을 설명하고 방법을 함께 찾아볼 수도 있을 것 같습니다.

김 상무: 저는 이 팀장이 이 문제를 잘 해결하리라 믿어요. 일단 이 팀장 생각대로 진행하세요. 저는 고객사에 연락해서 이 상황을 자세히 설명할게요.

이 팀장: 감사합니다, 상무님.

대화에서 보듯이 이 팀장은 현재 상황과 문제의 원인도 인지하고 있지만, 해결책을 위한 트리거(trigger)가 필요했다. 김 상무는 그 점을 파악하고 이 팀장의 발상이라는 강점을 활용할 수 있도록 도움을 준 것이다. 이러한 과정이 바로 피드포워드다. 요약하자면, 상대방의 잠재력과 강점을 활용하여 더욱 진취적인 변화와 성장을 추구할 수 있도록 돕는 것이 피드포워드다. 그러므로 피드포워드를 받은 리더는 문제해결 가능성과 성장의 디딤돌을 선물 받는 것과 같다.

다음 항목에서는 효율적이고 효과적인 피드백과 피드포워드 방법에 대해 소개하고자 한다.

3

피드백과 피드포워드에도 공식이 있다

피드백과 피드포워드의 효과에 대해 앞 항목에서 살펴보았는데, 여기서는 피드백과 피드포워드를 현업에서 활용할 수 있도록 수학 공식처럼 쉽게 소개하고자 한다.

〈표 1〉 지지적 피드백 공식

피드백 공식	초점	예시
Act (행동)	대상자(구성원)가 한 바람직한 행동을 그림을 그리듯 묘사한다.	내일 오전에 보고해야 할 보고서를 오늘 미리 작성해주셨네요.
Actor (동기)	바람직한 행동을 한 대상자(구성원)의 노력, 능력, 동기 등을 칭찬하고 인정한다.	항상 보고일에 늦지 않고, 미리 검토할 수 있게 준비해주시네요.
Appreciation (감사)	대상자(구성원)의 행동에 대한 감사를 표현한다.	이번에도 미리 준비해줘서 고마워요.

〈표 2〉 발전적 피드백 공식

피드백 공식	초점	예시
Act (행동)	대상자(구성원)가 한 바람직하지 않은 행동을 그림을 그리듯 묘사한다.	내일 오전에 보고해야 할 보고서가 아직 작성되지 않았네요?
Impact (영향)	바람직하지 않은 행동으로 인한 파급효과 또는 영향에 대해 '나-전달법(I-message)'으로 전달한다.	사전에 충분히 검토할 시간이 부족해서 보고 시에 어려움이 있을 것 같아요.
Desired outcome (바람직한 결과)	바람직한(원하는) 결과를 요청한다.	지금까지 진행된 내용을 공유해주시고, 함께 검토해보시죠.

우선 피드백은 잘한 일에 대한 지지적 피드백과 개선이 필요한 발전적 피드백으로 구분할 수 있다. 지지적 피드백은 'AAA', 발전적 피드백은 'AID'로 요약했으며, 위의 〈표 1〉과 〈표 2〉는 지지적 피드백과 발전적 피드백의 공식과 질문 예시를 소개한 내용이다.

지지적 피드백은 바람직한 행동을 강화하여 에너지를 상승시키고 잠재력을 확신하게 하여 성장 발전의 동기가 될 수 있다. 한편, 발전적 피드백은 부족하거나 바람직하지 않은 행동을 개선할 수 있도록 성장 방법과 구체적인 액션플랜을 공유하는 데 목적이 있다.

피드백할 때 중요한 것은 피드백하는 사람의 감정이나 느낌을 중심으로 하는 '나 전달법(I-message)'을 사용하는 것이다. 피드백을 받는 사람의 성향이나 성격, 또는 상대방에 대한 판단 등을 포함하는 '너 전달법(You-message)'은 피드백의 긍정적 영향보다 부정적 영향을 미칠 가능성이 크다는 점에 주의해야 한다.

지금까지 피드백 공식을 살펴보았다. 이번에는 피드포워드 공식에 대해 알아보자. 피드포워드는 'SOS'로 요약했으며, 다음 〈표 3〉은 질문 예시를 포함한 피드포워드 공식이다.

〈표 3〉 피드포워드 공식

피드포워드 공식	초점	예시
Strength (강점 활용)	대상자(리더)의 강점을 활용한 해결 방향에 대해 질문한다.	이번 일에서 당신의 강점을 어떻게 활용해보시겠어요?
Option (대안 찾기)	강점을 활용한 대안을 구체적으로 찾을 수 있도록 질문한다.	강점을 활용한 대안은 무엇이 있나요?
Support (지원 사항)	대안 실행을 위해 필요한 지원 사항을 질문한다.	그 일을 하는 데 제가 지원할 것은 무엇인가요?

지금까지 리더와 구성원, 조직의 변화와 성장을 극대화할 수 있는 피드백과 피드포워드에 대해 알아보았다.

리더들이여, 지속 가능한 성장을 원한다면, 조직 내 피드백과 피드포워드가 살아서 춤출 수 있도록 먼저 피드백과 피드포워드를 수용하기 바란다. 왜냐하면, 조직은 생명체와 같아서 건강한 피드백과 피드포워드는 조직을 건강하게 만들기 때문이다.

성찰질문

아래의 질문에 스스로 답해보시기 바랍니다.

1. 자신이 속한 조직의 메타 성과를 위해 꼭 하고 싶은 일은 무엇인가?
2. 오늘부터 5% 더 주변 사람들의 말에 경청하기 위해 스스로 지켜야 할 한 가지는 무엇인가?
3. 좋은 질문을 할 수 있는 질문 기술 향상 방법 다섯 가지를 생각해본다면?
4. 좋은 피드백과 피드포워드를 위해 스스로 바꾸어야 할 행동 한 가지는 무엇인가?
5. 현재의 자신이 20년 뒤 자신에게 한 가지 질문을 한다면, 어떤 질문을 하고 싶은가?

참고문헌

에노모토 히데타케. 『코칭의 기술』. 황소연 역, 새로운제안, 2003.

아와즈 교이치로. 『굿 퀘스천』. 장미화 역, 도서출판 이새, 2015.

조 허시. 『피드포워드』. 박준형 역, 보랏빛소, 2019.

하영목 외. 『한국형 커리어코칭을 말한다』. 북코리아, 2020.

LEARNING HUB: https://learninghubwss.wordpress.com

Ⅳ PART

리더십코칭 사례

VI

조지용

1.
역량기반 청년 리더십코칭

"누구든 꿈을 가지고, 그 꿈을 성취하도록 동기를 부여하는 사람은 리더다."

- 존 퀸시 애덤스

1 청년에게 리더십코칭이 필요한 이유

"청년에게 리더십코칭이 필요할까요?"라고 묻는 분들이 있다. 그때마다 필자는 "청년에게 리더십코칭은 꼭 필요하고 리더십 개발은 빠를수록 더 좋다"고 답한다. 왜냐하면 리더십이란 단순 암기를 통해 발휘하는 것이 아니라 타인에게 영향을 미치는 작은 행동들이 오랜 기간 쌓여 형성되기 때문이다. 즉, 단기간 내에 개발하기 어렵다. 청년 시절 코칭을 통해 개선되는 작은 행동 하나하나는 장래 그들이 조직에서 발휘하는 리더십의 중요한 원천이 된다. 리더십을 갖추지 못한 청년들은 조직 생활에서 크고 작은 어려움에 직면하게 된다. 어쩌면 원하는 조직에 진입하기조차 어려울 수도 있다. 리더십은 기업의 승진이나 채용 등 선발 장면에서 후보자를 검증하는 중요한 항목이기 때문이다.

'팀워크에 문제가 있는 직원'을 채용한 후 골치 아파하는 관리자들을 종종 보게 된다. 그 직원의 '팀워크 역량'이 단기간에 개선되지 않는다는 사실은 머지않아 드러난다. 또한 복잡한 문제가 생겼을 때 회피하며 살아온 사람은 훗날 중대한 문제해결 과제에 봉착했을 때 당황하게 된다. 문제해결을 위해 다각도에서 원인을 분석하고 고민하며 해결책을 모색한 사람과는 격차가 클 수밖에 없다. 단기간에 개발이 어려운 리더십의 속성은 민간기업이나 공공기관에서 실시하는 승진 역량평가에서도 확인된다. 역량평가는 승진 후보자를 대상으로 다양한 선발도구를 활용하여 기대역량 대비 후보자의 역량 수준을 평가한다. 역량평가에 한 번 탈락한 사람은 몇 개월 후에 재응시해도 또 떨어지는 경우가 허다하다. 이처럼 리더십이라는 것은 소프트 스킬*의 영역으로 지식과는 다르게 단기간 내에 고치거나 개발하기 어렵다.

리더십코칭을 통해 청년들은 '리더십은 리더가 된 후에 개발하는 것이 아니며 평소 작은 행동들이 쌓여서 자신의 리더십을 형성한다'는 사실을 깨닫게 된다. 나아가 자신의 리더십을 조기에 성찰하고 개발할 수 있는 소중한 기회이며, 신선한 자극과 성장의 전환점이 될 것이다.

"봉사활동을 한 적 없는데 뭐라고 답변해야 유리할까요?" 몇 년 전 코칭 현장에서 어느 청년으로부터 받았던 질문이다. 질문을 듣고 '뭐가 유리할까'

---

* 소프트 스킬(soft skill): 기업조직 내에서 커뮤니케이션, 협상, 팀워크, 리더십 등을 활성화할 수 있는 능력을 뜻한다. 생산, 마케팅, 재무, 회계, 인사조직 등 일련의 전문지식은 '하드 스킬(hard skill)'이라고 한다.

를 잠시 고민했지만, 결국 "뭐라고 답변해도 불리하겠다"고 답해주었다. "공공기관에서 '타인을 위한 봉사해본 적이 없는 지원자'를 선호할까?", "한 적도 없는 봉사활동을 거짓으로 꾸며댄다면 상대가 어떻게 생각할까?"를 되물으며 그가 지원하는 공기업 인재상에 대해 설명해주었다. 그 청년은 다음 날부터 봉사활동을 해보기로 결심했다.

"회사별 면접 기출 질문에 대해 강의해주실 수 있나요?" 몇 년 전 모 대학으로부터 교수자 대상 특강 요청 전화를 받았다. 난감해하고 있는데, "모범 답변도 가능할까요?"라고 추가 요청사항을 말씀하셨다. 담당하시는 분과 몇 차례 협의 끝에 주제를 바꿔서 '기업 인재상과 역량평가'로 진행한 적이 있다. 학생들을 돕고 싶은 마음은 이해가 갔지만, 기업의 요구와는 거리가 있었다. '면접의 요령이나 모범답안'은 학생들의 역량개발과 무관하지만, 여전히 학생들이나 취업을 돕는 교수자들의 관심사다.

그 이후로 갖가지 문제의식이 생겼다. '학생들이 기업의 인재상이나 역량을 쉽게 습득할 방법은 없을까?', '회사에서는 면접 때 인성을 중요시하는데 학교나 학생은 인성교육에 관심이 있을까?', '내 수업을 듣는 학생 중 몇 명이나 인성면접을 통과할 수 있을까?'

이런 문제의식이 토대가 되어 2018년에 처음으로 청년들의 리더십 역량을 평가하고 코칭하는 재능 나눔 행사를 시작했다. 역량평가에 기초한 개발 방식은 이미 대기업, 외국계 기업 및 공공기관의 리더십 교육에서 다양한 형태로 적용되고 있다. 특히 승진 후보자를 대상으로 하는 역량교육 세션에서는 기존 교육방식에 비해 리더의 자기인식과 역량개발에 탁월한 효과가 있었다. 이러한 검증된 방식이 조직을 경험해보지 못한 청년들에게도 유용할 것으로 예측했다. 행사가 반복될수록 코칭에 참여한 학생들로부터 높은 호응을 얻게 되었다. 최근 3년은 규모가 커져 청년재단과 함께 '모의면접 재능 나눔 코칭' 행사를 대면과 비대면 형태로 진행해보았다. VR(가상현실) 면접에 참여한 수백 명의 학생들에게는 구두 피드백이 아닌 원격으로 개인별 역량평가보고서를 제공했다. 청년들의 역량을 평가하고 이를 기반으로 코칭하는 방식을 체계화하여 2022년부터 역량면접코치 자격과정(고용노동부 민간등록자격)을 통해 역량면접코치를 양성하고 있다. 최근에는 양성된 코치들과 함께 '역량면접코칭 클리닉'을 개최하면서 코칭의 효과를 직접 재확인할 수 있었다. 이 방법론은 이미 일부 공공기관의 체험형 인턴사원 선발 및 육성과정에도 적용되고 있다.

이렇게 수년간 현장에서 활용해온 방법론을 정리하여 역량을 평가하는 방법, 대상자 행동관찰 및 기록 방법, 대상자 역량 및 자각 수준에 따른 차별적인 코칭 방법, 청년 리더십코칭의 실사례 등을 공유하고자 한다. 역량기반 청년 리더십코칭은 청년을 지도하는 교수자, 취업 컨설턴트, 조직의 인사 책임자 및 그들과 함께 일하는 현장 관리자에게 큰 도움이 될 것이다. 물론 대상자인 청년에게도 자신의 리더십을 성찰하고 개발할 수 있는 유용한 지침이 될 것이다.

2
청년에게 요구되는 리더십 역량

청년에게 요구되는 리더십이란 "조직이나 타인을 이끌어나가는 지도자의 역량"으로 한정하기보다는 좀 더 넓은 의미로 "집단이나 조직활동에 미치는 긍정적인 영향력"으로 정의하는 것이 바람직하다. 한국바른채용인증원의 CiC(Competency interview Coach) 역량면접코치 자격과정에서 청년 역량평가에 활용되는 표준역량 모델로 자기관리, 대인관계, 일관리, 의사소통의 네 가지 영역으로 구분하고 하위에 리더십 역량을 정의하고 있다.

AMA(American Management Association)* 에서는 관리자에게 요구되는 역량을 자기관리, 타인관리, 사업관리의 세 가지 범주로 구분하고 하위에 개별 역량을 정의했다. 자기관리 항목에는 자기인식, 자신감, 자기개발, 책임감, 회복탄력성, 스트레스 내성, 시간관리, 창의성 등의 개인 역량이 정의되어 있다. 타인관리 항목에는 주로 구두 소통, 문서 소통, 팀빌딩, 네트워킹, 관계 구축, 영향력, 갈등관리 등 대인관계에 대한 역량이 포함되어 있다. 사업관리 항목

〈표 1〉 CiC_역량면접코칭 표준역량 모델

영역	관련 역량 키워드	역량 세부 내용
자기관리	도전, 끈기, 성실, 책임감, 긍정, 멘탈	• 정서가 안정적인가? • 꾸준하고 성실한가? • 실패를 극복하고 도전하는가?
대인관계	팀워크, 협력, 협상, 네트워킹, 리더십, 타인(고객)지향	• 개인보다는 팀을 위해 희생하는가? • 우호적인 관계를 구축하는가? • 이견 조율과 설득에 탁월한가?
일관리	전문성, 문제해결, 성취지향	• 해당 분야에서 지식을 활용하는가? • 탁월한 성과를 추구하는가? • 구조화된 사고를 갖추었는가?(MECE**)
의사소통	경청, 요점 파악력, 표현력, 전달력	• 대화의 요점 파악을 하고 있는가? • 핵심을 간결하고 명확하게 전달하는가? • 주장에 대한 근거가 명확한가?

출처: 한국바른채용인증원

* AMA: 미국경영협회. 1923년 창립된 경영자 및 경영관리전문가 협회

** MECE: Mutually Exclusive Collectively Exhaustive의 약자. 상호배제와 전체 포괄, 즉 중복과 누락이 없는 구조적 접근

에는 문제해결, 의사결정, 변화관리, 혁신주도, 전략기획, 전략적 사고, 결과 지향성, 복잡성 관리 등 일 처리와 관련된 역량이 정의되어 있다.

청년 리더십을 평가하는 데 국가직무능력표준(NCS)에서 제시한 10가지 직업기초능력*을 참고해도 좋다. 10가지 직업기초능력 중 의사소통 능력, 문제해결 능력, 자기개발 능력, 대인관계 능력 등은 실제 공공부문 채용 면접에서 활용되고 있다.

3
일반 코칭과 역량기반 코칭의 차이

역량기반 코칭은 일반 코칭과 무엇이 다른가?

역량기반 코칭은 말 그대로 코칭 전에 역량평가가 선행된다. 역량평가에는 역량면접(BEI: Behavioral Event Interveiw), 분석발표(AP: Analysis Presentation), 그룹토의(GD: Group Discussion), 역할연기(RP: Role Play) 등의 도구가 활용된다. 역량평가를 통해 드러난 대상자의 행동이 코칭의 근거가 된다. 객관적인 행동관찰 근거는 변화의 주체인 대상자의 수용성을 높인다. 코치가 대상자의 생각이나 가치관의 변화까지 고려할 수는 없다. 대상자의 드러난 행동이 변화의 범위가 되어야 하며, 그중 가장 중요한 행동 한두 가지에 집중해야 한다. 코칭에서 대상자의 무엇을, 어떠한 행동을 개선해야 할지 명확해진다면 이미 절반은 성공이다. 역량기반 코칭은 행동관찰 근거를 확보할 수 있다는 점에서

* 10가지 직업기초능력: 의사소통 능력, 수리 능력, 문제해결 능력, 자기개발 능력, 자원관리 능력, 대인관계 능력, 정보 능력, 기술 능력, 조직이해 능력, 직업윤리

탁월하다.

리더십 개발의 출발은 리더의 자기인식(self-awareness), 즉 자각이다. 자기인식이란 "자신의 강점과 약점, 생각과 가치관 등을 깨닫는 것"을 의미한다. 하버드대학교 겸임교수이자 심리학자인 다니엘 골먼은 감정능력(Emotional Intelligence: EI)을 리더십의 가장 중요한 필수요소로 제시했으며, EI는 리더의 자기인식에서 출발한다고 주장했다. 콘페리헤이그룹 시니어 클라이언트 파트너인 야마구치 슈는 자신의 최근 저서 『세계의 리더들은 왜 직감을 단련하는가』에서 콘페리헤이그룹이 전 세계에서 실시하고 있는 리더십 평가 결과에서 변화가 심한 상황에서도 지속적으로 성과를 올리는 리더들은 공통적으로 자기인식 능력이 매우 높다는 사실을 발견했다고 밝혔다.

역량기반 코칭은 단시간 내에 대상자의 자각을 돕는 탁월한 도구다. 본격적인 코칭 이전에 역량평가 단계부터 이미 자각은 시작된다. 그룹으로 참여하는 승진 후보자 대상 역량평가의 경우 좀 더 명확하게 본인의 잘 발휘된 역량과 부족한 역량을 알아차리게 된다. 본인이 선발되었다면 왜 선발되었고, 선발되지 못했다면 무엇 때문에 선발되지 못했는지 결과 통보 이전에 미리 어느 정도 예측된다는 뜻이다. 대상자는 자각과 동시에 어떠한 부분을 개선할지에 대해 비교적 쉽게 개선 방향을 세울 수 있다.

자각은 청년 리더십 개발의 발판이 된다. 그들은 취업을 앞두고 있거나 조직 내에서 다양한 선발 과정에 직면해있다. 역량기반 코칭은 청년들이 궁금해하는 '나는 무엇을 잘하고, 무엇이 부족한가?'에 대해 속 시원한 답을 줄 것이다. 또한 '어떻게 준비하고 개선하면 될까?'에 대한 방향을 제시해줄 것이다.

4

역량평가와 행동관찰 기록

어떤 조직이든 채용이나 승진에서 크고 작은 이슈가 있다. 잘못된 영입이나 승진 인사로 고초를 겪는 조직도 있고, 애써서 합격시킨 인력이 조기 이탈하거나 성과를 내지 못하기도 한다. 이러한 이슈로 공공이나 민간의 인사 책임자나 경영자들이 필자와 상담을 요청하는 일이 종종 있는데, 그때마다 그들에게 공통적으로 던지는 세 가지 질문이 있다. Target Competency(목표역량 및 합격 기준), Tools(면접 질문과 선발도구) 그리고 Traind Assessor(훈련된 평가자)다. 우선 역량평가나 선발체계를 진단할 때 첫째, '각 직무, 포지션별로 어떤 사람을 뽑을지 목표역량과 합격 기준, 척도 등이 명확히 정의되어 있는가?'가 중요하다. 기준과 척도가 없다면 이것부터 세워야 한다. 둘째, 그 역량을

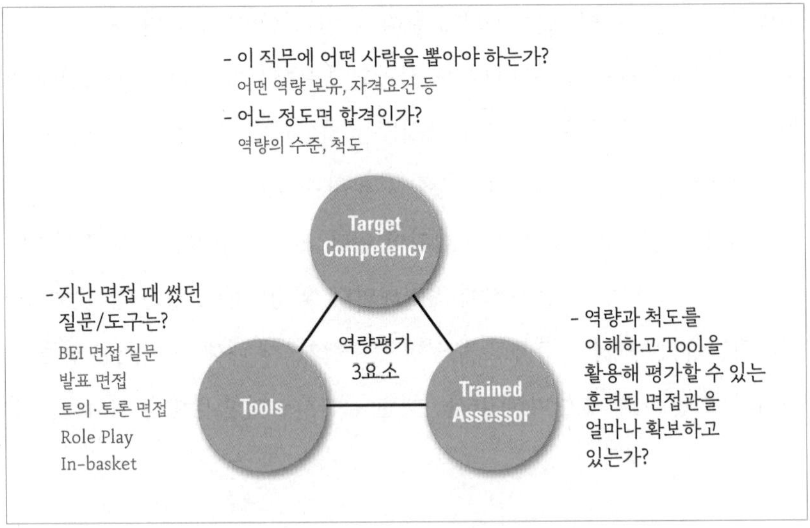

〈그림 1〉 역량평가 3요소

출처: 한국바른채용인증원 채용전문면접관 역량평가 가이드.

검증할 수 있는 면접 질문이나 도구가 적절히 준비되어 있는가를 확인해야 한다. 실제 대기업이나 공공기관이 사용하는 면접 질문 중 상당 부분이 타당도가 떨어지고, 때로는 채용절차법에 저촉될 수 있는 위험한 질문들도 포함되어 있다. 끝으로 목표역량과 합격 기준을 숙지하고, 효과적으로 면접 질문이나 도구를 활용할 수 있는 훈련된 평가자를 얼마나 확보하고 있는가다. 임원 중에 몇 명, 팀장 중에 몇 명이 훈련되어 있는가를 묻는다. 조직 내에 훈련된 평가자가 많을수록 그 조직의 선발시스템이 탄탄해지는 것은 물론 주요 경영진과 관리자들의 리더십이 강화되는 효과도 얻게 된다.

(1) 역량평가 척도: 역량 행동관찰 포인트

위 역량평가의 3요소 중 코치가 최우선으로 숙지해야 하는 것이 바로 역량별 행동관찰 포인트다. 운동 경기의 경우에도 채점 기준을 충분히 숙지하지 못한 심판은 언제든 오심 논란에 휘말리는 법이다. 아래의 자기관리, 대인관계, 일관리, 의사소통 영역별 주요 역량 행동관찰 포인트를 사전에 충분히 숙지할수록 코칭의 단서를 찾기 쉬울 것이다.

첫째, 자기관리 영역의 주요 역량인 도전, 끈기, 성실, 책임감, 긍정, 멘탈 등을 평가할 수 있는 주요 관찰행동은 아래와 같다.

- 자발적이고 도전적인 목표설정
- 어려운 상황에서도 목표를 달성하려는 집요함

- 장애(시간, 비용 등)를 극복하고 끝까지 과업 완수
- 실패나 어려움을 극복하고 과업 달성
- 밝고 긍정적인 언어를 사용하며 자신감 넘치는 태도

둘째, 대인관계 영역의 주요 역량인 팀워크, 협력, 협상, 네트워킹, 리더십, 타인(고객)지향 등을 평가할 수 있는 주요 관찰행동은 아래와 같다.

- 개인보다는 팀을 위한 의사결정과 공헌
- 팀을 위해 남들이 꺼리는 일을 도맡아서 처리
- 우호적인 관계 구축으로 협력을 쉽게 이끌어냄
- 타인의 의도나 니즈를 파악하고 대응
- 원하는 방향으로 타인을 이끎
- 이해관계자들 간의 갈등을 조정하고 조율

셋째, 일관리 영역의 주요 역량인 전문성, 문제해결, 성취지향 등을 평가할 수 있는 주요 관찰행동은 아래와 같다.

- 현황 파악 및 대안 도출에서의 구조화된 접근(MECE적 분석)
- 문제의 근본 원인 규명
- 여러 가지 복잡한 이슈를 우선순위화하여 처리
- 대안 도출이 구체적임(실행 가능성)

- 자신의 지식을 적용하여 가시적인 성과 창출
- 전문성을 높이기 위한 구체적 학습과 자격 취득
- 직무와 관련한 지식 및 기술의 적용

넷째, 의사소통 영역인 경청, 요점 파악력, 표현력, 전달력 등을 평가할 수 있는 관찰행동은 아래와 같다.

- 명확한 발음과 속도로 의사를 전달함
- 핵심적인 메시지를 두괄식으로 표현
- 대화 시 상대방의 요점을 파악하고 답변(질문을 통한 의도 확인, 동문서답하지 않음)
- 적합하고 쉬운 사례나 예시 활용
- 자신의 주장에 대한 객관적인 근거 제시
- 숫자나 데이터를 활용하여 근거 제시

(2) 평가 도구(Tools)

대상자의 리더십 역량을 평가하는 도구는 대표적으로 행동사건면접(BEI: Behavioral Event Interview)과 평가센터(Assessment Center)로 불리는 시뮬레이션 면접을 활용한다. BEI는 목표역량과 관련된 대상자의 과거 행동 사례를 파악하여 평가하는 방법이며, 평가센터는 장래 주어질 직무 관련된 상황을 과제로 제시하고 참여한 대상자의 행동을 관찰하여 평가한다.

① 과거의 행동으로 미래를 예측하는 BEI

'역량면접' 또는 '행동사건면접'으로 불리는 BEI는 철저하게 목표역량(target competency)과 관련된 후보자의 과거 행동을 확인하여 미래를 예측하는 방식이다. 일반적인 상황이 아닌 특정한 사건(event)에서의 행동을 확인하는 방식으로 '사실확인법'이라고 할 수 있다. 따라서 BEI의 순서는 성취한 사건(event)을 먼저 확인하고, 상황(situation), 과업(task), 행동(action), 결과(result)를 순차적으로 검증한다. 가령 대인관계 측면의 역량 파악을 위해 BEI를 활용한다면 다음과 같다.

- 사건: 개인의 이익을 양보하고 팀을 위해 기여하여 주위로부터 인정받은 사례가 있는가?(event_성과 확인)
- 상황: 언제 어떠한 인정을 받았는가?(situation)
- 역할: 그 성과에서 본인의 역할은?(task)
- 행동: 당신의 어떠한 행동이 성과에 특별히 기여한 것인가?(action_차별화된 행동)
- 결과: 당신의 기여가 팀에 어떠한 영향을 미친 것인가(result_파급효과)

코치가 전술한 평가 척도, 즉 역량별 행동관찰 포인트를 숙지하고 있다면 BEI 과정에서 대상자의 행동수준에 대한 파악이 용이하다. 시작 질문에 이어 심층질문을 할 수 있어야 지원자의 행동 수준을 파악할 수 있고 역량평가가 제대로 작동한다. 코치가 즉시 활용할 수 있는 역량별 주요 BEI 활용

〈표 2〉 BEI 활용 질문 풀

<table>
<tr><th>영역</th><th>관련 역량 키워드</th><th>시작 질문</th><th>심층질문</th></tr>
<tr><td>자기 관리</td><td>도전, 끈기, 성실,
책임감, 긍정,
멘탈</td><td>• 어려운 과제에 도전하여 끈기를 갖고 성취한 사례가 있는가?
• 성실한 인재라고 자랑할 만한 사례가 있는가?
• 실패를 극복하고 성취한 사례가 있는가?</td><td rowspan="3">• 언제 어떤 상황이었는가?
• 그 성과에서 본인의 주요 역할은?
• 어떤 면에서 탁월했는가? 인정을 받은 이유는?
• 남다른 행동이 있었다면 무엇인가?
• 그로 인해 주변에 어떠한 변화가 일어났는가?</td></tr>
<tr><td>대인 관계</td><td>팀워크, 협력,
협상, 네트워킹,
리더십,
타인(고객)지향</td><td>• 개인의 이익을 뒤로하고 팀을 위해 기여한 사례가 있는가?
• 우호적인 관계를 구축하여 성과로 연결한 경험이 있는가?
• 불만고객을 감동시켜본 적이 있는가?
• 어려운 이해관계자들로부터 협력을 성공적으로 이끈 적이 있는가?</td></tr>
<tr><td>일 관리</td><td>전문성,
문제해결,
성취지향</td><td>• 지식을 적용해서 가시적인 성과가 났거나 주위로부터 인정받은 적이 있는가?
• 복잡한 문제를 해결해서 주위로부터 칭찬을 받은 사례가 있는가?
• 남달리 분석력을 발휘한 사례가 있는가?</td></tr>
<tr><td>의사 소통</td><td>경청, 요점
파악력, 표현력,
전달력</td><td colspan="2">소통역량을 발휘한 경험을 묻고 확인할 수도 있으나, 통상 인터뷰 과정에서 나타난 행동을 바탕으로 평가할 수도 있음</td></tr>
</table>

출처: 한국바른채용인증원

질문 풀(pool)은 〈표 2〉와 같다. 시작 질문을 통해 성과를 일으킨 사건(event)를 확인하고 심층질문을 통해 구체적인 행동을 입증해야 한다.

② 장래 업무(직무)와 관련된 시뮬레이션 면접

시뮬레이션 면접은 향후 맡게 될 일(업무)과 관련된 다양한 상황(문제해결, 의사결정, 아이디어 도출, 고객 응대, 이슈 분석, 분쟁 조정, 기획안 수립 등)을 과제 형태로 제시하고 여기에 참여한 대상자의 행동을 관찰하여 평가한다. 단시간 내에 대상자의 역량이 드러나는 이점 때문에 민간 및 공공 부문의 채용면접에도 발표나 토의 형태의 시뮬레이션이 빈번하게 활용된다.

발표과제는 시사 상식, 산업 및 직무 지식 등의 활용방안을 정리해서 발표하는 형태다. 가령 "인공지능이 인간을 대체하는 현상에 대한 장 · 단점 및 업무에 대한 적용방안을 제시하시오"와 같다. 발표과제를 통해서는 일관리 및 의사소통 관련 역량이 관찰된다. 토의과제는 '함께 일할 수 있는 인재인가'를 판단하는 데 유용한 도구다. 토의에 참여한 지원자들 간의 공방 및 의견 개진 등 토의 전반을 관찰함으로써 지원자의 대인관계, 의사소통, 일관리 영역의 역량을 평가한다. 최근에는 발표와 토의를 묶어서 제시하기도 한다. 가령 "공유경제 개념을 활용한 비즈니스 실행방안을 도출하라(발표과제)", "각자 발표한 내용을 토대로 상호 적극적인 토의를 통해 최선책을 도출하라(토의과제)"와 같이 발표와 토의를 연계하여 평가하는 식이다.

(3) 코칭을 위한 역량별 관찰행동의 기록

A(Assessment)가 종료되면 코치는 대상자가 차분히 평가 과정을 성찰할 수 있도록 긴장을 풀어주고 편안한 분위기를 조성해야 한다. 간단하게 느낌은 어떠했는지 소감을 묻거나, 성실히 참여한 부분에 칭찬과 격려를 해주는 것도 좋다. 이어서 대상자가 스스로 느낀 자신의 강 · 약점을 기록할 수 있도록 안내해야 한다. 대상자는 평가를 통해 드러난 자신의 역량별 긍정행동, 개선행동을 기록하면서 좀 더 깊은 자각을 하게 된다.

코치 또한 평가를 통해 관찰된 긍정행동과 개선행동을 신속하게 요약 · 정리해야 한다. 2명 이상의 코치가 참여했다면 관찰행동에 대해 코치간 의견을 교환하며 코칭의 순서와 방향을 합의해야 한다.

〈표 3〉 역량별 행동관찰 기록(예시)

영역	긍정행동(+)	부정행동(-)
자기 관리	• 자신의 책임 완수를 위해 다양한 방법을 시도함 • 압박에서도 밝은 표정으로 대안을 모색함 • 시간과 비용의 한계를 극복하고 주어진 역할을 끝까지 완수함 • 공동체를 위해 타인이 꺼리는 일을 솔선하여 수행함	• 목표 설정이 수동적이며 평이함 • 자신의 실수에 대해 책임지는 행동이 모호함 • 시간과 일정 관리의 계획성이 관찰되지 않음 • 꾸준함이 발휘된 사례가 모호함
대인 관계	• 팀의 갈등 상황에서 다양한 방식으로 조율을 시도함 • 팀 내 갈등 발생 시 문제의 원인을 파악하고자 노력함 • 복잡한 이해관계자들의 니즈를 파악하여 협력을 이끌어냄 • 비협조적인 팀원을 설득하여 적극적인 참여를 유도함	• 협력을 통해 문제를 해결한 구체적인 사례 및 본인의 기여가 드러나지 않음 • 공동의 목표를 위한 개인적 희생이나 양보가 관찰되지 않음 • 이견 조율과 관련된 적극적 행동이 관찰되지 않음
일 관리	• 문제의 근본 원인을 파악하고 있음 • 자신의 해결방안에 대한 근거와 사례를 제시함 • 새로운 기술을 습득하고 적용하여 문제를 해결함 • 문제의 분석에서 구조화된 접근이 관찰됨	• 문제 분석, 문제 파악, 대안 도출 등에 대해 다양한 관점을 고려하지 못함 • 문제의 해결에서 다양한 이해관계자를 고려하지 못함 • 원인의 종합적인 분석에서 일부 누락이 관찰됨
의사 소통 능력	• 압박 속에서도 안정적으로 일관되게 의사를 표현함 • 밝은 표정, 눈 맞춤, 끄덕거림 등 비언어적인 표현을 활용하며 소통함 • 두괄식으로 결론을 먼저 전달함 • 간결하게 핵심을 전달함 • 쉬운 사례나 예시를 들어 설명함	• 답변 도중에 말이 빨라져 명확한 의사전달이 되지 않는 경우가 반복됨 • 설명이 장황하여 핵심 내용과 결론이 모호함 • 추상적이고 어려운 용어로 설명함 • 질문 의도를 파악하지 못하고 답변함

출처: 한국바른채용인증원

① 행동관찰 기록 시 주의사항: 판단이나 느낌이 아닌 행동 근거를 써라!

행동 위주의 관찰과 기록이란 대상자가 실제로 행한 것, 말로 표현한 것에 기초해야 한다. 또한 타인에 의해 관찰 및 검증 가능해야 한다. 끝으로 평가 역량과 관련된 행동이어야 한다. 평가자의 판단이나 결론, 느낌이나 생각, 모호한 일반화, 행동의 예측 등은 금지해야 한다.

긍정행동과 부정행동이 균형 있게 관찰되는 경우도 있지만, 긍정행동이 지배적인 경우 혹은 부정행동이 지배적인 대상자도 마주할 수 있다. 전자는 긍정행동 중심으로 기록하면 되지만, 후자의 경우 긍정행동 없이 부정행동만 기록할 경우 이후 코칭 단계에서 저항이 야기될 수도 있다. 따라서 코치는 대상자의 행동 수준이 높지 않더라도 긍정적으로 판단되는 행동의 단서를 찾아 기록하는 것이 좋다.

〈표 4〉 분석발표 행동관찰 기록 Do & Don't

Do(적절한 관찰기록)	Don't(잘못된 관찰기록)
• 핵심 결론을 두괄식으로 제시한다. • 이슈를 내부와 외부로 구조화하여 접근한다. • 주장에 대한 객관적 근거를 제시한다. • 숫자와 데이터를 근거로 활용한다. • 자료의 출처가 명확하다. • 실행 방안이 구체적이다. • 사례와 예시를 들어 설명한다.	• 분석력이 뛰어나다. • 내용이 신뢰가 간다. • 의사소통이 뛰어나다. • 설득력과 전달력이 좋다. • 내용이 귀에 쏙쏙 들어온다. • 기획력이 돋보인다. • 논리적 사고를 갖고 있다.

출처: 한국바른채용인증원

5

A-GROW 코칭: 역량과 자각수준에 따른 차별적 접근

역량기반 코칭의 프로세스는 A를 기초로 Goal(목적 합의), Reality(인식 수준 확인), Option(선택적 피드백), Will(개발계획 수립) 순서로 진행된다. 코칭의 목적은 대상자 스스로 역량에 대해 자각할 수 있도록 돕는 것이다. 자각이 효과적으로 이루어진다면 부정행동에 대한 해결책은 자연스레 도출된다. 따라서 코치는 코칭의 각 단계를 거칠 때마다 '어떻게 대상자가 조금씩 더 깊게 자각할 수 있을까?'를 끊임없이 고민하며 진행해야 한다.

(1) Goal: 마음의 준비

평가가 종료되면 이제 본격적인 코칭이 이루어진다. 따라서 당신의 역할 또한 평가자에서 코치로 전환되어야 한다. 즉 표정이나 제스처, 마음가짐 등도 대상자를 응원하고 지지하는 자세로 바꾸어보자. 마주한 대상자를 향해 환하게 웃으며 "많이 긴장하셨지요? 고생 많으셨습니다"처럼 격려해보자. 대상자가 코치를 믿고 진솔하게 소통할 수 있도록 최대한 편안한 분위기를 조성해야 한다. 물을 한 잔 마실 수 있도록 배려해도 좋다.

"조금 따끔할 수 있어요." 주사를 놓기 전, 간호사 선생님의 상냥한 멘트를 떠올려보자. 짧은 시간이지만 환자가 잠시 후 주사에 대한 마음의 준비를 할 수 있도록 배려한다. 코칭 역시 마찬가지다. 앞으로의 코칭이 어떤 절차와 방식으로 진행되는지 안내하여 대상자가 충분히 예측할 수 있도록 돕는다. 변화에는 크고 작은 저항이 있을 수 있다. 청년 대상의 코칭은 대체로 자발적인 참여 동기를 갖고 있기 때문에 코칭 목적의 합의에서 대상자의 저항이 상대적으로 적다. 참여하는 청년들은 대체로 ① 조직에 들어갈 준비를 하고 있거나, ② 인턴사원, 단기 계약직에서 정규 입사를 준비하거나, ③ 조직 내에서 승진이나 이직을 준비하는 경우다. 따라서 '내가 왜 코칭을 받아야 하는가?'와 같이 심리적 저항을 표출하는 대상자는 드물다. 따라서 간단히 본 코칭이 역량기반의 자기성찰과 개발을 돕는 것에 목적이 있음을 주지시키면 된다. 이어서 GROW의 단계와 소요 시간을 안내한다. 가령 "대상자 스스로 느낀 본인의 강 · 약점을 먼저 듣고, 이어서 코치가 관찰한 내용을 피드백하며, 함께 개선책을 찾아보는 순서로 20분간 진행할 예정이에요" 정도면 무난하다.

(2) Reality: 현실 자각 타임(자신을 마주하는 시간)

'현타'란 '현실 자각 타임'을 줄여 이르는 말로, 헛된 꿈이나 망상 따위에 빠져 있다가 자신이 처한 실제 상황을 깨닫게 되는 시간을 말하는 신조어다. 뭔가 하나에 몰입하다가 급작스럽게 중단하여 허탈할 때, 원하는 바를 달성하지 못했을 때, 변화에 적응하지 못하고 혼란스러운 자신을 발견할 때 주로 쓰인다.

자신의 체력이나 건강 상태를 자각할 때 현타가 오기도 한다. 병원의 종합건강검진을 떠올려보자. 폐활량을 측정하기 위해 러닝머신 위에 올라가 몇 분 후면 자각이 온다. 떨어진 체력에 혼란스럽다. 검진 결과지를 놓고 의사와 마주할 때 한 번 더 현실을 자각하게 된다. 그 시간이 썩 유쾌한 상황은 아니겠지만, 건강을 회복하기 위해 내가 무엇을 바꿔야 할지 결심하게 되는 소중한 계기가 된다. 역량기반 코칭도 이와 마찬가지다. 대상자 스스로 '내가 지금 무엇을 한 거지?', '내가 어느 정도 수준인 거지?'를 느껴야 비로소 행동의 변화가 시작된다.

Reality 단계의 목적은 대상자의 본격적인 자각을 돕는 것이다. 첫 번째 자각은 이미 평가 단계에서 시작된다. 즉 행동 사례 인터뷰나 과제의 분석과 발표, 그룹 토의 과정에서 본인의 행동이 드러난다. 높은 수준의 역량이 관찰되기도 하지만, 반대로 낮은 수준의 역량에 그치는 경우도 있다. 본인의 강점과 약점이 드러나는 과정에서 자각이 일어난다. Reality 단계에서는 평가 단계에서 시작된 대상자의 자각 수준을 한 차원 더 높여야 한다. 또한, 대상자가 어느 정도 자각하고 있는지도 함께 파악해야 한다. 코치는 대상자가 관찰된 역량 대비 자신을 과대평가하는지 혹은 과소평가하는지 포착할 수 있어야 한다. 왜냐하면 상대의 자각 정도에 따라 코치의 피드백도 달라야 하기 때문이다.

대상자의 자각을 돕는 시작 질문으로 "시뮬레이션은 어땠나요?", "잘한 부분은 무엇인가요?", "잘 안 된 부분은 무엇인가요?", "시뮬레이션에서 드러난 본인의 강점은 무엇인가요?", "약점은 무엇인가요?" 정도를 활용해 보자.

이때 대상자가 답변을 주저하거나 명확하게 표현하지 못할 수 있다. 그래도 코치는 질문을 포기해서는 안 된다. 조금 세분화해서 재차 물어야 한다. 가령 "처음 자기소개에서 잘 어필된 부분은 무엇인가요?", "지원 직무와 관련해서 잘 표현된 강점은 무엇인가요?", "인터뷰에서 가장 잘 어필된 역량은 무엇인가요?", "제대로 어필하지 못한 역량은 무엇인가요?"와 같이 직접적으로 '역량'이라는 단어를 사용하여 대상자가 기업 용어에 익숙해지도록 이끈다.

과제 발표 시뮬레이션도 마찬가지다. 질문을 쪼개서 자신의 발표에 대해 성찰하게 한다. "주제 발표에서 불만족스러운 부분은 무엇인가요?", "주장하고 싶은 핵심 메시지는 무엇이었나요?", "메시지 전달이 잘되었나요?", "한 번 더 기회가 온다면 어떻게 주장하고 싶나요?"

그룹 토의 시뮬레이션에서는 다수가 참여하기 때문에 참여자 간의 상대적인 비교를 통해서도 자각을 이끌어낼 수 있다. 가령 "그룹 토의에서 그룹 목표 달성에 가장 기여를 많이 한 사람은 누구였나요?", "본인이 토의 촉진에 기여한 언행은 무엇인가요?", "가장 많은 질문을 한 사람은 누구였나요?", "논의를 발전시킨 사람은 누구였나요?", "가장 경청한 사람은 누구였나요"와 같은 질문을 활용할 수 있다. 이처럼 코치는 대상자가 자신의 행동을 차분히 떠올릴 수 있도록 다양한 질문을 준비해야 한다.

또한 코치는 다양한 질문을 통해 대상자의 자기인식을 최대치까지 끌어올려야 한다. 그럼에도 대상자들마다 자기인식의 정도는 차이가 난다. 대상자의 자기인식이 뚜렷한 경우도 있지만, 모호한 경우도 많다. 자신을 과대평가하거나 반대로 과소평가하는 대상자도 만나게 된다. 대상자의 자기인식 정도는 코치의 피드백에도 지대한 영향을 미친다. 그렇다면, 각각의 경우 코치는 어떠한 피드백을 선택해야 할까?

(3) Option: 피드백 옵션

Option 단계에서는 본격적으로 코치가 대상자에게 관찰행동 및 개선방향에 대해 피드백을 해야 한다. 피드백은 기업의 인재상에 비추어 평가를 통해 관찰된 역량별 긍정행동과 부정행동을 사실에 기초해 전달한다. 이때 반드시 긍정행동을 먼저 전달해야 이어질 부정행동 피드백에 대한 대상자의 심리적 저항을 줄일 수 있다.

> "기업은 다양한 이해관계자 간의 조율이나 협력을 잘 이끌어내는 인재를 선호한다."
>
> "협력에 있어서 긍정행동은 사전에 주변 동료들의 다양한 의견을 수렴한 부분이다. 반면에 의견이 대립했음에도 이견을 적극적으로 조율하는 행동은 드러나지 않았다."
>
> "의사소통에 있어서 두괄식으로 핵심 메시지를 먼저 표현하는 부분은 긍정적이다. 반면에 주장에 대한 근거가 개인적인 느낌을 제시하여 객관성이 떨어졌다."

이때 피드백에서 진단과 처방이 섞이지 않도록 주의할 필요가 있다. 여기서의 '처방'이란 모든 부정행동에 대한 개선을 의미하는 것이 아니다. 반드시 개선해야 할 역량 1~2개에 집중해야 한다. 따라서 관찰행동 피드백 도중에 개선을 언급하지 말아야 한다.

관찰행동에 대한 피드백을 마쳤다면 다시 질문해야 한다. 가령 "관찰행동 피드백을 들으니 어떤가요?", "공감하시나요?", "동의하는 부분이나 그렇지 못한 부분이 있나요?"와 같이 대상자의 수용 여부 등을 확인하고 미흡한 부분이 있다면 보충한다.

이어서 역량 항목 중 부정행동이 비교적 많이 관찰된 대표적인 역량을 1~2개 선택하여 역량개발 방향에 대해 제시한다. 이때 코치는 회사나 조직이 왜 그 역량을 필요로 하는지 설명한 후에 역량 개발 방향을 제시해야 한다. 예를 들어, '팀워크'에 대한 피드백을 한다면 아래와 같다.

"회사는 개인에게 맡겨진 일을 처리하는 것을 넘어서 동료나 후배의 일을 기꺼이 도와주는 인재를 높게 평가한다."(인재상 설명)

"향후 프로젝트 수행이나 일 처리에 있어서 맡겨진 일 외에도 주변 동료의 어려움에 귀를 기울이고 협력할 필요가 있다", "단기적으로 팀을 위해 기여나 공헌한 사례를 사실에 기초하여 정리해두면 도움이 될 것이다."(개발 방향 제시)

'의사소통'에 대한 피드백 사례는 아래와 같다.

"회사는 다양한 이해관계자들의 이견을 좁히거나 조율에 적극적으로 나서는 인재를 선호한다."(인재상)

"그룹 내 이견이 발생할 때 침묵하는 사람이 있고, 적극적으로 조율에 나서는 사람이 있다", "이견 조율에 나서는 사람이 가장 경청한 사람이

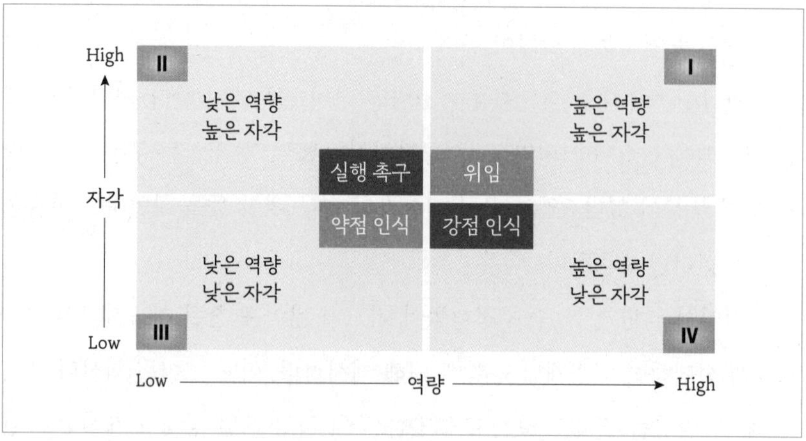

〈그림 2〉 역량과 자각 수준에 따른 차별적 코칭 접근

출처: 한국바른채용인증원

다", "경청한 사람만이 공통점과 차이점을 발견하고 조율에 나설 수 있다", "이견 조율에 대한 성공 경험이 많을수록 회사의 인재상과 가까워진다."(개발 방향 제시)

한편, 코치는 대상자의 역량 및 자각 수준에 따라 맞춤형 피드백을 할 수 있어야 한다. 역량과 자각의 수준에 따라 네 가지 유형을 구분하여 대처해보자.

① I 사분면 = "제 강 · 약점을 파악할 수 있었던 좋은 기회였습니다."
(높은 역량, 높은 자각) 위임

역량과 자기인식이 높은 대상자는 코치의 개입을 줄이고 대상자에게 공을 넘기는 것이 좋다. 위임(empowering)이 적절하다. 이미 자신의 강점과 취약점을 충분히 파악하고 있고 피드백을 적극적으로 구하기도 한다. 이때 코치의 피드백은 최소화해도 좋다. "어떤 부분을 보완하고 싶은가요?", "무엇을 우선적으로 실행하고 싶은가요?"와 같이 이어지는 개발 계획도 스스로 세울 수 있도록 한다. 좀 더 여유가 있다면 "좀 더 궁금한 부분이 있나요?"와 같이 코치에게 질문할 기회를 주는 것도 좋다.

② II 사분면 = "제가 이 부분의 준비가 덜된 것 같습니다."
(낮은 역량, 높은 자각) 실행 촉구

역량이 낮더라도 본인의 인식 수준이 높은 경우는 피드백에 대한 수용도 또한 높다. 이때는 긍정행동과 부정행동을 전달하는 데 무리는 없다. 다만 알고도 실천이나 개선하지 못할 수 있기 때문에 주로 실천이나 개선에 초점을 맞추는 것이 좋다. "어떤 부분을 개선하고 싶나요?", "피드백을 통해 개선이 필요하다고 느끼는 역량은 무엇인가요?" 관찰행동 피드백 후 이와 같은 질문을 통해 대상자가 스스로 개선 계획수립에 집중하도록 돕는다.

③ III 사분면 = "기억이 잘 안 나요", "답변은 잘한 것 같은데 목소리가 작았나요?" (낮은 역량, 낮은 자각) 약점 인식

역량이 낮은 지원자 중 자신을 과대평가하거나 역량 또는 인재상에 대한 이해가 부족하여 무엇이 긍정행동이고 부정행동인지 인식 자체가 어려운 경우도 있다. 시뮬레이션을 통해 긍정행동에 비해 부정행동이 다수 관찰되고 본인의 인식이 낮은 경우는 우선 인재상이나 역량에 대한 이해가 먼저다. 다음과 같이 해당 역량의 긍정행동에 대해 사례를 들어 설명해주어야 한다. "회사에서 소통을 잘하는 사람은 대화 시 상대의 질문 의도를 한 번 더 확인한 후 자신의 의견을 말한다", "발표에서 신뢰가 높은 경우는 자신의 주장에 대해 개인적 느낌보다 객관적 근거나 데이터를 제시한다." 피드백 또한 자세하고 꼼꼼하게 전달하도록 노력해야 한다. 피드백을 대상자가 메모할 수 있도록 배려하는 것도 잊지 말자. 간혹 대상자가 자존심이 강한 경우 개선 피드백에 저항이 있기도 한다. 따라서 피드백 전에 한 번 더 코칭의 목적이 역량개발에 있음을 상기시키는 것이 좋다.

④ IV 사분면 = "강점이요? 잘한 것이 별로 없고 부족함이 많은 것 같습니다." (높은 역량, 낮은 자각) 강점 인식

역량이 높음에도 자신을 과소평가하는 대상자는 자신의 강점보다는 약점을 더 많이 인식하는 경우다. 이처럼 대상자가 부정적인 감정이 지배적이고 자신감이 떨어져 있는 경우라면 강점에 대한 인정과 지지가 필요하다. 대상자가 모르는 자신의 긍정행동을 중심으로 충분히 인정해주고 그러한 행동이 조직에서 어떤 긍정적 영향을 미치는지 의미를 설명한다. "질문을 통해 상대의 의견을 수렴하는 행동이 반복해서 관찰되었는데, 이 부분은 조직의 협업에 매우 중요한 역량입니다", "당신이 발휘한 이견 조율 능력은 장래 회사나 조직의 성과에 큰 기여를 할 것입니다"와 같이 의미를 부여하고 격려해 주어야 한다.

(4) Will: 실천 의지

마지막 Will에서는 코칭의 마무리 단계로 대상자가 실천 의지를 갖도록 돕는다. 대상자가 역량기반 코칭을 통해 '배운 점', '느낀 점', '실천할 점'을 메모하거나 정리할 수 있도록 시간을 주어야 한다. 대상자의 정리를 돕기 위한 질문은 다음과 같다.

"오늘 가장 많이 배운 점과 느낀 점은 무엇인가요?"
"역량별 개선 포인트에 대해 의견을 드렸는데, 이 중에서 가장 먼저 실천하고 싶은 것은 무엇인가요?"
"어떤 역량을 우선적으로 높이고 싶나요?"
"실천에 있어서 우려되는 점은 무엇인가요?"
"그 계획이 실행된다면 어떤 역량이 향상될까요?"

한편, 마무리에서는 분위기 또한 중요하다. 코칭 후 대상자가 '나도 할 수 있다', '해볼 만하다', '해봐야겠다'는 의지를 갖도록 해야 한다. "충분히 잘 할 수 있습니다", "장래 리더로 성장하기를 응원합니다"와 같이 격려와 응원을 잊지 말아야 한다.

6 성장을 가로막는 행동, 바로잡는 코칭 사례

(1) 자기중심적 사고를 깨뜨리는 인성 질문

"집안일은 신경 쓰지 말고 공부나 해", "제사는 무슨, 학원 가야지" 등 성장기 시절, 가족과 주변 친척들은 모두 '나'를 위해, '나의 성공'을 위해 움직여주었다. 그야말로 세상의 중심은 '나'였다. 그런데 회사에 입사하는 순간 그 중심에 '나'는 없다. 내가 '조직 전체의 성공'을 위해 움직여야 한다. 모드 전환이 쉽게 될 리 없고 행동의 변화가 조직의 기대를 따라가지 못한다. 신입 직원의 경우 조직 적응에 실패하여 조기 퇴사 비율이 점점 높아진다. 어찌보면 당연한 결과다.

'조직에서 성장하고 싶다'면 우선 자신의 성장을 가로막는 행동을 중단하고 즉시 고쳐야 한다. 그릇된 행동이 쌓여서 습관이 되어버리면 고치기가 더욱 어렵기 때문이다. 자신의 행동을 성찰할 방법으로 질문만큼 효과적인 것은 없다. 청년의 자각을 돕는 질문은 코치가 그에게 주는 최고의 선물이다.

"개인의 이익을 양보하고 팀을 위해 기여(희생)한 사례가 있는가?"

"본인에게 맡겨진 일 처리 외에 동료를 도와준 경험이 있는가?"

"그룹 내 이견을 적극적으로 조율해서 성과로 연결한 사례가 있는가?"

세상을 보는 관점이 개인에서 타인과 조직으로 전환되는 질문이다. 질문 자체로도 그들에게 커다란 자극이다. 그러면서 성찰과 자각이 시작된다. '회사에서는 개인의 이익보다 전체를 위해 행동하는 사람을 원하는구나. 나는 그런 사람인가?'

얼마 전 학창 시절의 대부분을 회계사 시험 준비로 보낸 대학교 4학년 학생이 시험공부를 포기하고 공기업 취업 준비를 하기 위해 역량면접코칭 클리닉에 참여했다. 동아리나 팀 학습 같은 단체활동 경험이 전무했고, 타인을 위한 기여나 봉사활동 경험 또한 없었다. 오로지 시험공부에만 매진하다가 곧 졸업을 맞이하게 된 것이다. 당시 그 학생은 클리닉을 마치고 "코치로부터 받은 인성 질문을 통해 많은 자극을 받았고, 앞으로 남은 1년을 어떻게 팀 활동을 해야 할지 방향을 잡았다"고 소감을 말했다. 아래는 그 학생에 대한 관찰행동 기록과 개선 피드백이다.

관찰행동	개선 피드백
• 팀이나 공동체를 위해 개인의 이익을 양보하거나 기여한 특별한 행동이 관찰되지 않음 • 동아리 활동이 개인 시험 준비와 관련된 활동으로 타인과의 협력이 드러나지 않음	• 공공기관에서는 공동체를 위해 봉사하거나 기여하는 인재를 선호함 • 공동체 활동이나 타인과 협력해보지 않고 자신의 관련 역량을 입증하기는 어려움 • 지원 분야와 관련된 공동체 활동이나 타인과의 협력을 통해 본인이 기여한 점을 사실에 기초해 정리해볼 것을 권고함

(2) 하고 싶은 말 vs. 듣고 싶은 말

대기업 A사 연구직에 지원하는 취업준비생이 시뮬레이션 면접에 참여했다. 면접관이 질문을 시작했다.

면접관: 자신의 전문성을 발휘하여 연구성과에 기여한 사례가 있나요?

취업준비생: 네, 있습니다.

면접관: 언제 어떠한 성과가 났나요?

취업준비생: 이 프로젝트에서 가장 중요한 것은 무엇이냐면요.

면접관은 언제 어떠한 성과가 났는지 결론을 물었고, 지원자는 프로젝트에서의 중요성을 답변했다. 지원자 본인 입장에서는 프로젝트의 중요성을 먼저 어필하고 싶었는지도 모르겠다. 그렇지만 상대가 듣고 싶어 하는 답변은 아니었다. 자기가 하고 싶은 말을 한 것이다. 이러한 동문서답형 답변은 채용 면접에서 종종 관찰된다. 이러한 자기중심적인 소통방식은 조직 생활에서 크고 작은 소통 문제를 발생시킨다.

위의 시뮬레이션에서 관찰된 대상자의 부정행동과 개선 피드백은 다음과 같다.

부정행동	개선 피드백
• 상대의 질문 의도를 파악하지 않고 답변함 • 대화의 맥락과 동떨어진 주장을 펼침	• 효과적인 의사소통을 위해서는 대화 시 상대가 궁금해하는 부분을 먼저 해소해야 함 • 두괄식으로 결론적인 메시지를 먼저 전달할 것을 권고함

의사소통 능력은 채용 면접 외에도 조직 내 승진 역량평가에서 핵심적인 평가항목이다. 승진 탈락의 주요 원인이라는 말이다. 즉, 지금 바꾸지 못한다면 입사 후 10년이 지나도 고치기 어렵다.

(3) 누가 조율에 나섰는가? 그가 가장 뛰어난 경청가다

의사소통역량은 그룹 토의 장면에서 확연하게 드러난다. 의사소통에서 구두 표현력 못지않게 중요한 것이 바로 경청 능력이다. 상대의 의견을 주의 깊게 듣고 요점을 빠르게 파악하는 능력을 말한다. 토의 시 '가장 먼저 조율에 나서는 사람'을 주목해야 한다. 그가 가장 경청을 잘하는 사람이다. 이견 조율은 우선 타인의 의견을 주의 깊게 듣고 공통점과 차이점을 파악해야만 가능하다. 조율을 통해 합의안을 이끄는 행동은 논의를 발전시키는 대표적인 긍정행동이다.

토의 면접 시뮬레이션에 '디지털 소외계층에 대한 대응방안 수립'이라는 주제로 6명이 참여했다. 각자 2분씩 개인 PT 발표 후 합의안 도출을 위한 그룹 토의가 시작되었다.

이때 6명 중 마지막 발표자였던 B 지원자가 사회자로 나섰다.

"이제는 합의안 도출을 위해 각자 어떤 의견인지 돌아가면서 말해보는 게 어떨까요?"

그러자 지원자 C가 개입했다.

"의견을 다시 말하는 것도 좋지만 이미 각자 의견을 발표했고, 참석자들의 공통적인 의견으로 ATM 공유와 시니어 음성서비스가 나왔으니 합의안으로 채택하고 실행계획을 짜보는 것이 어떤가요?"

B와 C 둘 중에서 누가 논의를 발전시켰는가? 단연코 C다. 그는 다른 참가자의 의견을 경청하고 가장 먼저 조율에 나섰다. 시간을 절약하며 결론 쪽으로 사람들을 이끌었다. 당신이라면 B와 C 중 어떤 인재를 선택하겠는가?

위 장면에서 B는 타인의 발표를 주의 깊게 듣지 않았다. 게다가 토의 시간을 소모했다. 만일 동일한 상황에서 C가 개입하지 않고 B의 의견대로 각자 돌아가면서 자신의 의견을 다시 반복했다고 가정해보자. 아무도 조율에 나서지 않았고, 경청한 사람도 없었으며, 시간은 소모되었다. 이견 조율이 필요한 순간에 침묵하는 행동은 협업하는 사람의 자세가 아니다. 평소에 이견 조율에 적극적인 사람은 시뮬레이션에서도 그대로 드러난다. 반대로 평소에 침묵했던 사람은 시뮬레이션에서도 침묵한다. 수많은 지원자가 면접 때 자신의 강점으로 의사소통 능력을 어필하지만, 실제 경청과 관련된 행동이 드러나는 지원자는 극히 일부다. 지금 행동을 바꾸지 않으면 고치기 어렵다. '나는 평소에 상대방의 의견을 주의 깊게 들었나?', '나는 팀을 위해 이견 조율에 얼마나 적극적이었나?'를 돌아보아야 한다. 시뮬레이션이 끝나고 대상자들의 성찰과 자각을 돕는 코칭 질문은 다음과 같다.

- 이견 조율이 필요한 순간에 침묵한 사람은 누구인가?
- 이견 조율에 가장 적극적이던 사람은 누구인가?
- 이견 조율을 해보자고 한 사람과 실제 이견 조율에 나선 사람은 누구인가?

• 이견 조율을 통해 논의를 발전시킨 사람은 누구인가?

시뮬레이션 이후 후보자에게 제공된 관찰행동 및 개선 피드백은 아래와 같다.

관찰행동	개선 피드백
• 조율이 필요한 순간에 침묵함 • 합의의 필요성을 주장하나 실제 합의안을 제시하지는 않음 • 비효과적인 개입으로 논의의 발전을 저해함(이미 공유된 아이디어에 대한 재공유를 요구함) • 그룹활동 내내 제한 시간을 고려하지 않음	• 조직에서는 시간을 효율적으로 관리하고, 협력 상황에서 적극적으로 조율에 나서는 인재를 선호함 • 그룹 활동에서 효과적인 조율을 위해서는 타인의 의견에 주의를 기울이고 요점을 파악해야 함 • 평소 프로젝트나 일의 수행에서 시간의 제약을 확인하고 그룹에 공유하는 행동이 요구됨

(4) '주거니 받거니'가 되는가?

토의에서는 참석자 간에 말의 '주거니 받거니'가 잘될수록 논의가 발전되거나 합의가 잘 진행된다. 토의에서 상호 '주거니 받거니'가 되는 사람도 있지만, 그렇지 않은 사람도 종종 관찰된다. '주거니 받거니'가 되는 사람은 상대의 발언에 대해 언급(comment)하고 자기 견해를 표현한다. C 공사의 신입 채용 면접에서 '사내 금연 정착을 위한 제도 수립'을 주제로 토의가 진행되었다.

사례 1 ///

"사내 금연이 정착되려면 원칙을 위반할 경우 벌칙이 있어야 하지 않을까요?" 하고 A가 의견을 제시했다. 이에 B는 "네, 저도 벌칙에는 공감합니다. 하지만 당근도 주어야 한다고 봅니다"라고 말했다.

사례 2 ///

"사내 금연이 정착되려면 원칙을 위반할 경우 벌칙이 있어야 하지 않을까요?" 하고 A가 의견을 제시했다. 이에 B는 "저는 당근 정책을 제안해볼까 합니다"라고 말했다.

두 사례의 차이는 무엇일까? [사례 1]의 B는 '주거니 받거니'가 되는 사람이고, [사례 2]의 B는 '주거니'만 되는 사람이다. 상대의 발언에 대해 동의든 반대든 어떠한 언급을 한다는 것은 상대를 존중하는 행동이다. 상대를 존중할 때 대화의 연결이 잘된다. 반대로 당신이 [사례 2]의 A라면 B로부터 무시당했다는 느낌이 들지 않을까? 이러한 '주거니' 일변도의 대화 방식은 상호 합의나 협의에서 보이지 않는 장애물이 된다.

한편, 질문을 통해 상대의 의견을 수렴하는 행동은 대화 시 '주거니 받거니'를 촉진하는 대표적인 행동이다. 반대로 토의 시간 내내 질문 없이 상대의 질문에 답변으로 일관했다면 '받거니'형 인재다. '받거니'형 인재는 회사에 입사해도 그 행동이 쉽게 바뀌지 않는다. 협의와 협력을 중요시하는 조직에서는 당연히 꺼리지 않을까? 그룹 토의에서 관찰되는 부정행동은 조직 내 소통을 가로막는 주요 원인이므로 조기에 고쳐야 한다. 평상시 그룹 활동이나 팀 프로젝트 회의에서 아래의 질문으로 자신을 성찰하면 좋다.

- 나는 상대의 의견을 받고 내 의견을 주었는가?
- 나는 그룹의 논의를 발전시키기 위한 질문을 했는가?
- 나와 다른 의견에 대해서도 공감을 표현했는가?

7

공감채용, 체험형 인턴 코칭 클리닉 사례

2023년도 채용 트렌드에 공정채용, 공감채용, ESG경영 및 채용의 사회적 책임 등이 주요 이슈로 부각되었다. 한국바른채용인증원이 채용전문 면접관 2급 이상 자격자를 대상으로 설문조사를 한 결과다. 기업의 공정성과 사회적 책임에 대한 요구가 채용시장에도 반영되고 있다. 2021년 5월 국회에서 '구직자 탈락 사유 고지법'인 채용절차법 개정안이 발의된 가운데, 구직자 10명 중 9명이 이 법안에 찬성한 것으로 조사되었다. 인크루트가 최근 1년간 구직 경험이 있는 성인 남녀 655명을 대상으로 조사한 결과 93%가 탈락 사유 고지법에 찬성한다고 밝혔다. 이 법안은 구직자가 채용 불합격을 통보받은 경우 구인자에게 그 사유의 확인을 요청할 수 있고, 구인자는 14일 이내에 불합격 사유를 알려야 한다는 내용이 담겨있다. 법안의 통과 여부는 불분명하지만, 채용에서 공정성과 사회적 약자에 대한 배려가 점차 강화되는 분위기다. 최근 세계 각국이 ESG(환경 · 사회 · 투명경영) 중심 경영을 강조하면서 국내 기업들 또한 채용 공정성과 사회적 책임(CSR)을 주요 경영방침으로 채택하는 움직임과도 일맥상통한다. 채용에 있어서는 취업준비생을 위

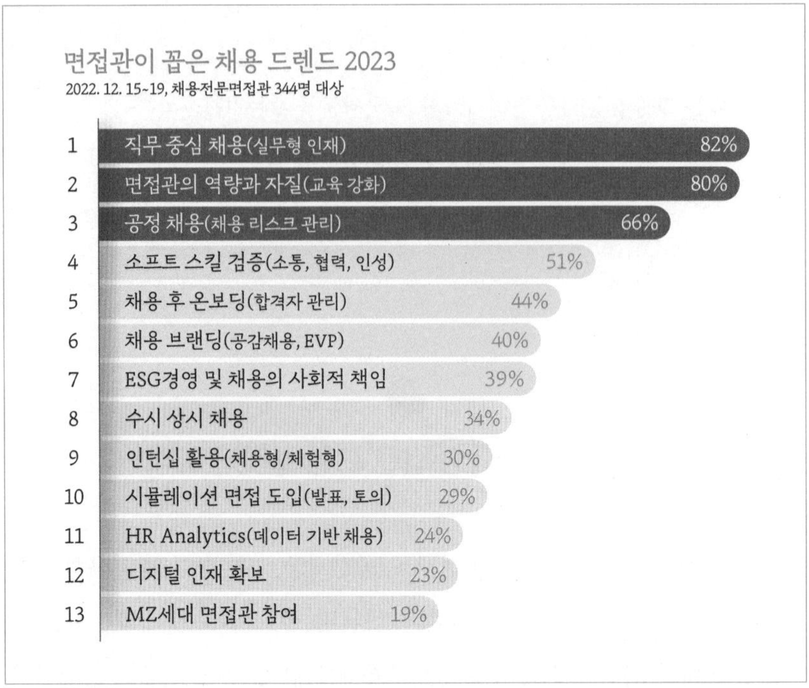

〈그림 3〉 2023년 채용 트렌드 설문조사 결과

출처: 한국바른채용인증원

한 직무교육의 기회를 제공하는 움직임이 몇 년 전부터 대기업 중심으로 진행되고 있다. 대표적으로 SK하이닉스 청년하이파이브 프로그램은 2018년 이후 취업준비생을 선발하여 반도체 직무교육을 무료로 제공하고 교육 수료 후 반도체 협력회사 인턴십으로 연계하는 활동을 매년 꾸준히 하고 있다. 삼성 역시 2018년부터 삼성청년SW아카데미(SSAFY: Samsung Software Academy For Youth)를 운영하고 있는데, 청년에게 양질의 소프트웨어 교육을 제공하고 청년의 취업 확대에 기여하기 위해서다. 최근 공공부문에서는 체험형 인턴 선발 과정과 이후 육성 과정에서 청년의 성장을 돕는 프로그램을 제공한다.

〈그림 4〉 한전KDN 공감채용 CiC 역량면접지도 프로그램

출처: 한전KDN

〈그림 5〉 경기주택도시공사 '공감채용 역량면접코칭 클리닉'

출처: 경기주택도시공사, 2022. 11. 30.

〈그림 6〉 한국바른채용인증원 역량면접코칭 실습

출처: 한국바른채용인증원, 2022. 8. 11.

한편, 체험형 인턴을 대상으로 '역량기반 코칭 클리닉'을 제공하는 기업들이 확대되고 있다. 외교부 산하의 한국국제협력단(KOICA)은 체험형 청년 인턴의 채용 과정에서 합격과 불합격에 상관없이 희망하는 청년 지원자 모두에게 개인별 역량의 강 · 약점 분석보고서를 제공한다. 채용면접에 사내 면접관, 외부 면접관이 참여하여 면접을 진행하고 별도로 역량면접코치가 배석하여 면접 과정에서 관찰된 지원자별 역량의 강 · 약점을 기록한다.

한전KDN은 2022년 하반기 자사 체험형 인턴 육성에 '공감채용 CiC 역량면접 지도 프로그램'을 도입했다. 한전KDN이 시행한 CiC(Competency interview Coach) 역량면접 지도프로그램은 채용 전문가와 면접 코치의 일대일 면담으로 지원자의 역량을 평가해 강 · 약점 분석 및 피드백 자료를 제공한다. 개인별 15분 모의 면접과 자기평가, 역량평가를 진행한 후 15분의 코칭이 이어졌다. 한전KDN은 면접 코칭을 위해 경력단절 미취업 여성과 직업계 고교생 21명을 선정해 각 개인의 취 · 약점을 분석하고, 고졸 청년 및 여성인력 인턴들의 역량을 강화해 양질의 일자리 환경조성으로 채용 기회를 보장받을 수 있도록 지원했다.

경기주택도시공사(GH) 역시 2022년 하반기에 자사의 체험형 인턴을 대상으로 역량면접코칭 클리닉을 실시했다. 클리닉에 참여한 인턴사원 A 씨는 "실전 면접을 통해 강점은 강화하고 부족한 점은 개선할 수 있는 구체적인 피드백을 받아 도움이 됐다"고 말했다. 인턴사원 B 씨는 "개인적인 문제점을 정확히 파악하게 됐다"며 "어떻게 역량개발을 해야 할지 명확해졌다"고 설명했다. 이번 코칭 클리닉 행사를 기획한 GH 관계자는 "체험형 인턴사원들에게 일 · 경험 기회뿐 아니라 실질적인 역량개발에 도움을 주고자 추진하게 됐다"며 "최근 환경 · 사회 · 지배구조(ESG) 및 채용의 사회적 책임이 중요해지면서 청년 취업준비생들이 공감하는 정책을 강화할 계획"이라고 강조했다.

한전KDN이나 경기주택도시공사 외에도 서민금융진흥원, 부산항만공사 등이 2022년 하반기에 체험형 인턴 대상으로 이와 유사한 '역량기반 코칭 클리닉'을 도입했다. 이처럼 '역량기반 코칭 클리닉'은 청년들의 실질적인 성장을 돕기에 그들의 공감을 이끌어낸다. 기업이나 기관들의 이러한 추세에 따라 역량평가와 코칭 능력을 갖춘 전문가에 대한 수요도 확대될 전망이다.

역량기반 코칭은 청년에게 주는 커다란 선물이다. 어쩌면 청년 자신의 리더십에 대해 냉정하게 성찰하는 최초의 경험일 수도 있다. 특히 역량평가 과정에서 자기중심적 행동이 일관되게 관찰된 청년들에게 조직이나 단체생활은 커다란 도전이자 견디기 어려운 환경일 수도 있다. 채용 면접이나 코칭을 위한 평가 과정에서 던져지는 인성 질문에 몹시 당황하는 청년들이 적지 않다. 가령 “개인의 이익을 양보하고 조직에 기여해서 인정받은 사례가 있는가?”라는 질문이 청년 입사 지원자들에게 던져지면 면접 도중이나 직후에 자각이 일어난다. ‘여기에 입사하려면 개인의 이익을 양보하고 조직에 기여한 사례가 많아야 하는가?’, ‘그동안 나는 어떻게 살아왔지?’, ‘나는 이제 어떻게 행동해야 할까?’, ‘무엇이 변해야 할까?’ 등등 이들에게 역량기반 코칭은 어찌 보면 충격이지만 건강한 충격이다. 그들이 장래 조직의 리더로 성장하기 위해 반드시 필요한 자극이고, 그들의 일생에서 커다란 전환점이 될 수 있다. 코치는 청년들이 스스로 역량을 개발할 수 있도록 가장 강력하고 효과적인 자극을 제공하는 촉진자다. 코치들이 이 일을 하면 할수록 지부심과 사명감 생기는 이유다.

성찰질문

아래의 질문에 스스로 답해보시기 바랍니다.

1. 역량평가는 청년의 성장에 어떠한 의미일까?
2. 기업은 청년들에게 어떠한 리더십 역량을 요구할까?
3. 리더십 역량평가를 위한 효과적인 질문은 무엇인가?
4. 자각과 역량 수준에 따른 차별적 코칭은 어떻게 이루어져야 할까?
5. 청년의 인성교육은 어디에서부터 시작되어야 할까?

참고문헌

윤영돈. 『채용트렌드 2023』, 비전코리아, 2022.

이언 맥더모트, 웬디 제이고. 『코칭바이블』. 박정길 · 최소영 역, 웅진윙스, 2005.

티머시 골웨이. 『이너게임』. 최명돈 역, 오즈컨설팅, 2006.

한근태 · 백진기 · 유재경 · 조지용. 『면접관을 위한 면접의 기술』, 미래의창, 2021.

이정민

2.
1 on 1 미팅을 통한 인터널 코칭 성공사례

"진정한 리더는 합의점을 찾지 않고 합의를 이끌어낸다."

– 마틴 루서 킹 주니어

1

기업 내 인터널 코치의 활동 증가

코칭도 한때 잠시 지나가는 유행으로 인식된 적이 있었다. 2000년대 초반 코칭이 도입된 시기만 하더라도 '코칭'은 경영자나 임원을 대상으로 '외부 전문 코치'가 진행하는 것이 보편적인 모습이었다. 그 주제 역시 리더십에 한정된 코칭이 대부분이었다. 약 20년이 흐른 지금, 코칭은 기업의 다양한 계층에 확산되고 있으며 그 속도가 더욱 가속화되고 있다. 코칭에 대한 주제도 구성원의 역량개발, 전문성 확보, 성과 향상, 협력, 커리어 개발 등 다양해지고 있다. 특히, 그중에서 두드러진 변화는 외부 코치 중심의 기업 코칭에서 사내 직원들을 전문 코치로 육성하려는 움직임이 많아졌다.

기업이 인터널 코치(internal coach, 사내 코치)를 육성하는 데 관심을 갖는 이유는 무엇일까?

첫 번째 이유는 '리더의 역할 확대에 따른 코칭 수요의 증가'다.

코로나19로 인해 기업경영의 불확실성이 커지고, 수시로 빠르게 대처해야 하는 변화의 흐름 속에 조직원 스스로 유연성 있게 대처하는 능력이 더욱 필요해졌다. 이러한 기업 비즈니스 환경의 변화에 따라 더 많은 리더에게 코칭을 확대하고 있다.

두 번째 이유는 '비용 절감'이다.

외부 코치를 고용하여 발생하는 비용보다 사내 직원들을 활용해 경제적 효과를 극대화하고자 하는 기업의 전략이 반영된 결과라고 할 수 있겠다. 일부 기업에서는 외부 코치와 인터널 코치들의 협업과 컨소시엄 구축으로 빠른 시간에 큰 효과를 도모하는 시도들이 펼쳐지고 있다.

세 번째 이유는 조직문화 확산과 정착의 효과성을 위한 인터널 코치의 역할 확대다.

최근 들어 코칭이 조직문화로 정착될 때 그 효과가 극대화된다는 결과가 부각됨에 따라 다양한 계층과 주제로 코칭이 전방위적으로 확산되고 있다. 개인적인 성장과 발전을 통해 성과를 도출하고 조직문화 변화에 발맞춰 그룹코칭, 1 on 1 미팅 제도가 확대되고 있으며, 리더 본연의 역할에 부합하는 코칭 역량과 코치다움이 요구되고 있다. 조직의 구성원들이 솔직하고 개방적으로 자신들의 생각을 이야기하고 있고, 즉각적인 피드백을 요구하고 있다. 그에 따른 결과로 모든 리더의 '코치화'가 새로운 트렌드로 대두되고 있다.

그간의 코칭이 경영자와 임원 중심으로 진행되어왔다면, 지금은 기업의 중간리더로까지 리더십코칭 대상자가 확대되고 있다. 일부 기업에서는 승진을 앞둔 예비관리자의 승진 준비 과정으로 리더십코칭 교육을 시행하고 있다. 또한 10여 년 전, 필자가 근무한 대기업의 HRD부서에서는 기업의 혁신과 조직문화 개선에 앞장설 내부 변화혁신 리더들의 미션 수행 도구로 코칭을 도입했으며, 더 나아가 사내 강사, 사내 컨설턴트 등의 전문 코치화를 제도적으로 마련하고 지원하는 시스템이 구축되기도 했다.

사내 리더십코칭은 "인터널 코치가 자신의 리더십을 발휘하기 위한 방법으로 구성원들에게 코칭하는 것"으로 정의한다. 그런 맥락과 함께 기업에서 '코칭' 도입이 확산되고 있다는 점을 기술했는데, 기업에서 리더십을 다루는 코치, 즉 인터널 코치라 일컫는 대상자들의 육성이 더욱 활발해지고 있는 것은 당연한 결과라 할 수 있다.

기업의 입장에서 볼 때, 사내 직원들을 '전문 코치화'한다는 것은 리더처럼 행동하는 구성원들, 즉 예비 리더를 육성하고 리더와 구성원의 관계 향상과 함께 그들의 잠재능력과 역량을 발휘할 수 있도록 하는 이점을 추구할 수 있다. 이러한 상황은 리더를 코치로 육성하고 코칭적 접근법으로 구성원들에게 영향력을 행사하기 바라는 요구에 따른 인터널 코치 육성 확대와 맥락을 같이한다고 볼 수 있다.

이 장에서 사내 리더십코칭은 "인터널 코치가 자신의 리더십을 발휘하기 위한 방법으로 구성원들에게 코칭하는 것"으로 정의한다. 또한 인터널 코치들이 내부 직원 코칭을 통해 성과 달성과 성장을 목적으로 한 대화를

'1 on 1 미팅'이라고 정의한다. 그 유형은 같은 팀의 팀원을 코칭하거나, 사내에서 '전문 코치'로 활동하면서 코칭이 필요한 여러 대상을 코칭하는 두 가지 유형을 포함한다고 볼 수 있다.

(1) 리더십코칭 유형의 다양화

① 멘토링에서 코칭으로

코칭에도 유행이 있다. 리더십코칭도 예외는 아니다. 예전에는 멘토링이 인기가 있었지만, 지금은 그렇지 않다. 기업에서 진행되고 있는 멘토링은 유능하고 경험이 풍부한 연장자가 후배에게 조직 생활에서 경험한 지혜와 지식을 알려주고, 업무와 연관된 문제를 해결할 수 있도록 지원해주는 제도를 뜻한다. 멘티들은 경험이 풍부한 멘토(mentor)로부터 학습하고 조직 내에서 승진 기회의 발견, 개인적 성장 및 경력개발 등이 가능하다.

그러나 최근에는 멘토링 제도에 대한 문제점이 대두되면서 이를 보완하고자 하는 노력이 이루어지고 있다. 멘토링은 멘토링을 받는 대상과 유사한 경력을 지닌 선배 사원이 멘토로 활동하거나, 종종 직속상사인 경우가 많다. 그렇기 때문에 멘토의 경험, 지식, 지혜에 영향을 받는 수직적 관계가 성립한다. 기업에서의 공식적 멘토링 과정은 일반적으로 조직의 인사부서에서 멘토와 멘티의 매칭부터 종료까지 담당하게 되며 담당자는 조정자 역할을 한다. 이 과정에서 담당부서는 멘티의 자발적 참여 확인, 멘토링 기간 설정, 진행 과정의 모니터링, 멘토와 멘티 상담을 관리하게 된다. 멘토링 목적이 불분명하거나 조직문화 차원에서 지원 부족, 멘티의 기대사항과 멘토의 관련 분야에 대한 경험 부족 등은 멘토링의 효과를 저해하는 요소들로 밝혀지고 있다. 한편, 멘토 입장에서는 멘토의 과도한 기대와 의존성, 매번 이상적인 해결책을 제시해야 한다는 부담감, 익숙해진 관계로 인한 상호 발전의 부족 등의 문제도 발생하고 있다.

멘토링이 보완되어야 한다는 또 다른 이유는 요즘의 조직을 구성하고 있는 MZ세대의 특성상 IT 기술발전을 통해 습득하는 정보의 양이 많아졌다. 그 속도도 빨라졌으며, 자기 삶의 가치를 최우선시하는 경향이 강해졌다. 기존의 리더십으로는 이런 세대에게 영향력을 발휘하기가 점점 어려워졌고, 선배들이 가지고 있는 정보와 경험들이 예전처럼 큰 도움이 되지 않는 상황이 자주 발생하고 있다. 다시 말해, 기업의 다양한 경영환경 변화에 선배도, 후배도 똑같은 혼란스러움을 경험하는 상황이 펼쳐지고 있다. 둘 다 필요에 의해 언제든 낯선 업무를 해야 하거나, 예상치 못한 상황에 마주치는 경우도 벌어지고 있다.

이제는 리더와 구성원이 함께 파트너십을 이루며 이런 상황에 능동적이고 유연하게 함께 대처해나가야 하는 팀워크와 협력 구축이 더욱 중요해지고 있다. 기존의 멘토링이 조언 또는 지도를 바탕으로 하여 시행착오를 줄여 목표에 더 효과적으로 도달할 수 있도록 돕는 방법이라면, 코칭은 발생하는 문제들을 스스로 해결해나갈 수 있도록 도와주는 과정이며 구성원들의 의지가 강해지도록 동기 부여하는 과정이라는 점에서 그 차이가 있다.

이러한 상황에 '코칭'이 새로운 대안으로 떠오르고 있다. 리더나 선배의 경험이나 전문성보다는 '코칭' 대상자의 잠재능력을 끌어내어 그들 스스로 문제를 해결하고 방법을 찾아갈 힘을 길러주는 코칭이 '멘토링'이나 '컨설팅'보다 더 중요하게 대두되는 이유라고 볼 수 있다.

② OJT 또는 면담에서 1 on 1 코칭으로

OJT(On-the-Job Training)는 직장 내 교육훈련의 한 방법으로 직원의 능력 향상을 위해 업무수행에 필요한 지식, 기술 및 태도 등에 대해 지도하는 것을 말한다. 직무수행 과정 중에 진행되므로 집체교육 시 발생하는 강사비, 시설비 등의 기회비용을 절약할 수 있어 경제적인 방법이다. 직무 현장의 상황을 그대로 반영하여 교육의 효과성을 높일 수 있고, 기업의 필요에 적합한 내용의 교육훈련을 할 수 있다는 장점이 있다.

그러나 지도하는 사람의 전문적이고 높은 역량이 요구되며, 교육훈련 내용의 체계화가 어려울 수 있다. 고유의 직무 단위에 필요한 능력을 향상시키는 것이므로 직무가 체계적으로 분석되어야 하는 어려움이 있고, 지도받는 직원이 실제 업무현장에서 경험하게 될 업무 난이도도 고려되어야 한다. 지도하는 사람의 개인 능력에 지나치게 의존하거나 OJT를 담당하는 훈련가의 전문성, 교육에 대한 열정 등 그 수준이 달라 훈련가에 따라 그 효과가 달라질 수 있다. 업무를 수행함과 동시에 교육훈련을 하기 때문에 실무역량은 효과적으로 향상시킬 수 있지만, 체계적인 교육프로그램에 대한 계획과 환경적 지원이 없는 상태에서는 전문적인 지식과 기술력까지 학습하기에는 어려운 점이 있다.

특히 필자가 교육 · 컨설팅을 진행했던 대기업 콜센터의 경우, 직원들의 직무역량 향상을 위해 선배들의 콜 상담 시연, 상담석 동석 체험, 고객과 상담사 사이에서 자주 발생하는 사례에 따른 역할극을 통한 OJT가 진행되고 있었다. 그러나 학습에 참여하는 직원들의 경험이 다양했다. 개개인별로 학습 동기와 학습 능력의 차이도 컸으며, OJT에서 다루지 않은 직무 상황에 대해서는 문제해결 능력이 현저히 떨어져 또 다른 새로운 문제를 발생시키는 원인이 되기도 했다.

기업에서 실시하는 성과 면담 역시 코칭 스킬과 밀접하게 연관되어 있다. 성과 면담은 평가대상자와 평가자 간에 성과목표를 설정하고, 성과목표의 수행과정 및 평가 결과와 평가 결과를 재반영하는 과정이다. 이를 통해 궁극적으로 면담 대상자의 성과 달성에 도움이 되도록 하는 것이 목적이라고 할 수 있다. 하지만 성과 면담의 질과 만족도 관점에서 볼 때, 많은 조직에서 그 공정성과 직원들의 평가 결과에 대한 수용과 공감이 높지 않다는 결과를 어렵지 않게 볼 수 있다. 성과 면담은 기업의 최종목표 범위 안에서 팀과 개인의 성과목표를 설정하고 이해하는 데서 출발해야 한다. 또한, 성과 면담이 단순히 일회성으로 이루어지는 것이 아니라 규칙적이고 정기적으로 이루어지면서 평가를 받는 직원의 또 다른 성과 달성을 가능케 해야 한다. 궁극적으로 직원의 효용감에 긍정적 영향을 미칠 수 있어야 하는데, 이 과정에서 면담 대상자와의 라포르 형성, 피드백, 동기부여 등은 코칭 스킬과 밀접히 연관되어 있다고 할 수 있겠다.

이러한 배경 속에서 '1 on 1 미팅'이라는 새로운 용어가 확산되고 있는 이유는 1 on 1 미팅에 참여하는 직원들의 주도성을 키워 그들의 성과 달성을 효과적으로 돕기 위함이다. 그동안의 면담이 리더 중심의 일방적 대화, 부족한 점을 지적받는 부정적 의미로 더 크게 인식되었던 것은 틀림없다. 그러나 1 on 1 미팅은 구성원이 중심이 되는 대화로 진행되며, 1 on 1 미팅에 참여하는 구성원의 주도성이 더욱 중요한 요소가 된다. 1 on 1 미팅은 리더와 참가자가 서로 동등한 입장에서 자신의 생각과 의견을 나누고 그 차이를 줄여가는 대화이며, 성과 달성을 위해 개선되어야 할 점과 지원이 필요한 부분들을 공유하는 대화다. 이러한 과정을 통해 서로 만족할 수 있는 이상적인 최종 성과평가 면담으로 가기 위한 중간과정이라고 볼 수 있다. 결국 1 on 1 미팅은 구성원의 업무적 성공과 개인적 성장에 더 큰 의미를 둔 의미 있는 대화라 할 수 있다.

③ 그룹코칭과 팀코칭의 확대

그룹코칭과 팀코칭은 앞으로 조직에서 새로운 트렌드로 자리 잡게 될 것이다. 그룹코칭은 개개인을 단체로 묶어서 진행하는 코칭이며, 공통된 주제를 가진 사람들이 개별적 목표를 달성하기 위해 진행되는 형태를 뜻한다. 일대일 코칭보다 다양한 사람의 참여를 통해 목표에 깊이 들어가고 다양한 실행계획을 만들 수 있다. 구성원 각자의 에너지와 경험, 노하우를 활용하는 코칭 방법을 뜻한다. 그룹코칭은 일대일 코칭에 비해 비용 절감 효과뿐 아니라 그룹이라는 특성에서 기인하는 상호학습, 상호촉진 등의 추가적인 효과도 기대할 수 있다. 특히 조직에서 진행되는 그룹코칭에서는 조직 내 공동의 관심사와 이슈에 대해 부서 간 시너지 창출도 가능하다.

팀은 서로 중요하게 생각하는 공통의 목적, 성과목표 달성에 대한 목적을 가진 집단을 말한다. 팀코칭은 이러한 '팀'을 대상으로 진행되는 코칭을 말하며, 팀코칭은 팀이 원하는 공동의 목표를 달성하도록 돕는 과정이라고 할 수 있다. 앞에서 말했듯이 기업에서 리더십코칭은 지금까지 일대일 코칭이 주류를 이루었다. 그러나 앞으로의 조직 내 코칭 형태는 그룹코칭, 팀코칭 등 1 : N의 형태를 띤 모습으로 변화해가며, 코칭의 목적도 개인에게 한정된 성과 · 목표 달성뿐만 아니라 그룹과 팀 전체의 성과 향상과 목표 달성으로 이동하게 될 것이다.

그룹코칭과 팀코칭에서도 인터널 코치들의 활약이 증가하고 있다. 기존의 회의 진행 스킬, 퍼실리테이팅 스킬에 그룹코칭, 팀코칭 스킬을 더하여 조직 내 이슈를 해결하는 움직임이 많아지고 있다. 그룹코칭의 장점은 조직 내에서 제기되는 이슈에 대해 공통된 관심을 가진 사람들이 함께 참여하여 공감대를 만들어내기가 수월하다. 구성원들이 공통의 주제를 가지고 코칭 목표를 세우고, 그 목표를 달성하기 위해 서로의 경험을 공유하면서 상호 학습을 증진시킬 수 있는 장점이 있다. 그룹코칭과 팀코칭의 확산은 코칭 효과는 유지하면서 일대일로 진행되는 개인코칭보다 비용 절감 효과가 있으며, 단시간에 조직문화의 개선 활동과 구성원들의 변화혁신 도모에 효과적이기 때문이다.

(2) 1 on 1 미팅의 정의

1 on 1 미팅이란 무엇일까? 그간 기업에서는 다양한 형태의 대화가 진행되어왔다. 회의, 보고, 면담, 워크숍 등 여러 소통 방법 중에 1 : N이 아닌 일대일 대화를 살펴보면, '면담'이라는 유형이 유일하다. 그러나 '면담'이라는 말을 떠올리면 긍정적 느낌보다 부정적 느낌이 더 많이 드는 것이 사실이다. 왜 이런 현상이 나타나는 걸까? 바로 면담의 내용과 진행방식 때문이다.

면담은 주로 리더의 필요에 의해 진행된다. 리더가 팀원에게 무엇을 전달하거나, 파악하거나, 지시할 때 주로 진행되어왔다. 이런 과정에 당연히 면담 대상자가 되는 팀원은 수동적이고, 부담을 갖게 될 수밖에 없다. 특히 조직에서 시행되는 '면담'은 '성과'와 관련되어 있는 경우가 많다. 우리가 흔히 듣게 되는 성과평가 면담은 연초나 연말, 혹은 상반기나 하반기 등 성과평가 주기와 함께 진행되어왔다. 나누는 대화 내용 역시 성과에 대한 '평가'를 전제로 평가자와 평가대상자 간의 성과목표 설정, 성과 달성을 위한 수행과정 및 평가 결과의 피드백이 대부분이다. 성과 면담에서는 조직 미션과 수행해야 할 과제에 대해 주로 다루기 때문에 업무 중심의 대화가 이루어진다. 그렇기 때문에 '면담'이라는 말을 떠올리면, 당연히 수행한 업무에 대해 평가를 받거나 지시를 받게 된다는 부정적 느낌이 먼저 드는 것이 사실이다.

[1 on 1 미팅의 정의]

리더와 팀원이 신뢰를 바탕으로 조직의 성과 달성과 팀원의 성장을 위해 주기적으로 일대일 미팅을 하는 대화 형태

1 on 1 미팅은 같은 '성과'를 목표로 진행된다는 점에서 기존의 '면담'과 다르지 않지만, 접근방식과 주체, 대화의 목적, 진행 주기 등에 차이가 있다. 1 on 1 미팅은 면담보다 좀 더 자주 주기적 미팅으로 팀원들의 강 · 약점을 파악하여 조직의 성과나 퍼포먼스를 끌어내기 위한 미팅 도구다. 그 바탕에는 팀원의 성장, 신뢰감과 친밀감 형성이 기본 전제로 깔려야 한다. 일대일 미팅은 리더와 팀원 사이 공식적 회의나 미팅에서 하지 못한 이야기들을 더

〈표 1〉 면담과 1 on 1 미팅의 차이점

구분	면담	1 on 1 미팅
대화의 방향	일방적 소통	상호적 소통
대화의 형태	수직적 대화	수평적 대화
대화의 주체	리더	리더와 팀원
대화의 내용	업무 & 성과	성과, 업무, 성장 업무적 영역 & 개인적 영역
대화의 주기	주 1회 또는 격주	분기 / 반기 / 년
대화의 방법	질문/설득/협의와 합의	질문/경청/피드백

깊게 나눌 기회의 장이기도 하다.

2

인터널 코치들의 리더십코칭 이슈들

인터널 코치(internal Coach)들은 1 on 1 미팅을 진행할 때, 여러 가지 장벽과 어려움을 느끼게 된다. 직원을 코칭하기에 자신이 가진 역량이 부족하지 않은지, 자기 스스로 코칭 스킬과 코치다움이 부족함을 느낀다. 과연 팀원에게 긍정적 영향력을 펼칠 수 있을지 등의 두려움을 느끼기도 한다. 한편으로는 1 on 1 미팅에 대한 거부감을 느끼는 팀원을 어떻게 설득할지, 주어진 시간을 어떻게 채워야 할지에 대한 방법과 스킬에 대한 염려 등 내적 · 외적 장벽들을 마주하게 된다. 이 밖에도 1 on 1 미팅을 도입하는 과정에서 주관 부서, 리더, 팀원들 모두 각기 다른 저항을 만나곤 한다. “바쁘다”, “부담스럽다”, “할 일이 하나 더 늘어난 느낌이다”, “필요성과 효과를 못 느끼겠다”, “그간에 해오던 면담과 차이를 모르겠다” 등이다.

이어지는 사례들은 필자가 기업의 1 on 1 미팅을 진행해야 하는 팀장급 리더들을 만나면서 그들이 자주 이야기하는 생생한 고민들이다. 그들이 기업 내에서 인터널 코치로 활동하면서 외부 전문 코치들에게 코칭 슈퍼비전과 멘토 코칭을 받는 과정에 빈번하게 대두되는 1 on 1 미팅 현장 이슈 중 앞으로 인터널 코치로 활동할 예정이거나, 이미 활동하고 있는 코치들을 위해 도움이 될 만한 사례를 선정하여 정리해보았다.

(1) 매일 만나는 팀원들과 어떤 이야기를 나눌 것인가?

사례 1 “인원이 적은 우리 팀, 매일 얼굴 보는 사이에 무슨 이야기를 할지 난감합니다.”

저희 팀은 7명 정도의 소수 인원으로 구성되어 있습니다. 워낙 전문성 있는 업무 분야라 인사이동도 별로 없고, 한 번 발령받으면 특별한 일이 없는 이상 오랫동안 함께 근무해야 해서 평소에 사적인 이야기부터 잡담까지 빈번하게 나누고 있는 상황입니다. 이런 상황에 주기적으로 1 on 1 미팅을 하라고 하니 무슨 이야기를 나눠야 할지 난감합니다. 알 것 다 아는 사이에 업무도 서로 훤히 알고 있는데, 형식을 갖춰서 해야 하는 1 on 1 대화가 과연 제대로 될는지 의심스럽습니다.

사례 2 “명령과 지시에 익숙해져 있는 팀원들에게는 1 on 1 미팅이 맞지 않는 것 같습니다.”

우리 팀은 품질, 안전 등 신속 정확하게 생산성을 높여야 하는 일을 하고 있습니다. 교대근무에 선배들의 전문성과 경험이 큰 파워로 작용하고 있습니다. 팀의 특성상 서열과 보수적 문화로 위에서 지시한 대로 납기를 맞추고 생산하는 일이 대부분이라 자신의 의견을 개진하기보다 명령과 지시에 순응하는 데 익숙해져 있는 분위기여서 1 on 1 미팅을 어떻게 진행해야 할지 막막하고, 매번 저 혼자만 이야기하다가 시간이 가는 것 같아 부담스러움이 큽니다. 이런 조직에서는 1 on 1 미팅이 그 취지에 맞지 않는 것 같습니다.

위 두 가지 사례에서 리더가 가진 고민의 공통점은 1 on 1 미팅을 어떤 이야기로 시작해야 하고, 어떤 주제로 대화를 진행해야 하는지에 대한 어려움이라 할 수 있다. 그 이면을 살펴보면, 리더와 팀원 모두 1 on 1 코칭에 대

한 부담감과 두려움을 가지고 있다고 볼 수 있다. 리더의 두려움에는 1 on 1 미팅을 자신이 주도하여 진행해야 한다는 부담감과 그간의 학습된 경험으로 부정적 이야기나 좋지 않은 결과에 대한 피드백이 두려운 팀원의 입장이 있다. 따라서 1 on 1 코칭을 진행해야 하는 리더와 팀원이 모두 1 on 1 미팅을 의미 있는 시간으로 만들기 위해서는 세 가지 조건이 선행되어야 한다.

① 1 on 1 미팅을 하기 일주일 전 어떤 이야기를 나눌지 준비와 공유가 필요하다.

리더는 1 on 1 미팅 시 나누고 싶은 주제와 질문들을 정리해보고 팀원과 공유하며, 팀원은 그 질문에 대한 자기 생각과 이야기를 정리해볼 수 있는 시간이 상호 간에 필요하다. 어떤 이야기를 나눌 것인지, 상호 무엇을 준비해야 할지 1 on 1 미팅의 목적과 대화의 목표를 분명히 나눌 필요가 있다. 1 on 1 미팅이 끝나는 시점에는 다음번 1 on 1 미팅에서 나눌 주제에 대한 공유도 좋고, 만나기 일주일 전쯤 이메일이나 기타 방법을 통해 함께 나누어야 할 이야기들을 공유하는 방법이 있다.

② 1 on 1 미팅을 위한 다양한 '주제'를 준비하자.

1 on 1 미팅의 목적은 궁극적으로 '성과 향상'이며, 그 과정을 통한 '성장 발전'이다. '성장'의 관점으로 봤을 때, 한 사람이 성장할 수 있는 분야는 다양하다. 꼭 업무역량에 한해서가 아니라 하더라도 리더가 평소에 관찰한 그의 강점과 보완점, 업무를 처리하는 과정에서 관찰된 성장 포인트, 제3자나 동료를 통해 알게 된 인간관계의 모습, 중장기 목표와 비전 등이 될 수 있다.

인간관계 / 전문성 / 커리어 로드맵 / 강점과 보완점 / 요즘 관심 분야 / 일을 통해 배우고 있는 것들 / 조직 내에서의 성장목표 / 노력하고 있는 것

③ 리더의 두려움과 부담을 솔직하게 인정하자.

리더가 불안한 마음을 가지고 1 on 1 미팅에 임하면, 팀원에게도 그 감정이 고스란히 전달된다. 했던 이야기를 반복하거나 정말 중요한 이야기들을 회피하는 등 1 on 1 미팅 고유의 목적과는 멀어지며, 서로 1 on 1 미팅을 해야 한다는 수동적이고 의무감만 가득한 대화의 시간이 진행될 수 있다. 솔직하게 자신의 감정과 느낌을 전달하며, 불편한 상황에 직면하는 것도 코치형 리더에게 필요한 점임을 인정하자. 때로는 리더도 이 시간을 위해 얼마나 준비하고, 어떤 걱정과 부담이 있었는지 솔직하게 나누는 모습이 오히려 팀원과 깊은 신뢰를 만드는 출발이 될 것이다. 리더도 한 인간이고, 완벽하지 않은 존재임을 인정하는 용기가 필요하다.

(2) 질문해도 '침묵'으로 일관하는 팀원, 혹은 단답식으로 짧은 답변만 하는 팀원을 만났을 때 어떻게 해야 할까?

사례 1 /// "자기표현을 하지 않는 내향형 팀원들과 1 on 1 미팅을 하려니 답답합니다."

저희 팀은 업무 자체가 전문성이 요구되는 업무이고, 혼자 하는 업무가 대부분이라 일과 중에도 거의 대화가 없습니다. 팀원들이 거의 내향형이고, 표현을 적극적으로 하지

않는 사람들이다 보니 1 on 1 미팅을 할 때마다 리더인 저 혼자만 질문하거나, 일의 진도만 체크하는 정도로 1 on 1 미팅이 진행되고 있어서 서로에게 도움이 되지 않는 것 같습니다.

사례 2 "답을 달라는 팀원들! 제가 답을 만들어내는 기계도 아닌데 말입니다."
팀원들에게 질문하면, "잘 모르겠다", "생각을 안 해봤다"고 답변하면서 반응이 별로 없습니다. 급기야는 리더인 제가 답을 제시하거나, 이럴 때 이렇게 하라는 등의 조언으로 대화가 진행되고, 팀원은 소극적으로 대답만 하는 형태가 반복되고 있습니다. 때로는 "잘 모르겠으니 그냥 팀장님이 원하시는 방향을 말해달라"고 직설적으로 요청하는 팀원도 있어서 당황스럽기도 합니다. 제가 답을 만들어내는 기계도 아닌데 말입니다.

팀원이 리더인 존재와 마주한다는 건 매우 부담스러운 일이다. "리더가 미팅을 요청할 때 마음이 어떤가?"에 대해 기업에 근무하는 직원들과 이야기를 나누다 보면 많은 숨은 감정을 이야기한다. "두렵다", "부담스럽다", "걱정된다", "불안하다" 등. 그러다 보니 1 on 1 미팅에 대한 거부감이 생기고, 심리적으로 위축되며, 생각이 좁아지게 되어 무슨 답변을 어떻게 해야 할지 모르는 상황도 자주 있다고 말한다. 1 on 1 미팅을 준비하는 리더가 이해해야 하고, 인정해줘야 할 감정들이다. 이러한 마음이 생기는 이유가 무엇일까? 그 이면에 있는 잘하고 싶은 마음, 실수를 들키거나 실수하고 싶지 않은 마음 등에 리더는 충분히 이해하고 공감하는 것을 바탕으로 대화가 진행되어야 한다. 또한 1 on 1 미팅에서의 핵심은 '질문'이 아니라 '경청'이다. 무엇을 질문할까를 준비하는 과정이 중요하지만, 1 on 1 순간에는 팀원의 감정과 침묵하는 직원들의 숨은 심리, 욕구, 방어기제 등에 집중하며 경청해야 한다. 질문에 즉시 답하지 않더라도 리더는 여유를 가지고 기다려주며 "천천

히 생각하고 답변해도 괜찮다", 때로는 "어려운 질문에는 답변하지 않아도 괜찮다"는 심리적 안정감을 만들어가는 과정이 더 중요할 수 있다. 그 과정에서 함께하는 팀원은 자신이 존중받고 있다는 것을 인식하게 되고, 더 편안한 대화를 할 수 있게 될 것이다.

신뢰는 시간과 정성이 들어가야 만들어지는 산물이다. 코칭을 통해 리더의 영향력이 발휘되기 위해서는 우선 신뢰를 쌓아가는 서로의 노력이 필요하다. 그동안 지시대로 이행하고, 생각하지 않아도 답을 주는 대로 따라가기만 했던 조직문화에 익숙해져 있는 팀원들의 변화를 돕기 위해서는 시간과 정성을 들이는 세심한 노력이 필요할 수 있다.

(3) 1 on 1 미팅을 하라고 하는데, 리더인 제가 자신감이 없습니다. 리더인 제가 가지고 있는 역량이 부족한데, 어떻게 도울 수 있을까요?

사례 1 /// "저보다 똑똑한 직원들에게 어떻게 1 on 1 미팅을 해야 하나요?"

저희 팀 직원들은 저보다 전문성이 뛰어납니다. 이 일을 더 오래 해왔고, 아는 것도 많습니다. 그런 팀원들을 상대로 1 on 1 미팅을 하라고 하니 앞이 막막합니다. 팀원들이 제 이야기를 들을까 싶기도 하고, 섣불리 조언하면 팀원들이 저를 우습게 보지 않을까 싶기도 하고…. 그런 팀원들에게 제가 무슨 도움을 줄 수 있을까요?

사례 2 /// "경험이 많은 선배님들과 1 on 1 미팅을 할 때마다 자신감이 떨어집니다."

팀원 중에 절반 이상이 저보다 나이가 많은 선배들입니다. 저보다 입사가 빠른 분들, 부서에 먼저 발령을 받으신 분들이 있는데, 그분들 모두 한때는 높은 위치의 리더였고, 팀장인 저보다 더 많은 경험을 가지고 계신 분들입니다. 그런 분들과 1 on 1 미팅을 하다 보면, 스스로 많이 위축되는 것 같습니다. 이야기를 나누다가도 "그런 것은 소용 없다", "다 해봤다", "아직 젊어서 그런 거다" 등의 말씀을 하실 때면, 저도 그 말에 동요가 되면서 더 위축되고 자신감이 떨어지는 것 같습니다.

사례 3 "시니어들과 MZ세대 사이에서 갈피를 못 잡겠습니다."

시니어들은 "편하게 직장 생활하고 싶다", "중간만 가고 싶다"고 이야기합니다. 이런 시니어들은 성과에 미치는 영향보다 팀 분위기를 망치고 있습니다. 시니어들과 그 모습을 불편해하는 팀원들 사이에서 갈피를 못 잡겠습니다. 1 on 1 미팅을 통해 양쪽의 불평불만만 듣게 되니 팀장인 저도 힘이 빠지네요.

---

1 on 1 미팅을 진행하는 리더 중 최근에 많이 듣게 되는 어려움들이다. 기업에 종사하는 직원들의 평균연령이 낮아지면서 일부 기업에서는 MZ세대가 리더의 위치에 오르게 되었고, 팀장보다 팀원의 경력과 나이가 많은 경우가 종종 발생하고 있다. 위 두 가지 사례를 보면, 리더보다 나이가 많거나 전문성이 뛰어난 팀원을 만나야 한다는 리더의 심리적 부담감이 큰 경우다.

이런 경우, 1 on 1 미팅을 해야 하는 본질적 이유를 되새겨볼 필요가 있다. 1 on 1 미팅의 목적은 무엇인가? 1 on 1 미팅의 본질은 '성과 향상'이다. 개인의 역량과 관련된 피드백들도 모두 성과 향상과 연관되어 있다. 리더가 관리해야 할 팀과 조직의 목표에 이들이 어떤 기여를 하고 있는가가 이야기의 초점이 되어야 한다. 그들의 전문성과 경험이 우리 팀과 성과에 어떤 기여를 하고 있는가의 관점에서 이야기가 나눠져야 한다. 개인적 전문성이 아무리 뛰어날지라도 그 전문성의 발휘가 조직과 팀의 목표 안에서 정렬이 잘

되어 있는지, 최대로 발휘되고 있는지가 더 중요하다. 때로는 그 전문성과 기여에 대한 리더의 인정과 지지가 필요할 수도 있고, 전문성 발휘의 수준을 더욱 끌어올리고 팀과 조직에 더 기여할 수 있도록 리더의 요청이 필요할 수도 있다.

한편으로는 "그럼에도 그들이 팀원이고, 내가 리더인 이유가 무엇인가?"에 대한 답도 필요하다. 조직에서 리더인 내게 바라는 역할과 책무, 1 on 1 미팅을 통해 어떤 리더십을 발휘해야 하고 기대가 무엇인지 리더 스스로의 정체성을 확고히 하는 선행 작업도 필요하다고 할 수 있겠다.

경험과 연륜이 많은 시니어들과 MZ세대가 함께 팀을 이루고 있는 경우도 많다. 이런 경우, 팀장들의 고민은 이 둘 사이에서 이러지도 저러지도 못하는 혼란을 겪게 된다. 세대갈등, 일과 성과의 분배에 관한 문제, 관계에 대한 불편함 등.

이런 상황에서는 시니어들에 대한 후배들의 인정, 일터를 떠났을 때 '나는 어떤 사람으로 기억될 것인가?'에 대한 시니어들의 성숙한 생각이 필요하다고 할 수 있겠다. 중간에 낀 팀장은 후배들과 선배들 사이에서 허용하고 인정해야 할 점, 경계를 만들고 요청과 피드백이 필요한 점의 기준을 명확히 하여 리더로서 중심을 잡는 것이 가장 중요하다. 전문성과 경험이 많은 조직원들이 동기부여 될 때의 가장 큰 요소는 '기여감'이다. 자신이 하는 일들이 조직의 목적과 얼마나 잘 부합되는지, 팀과 회사에 어떤 도움을 주는지 끊임없이 알려줘야 한다. 그래서 리더는 1 on 1 미팅을 통해 그들이 얼마나 가치 있는 일을 하고 있는지 인식하도록 도와야 한다.

위에서 기술한 사례들처럼 두 사람이 일부러 시간을 내어 마주 앉았는데, 마땅히 할 이야기가 없는 것만큼 난감한 것은 없다. 1 on 1 미팅이 부담스럽다는 리더들의 고민은 대부분 여기서 출발한다. 그와 같은 상황이 왜 발생하는 것일까? 그것은 계획의 실패이며, 대부분 원인은 아래와 같다.

[1 on 1 미팅이 실패하는 세 가지 요인]

① 사전에 성과와 연관된 주제로 1 on 1 미팅을 준비하지 않은 경우

② 1 on 1 미팅의 주기가 적절하지 않은 경우

③ 리더의 호기심과 궁금함을 해결하려는 목적의 미팅인 경우

1 on 1 미팅은 철저한 계획과 치밀한 준비가 필요하다. 주로 2주에 한 번 진행되는 경우가 보편적인데, 1 on 1 미팅을 준비하는 기간 동안 리더와 팀원 사이에 있었던 모든 업무적 상황을 되짚어 정리해봐야 한다. 이런 준비 과정을 통해 업무에 대해 구체적인 의견을 나누고 조언과 제안, 필요한 피드백을 나누는 것이 1 on 1 미팅이라 할 수 있다. 또한 리더가 궁금해서 파악해야 하는 정보를 물어보는 형태의 시간이 되어서는 안 된다. 반대로 참여하는 직원이 그동안 하지 못했던 불만이나 리더에 대한 요청사항만으로 1 on 1 미팅이 진행되면 리더와 참여자 둘 다에게 불편하고 부담스러운 시간이 될 것이다.

① 효과적인 1 on 1 미팅을 위해 리더는 무엇을 준비하는 것이 좋은 계획인가?

- 1 on 1 미팅을 준비하는 기간 동안 일과 관련하여 일어난 모든 행동 중심의 대화여야 한다. 리더는 1 on 1 미팅에 참여하는 팀원을 관찰해

야 한다.

- 그 일과 연관된 그 사람의 구체적인 행동, 역량, 태도 등 리더가 구체적으로 관찰한 내용 중심의 대화여야 한다. 그래야 상대방이 받아들이기가 쉽다.
- 리더의 지원 · 지지가 필요한 것과 리더에게 제안하고 싶은 것을 들어야 한다.

위와 같은 내용들을 면밀히 준비해야 하며, 다음번 1 on 1 미팅 시 위 사항들이 어떻게 진행되고 있는지 반드시 상호 피드백해줘야 한다. 그러기 위해서는 1 on 1 미팅의 내용을 정리하고 지속적으로 관리하는 것이 필요하다. 정리된 대화 내용을 통해 다음번 1 on 1 미팅이 준비되어야 한다.

효과적인 1 on 1 미팅의 목적을 달성하기 위해서는 지속적으로 관찰해야 하며, 끊임없이 피드백되어야 하고, 일의 과정과 결과에 반영되어야 한다. 1 on 1 미팅은 그 과정에 있는 것이다. 때로는 리더에게도 피드백이 필요하다. 1 on 1 미팅을 통해 팀원들에게 피드백을 요청하는 것도 리더의 성장을 위해 꼭 필요한 요소라고 본다.

[1 on 1 미팅을 통해 요청할 수 있는 리더에 대한 피드백 질문들]

- 당신의 성과를 위해 리더인 내가 어떻게 하면 더 잘 지원할 수 있을까?
- 당신이 보는 리더의 역할 중 잘하고 있는 것과 아쉬움이 있는 것이 있다면 무엇인가?
- 리더인 내가 했으면 하는 것과 하지 않았으면 하는 것은 무엇인가?

1 on 1 미팅 일지

<table>
<tr><td>진행 일시</td><td></td><td>팀명</td><td></td><td>팀원명</td><td></td></tr>
<tr><td rowspan="3">사전 준비 사항</td><td colspan="5">[지난 차수 1 on 1 미팅 특이사항]</td></tr>
<tr><td colspan="5">[지난 차수 이후 관찰한 사항]</td></tr>
<tr><td colspan="5">[이번 1 on 1 미팅 시 확인해야 할 사항]</td></tr>
<tr><td colspan="6">1 on 1 미팅 진행 내용</td></tr>
<tr><td>업무영역</td><td colspan="5"></td></tr>
<tr><td>개인영역</td><td colspan="5"></td></tr>
<tr><td>기타</td><td colspan="5"></td></tr>
<tr><td rowspan="2">1 on 1 미팅 이후 소감과 느낌</td><td>리더</td><td colspan="4"></td></tr>
<tr><td>딤원</td><td colspan="4"></td></tr>
<tr><td>차후 1 on 1 미팅 시 확인사항</td><td colspan="5"></td></tr>
</table>

〈그림 7〉 1 on 1 미팅 일지 예시

- 리더인 내가 더 알아야 하는 '당신'에 대한 것은 무엇인가?
- 당신의 강점이 발휘되기 위해 나(리더)는 어떤 점을 더 염두에 두어야 하는가?
- 팀원 입장에서 리더에게 필요한 조언을 해줄 수 있다면?
- 당신의 관점에서 리더인 '나'는 어떤 리더라고 생각하는가?

대부분 1 on 1 미팅에 대한 연구자료들을 살펴보면, 1 on 1 미팅을 효율적으로 하기 위한 방법과 프로세스에 대한 내용이 주를 이루며, 그 내용의 대부분은 성과 중심의 1 on 1 미팅을 하는 것이 바람직하다고 말하고 있다. 그러나 필자는 여기에 하나를 덧붙이고 싶다. 1 on 1 미팅을 통한 '성과 달성'을 뛰어넘어 성과 달성 과정을 통한 개인적인 성장을 주제로 다루고 싶다. 여기서 말하는 '성장'은 리더와 참여자 둘 다에게 모두 해당한다. 리더 역시 또 다른 1 on 1 미팅의 참가자일 수 있기 때문이다.

② 1 on 1 미팅에 참여하는 팀원도 '참여전략'이 필요하다

1 on 1 미팅에 참여하는 팀원들은 대부분 수동적이거나 방어적 행동을 보인다. 리더가 끌고 가려고만 하고 참여하는 팀원이 방어만 하게 되는 1 on 1 미팅이 진행된다면 그 목적을 달성할 수 없게 된다. 1 on 1 미팅에 참여하는 사람의 소극적이고 수동적 행동은 자신의 성과 달성과 발전에 전혀 도움이 되지 않는다. 1 on 1 미팅 시간이야말로 자신의 성과와 성장에 대해 나의 직속 리더에게 굉장히 많은 자원을 얻어낼 수 있는 절호의 기회라 할 수 있다. 1 on 1 미팅을 '성장'의 기회로 전환하기 위해 참여하는 사람이 준비해야 할 사항은 아래와 같다.

[1 on 1 미팅에 참여하는 팀원이 준비해야 할 사항]

- 지난번 1 on 1 미팅 이후 달라진 상황들
- 지난번 1 on 1 미팅 시 요청한 내용의 진척 사항 확인
- 리더가 꼭 알아야 할 업무적 · 개인적 이슈들
- 리더에게 어필해야 하는 자신의 도전과 노력
- 내가 진행하고 있는 일들에 대한 올바른 방향성 확인
- 나와 나의 업무에 대한 리더의 기대 수준과 평가
- 더 좋은 결과를 만들어내기 위해 필요한 리더의 지원

1 on 1 미팅에 참여하는 사람들은 이런 것들을 준비하고, 리더에게 끊임없이 물어야 한다. 특히, 무엇인가를 요청할 때는 리더에게 큰 부담을 주지 않는 최소한의 배려도 필요하다. 리더가 문제에 답을 척척 내어주는 만능 해결사는 아니기 때문이다. 1 on 1 미팅을 통해 리더와 팀원이 한 팀이 되어 원하는 결과를 얻기 위해 서로 협력하는 것이 가장 이상적인 1 on 1 미팅의 모습이라고 생각한다. 결국, 1 on 1 미팅이 효과적으로 진행되어 모두에게 도움이 되려면, 리더와 참여하는 사람의 적극적인 상호 지지와 지원이 필요하다. 1 on 1 미팅을 통해 리더에게 '나'를 도와주고 싶도록 하자.

③ 1 on 1 미팅은 '기회'다

1 on 1 미팅은 진행해야 하는 리더와 참여하는 팀원 둘의 동반성장을 위해 필요한 '기회의 장'이다. 리더에게는 팀원을 더욱 면밀히 알 수 있고 더 잘 지원할 기회이며, 팀원에게는 객관적 관점에서 나와 내가 하는 일에 대한 정보와 피드백을 나눌 기회다. 1 on 1 미팅에 대한 부담과 걱정을 내려놓자.

1 on 1 미팅을 통해 한 단계 더 가까워지고, 우리가 원하는 목표를 이뤄내기 위한 '직장 내의 작전타임'으로 충분히 활용해보자.

성찰질문

아래의 질문에 스스로 답해보시기 바랍니다.

1. 1 on 1 미팅의 궁극적 목적은 무엇인가?
2. 기존의 성과 면담과 효율적인 1 on 1 미팅의 차이는 어떤 것인가?
3. 1 on 1 미팅에 대한 다양한 저항을 어떻게 극복할 것인가?
4. 효과적인 1 on 1 미팅이 되기 위해 리더는 무엇을 준비해야 하는가?
5. 1 on 1 미팅에 참여하는 팀원에게는 어떤 준비가 필요한가?

참고문헌

김성준. 『최고의 조직』. 포르체, 2022.

김종명 · 여재호 · 이해원. 『그룹코칭: 탁월한 성과를 내는 리더의 선택』. 플랜비디자인, 2021.

도널드 L. 커트패트릭. 『프로팀장이 알아야 할 인사평가와 코칭기술』. 이석재 · 정재창 · 이재영 역, 김앤김북스, 2004.

린다 A. 힐, 켄트 라인백, 『보스의 탄생』, 방영호 역, SEEDPAPER, 2017.

매들린 H. 블랜차드, 린다 J. 밀러. 『조직 코칭』. 아빈저연구소 · 노중석 · 서상태 역, 한국경제신문, 2017.

박정영. 「효과적인 그룹코칭 프로세스 개발에 관한 연구」. 『코칭연구』 3(1), 2010.

박태현. 『부하직원이 말하지 않는 31가지 진실』. 책비, 2021.

배용관. 『리더의 코칭』. 아비요, 2017.

에릭 슈미츠, 조너선 로젠버그, 앨런 이글. 『빌 캠벨, 실리콘밸리의 위대한 코치』. 김민주 · 이엽 역,

김영사, 2020.

폴리 파커, 팀 홀, 캐시 크램, 일레인 와서먼. 『VUCA 시대의 조직문화와 피어코칭』. 최동하 · 윤경희 · 이현정 역, 한국코칭슈퍼비전아카데미, 2020.

피터 드러커. 『최고의 질문』. 유정식 역, 다산북스, 2017.

피터 센게. 『학습하는 조직』. 강혜정 역, 에이지21, 2015.

김영학

3. 세일즈 팀원을 위한 리텐션 코칭

"사람들은 조직을 떠나는 것이 아니라 상사를 떠난다."

– 마커스 버킹험

1

세일즈 팀원 리텐션이 어려운 이유는 무엇인가?

모든 기업은 성과로 말해야 한다. 성과는 세일즈맨에 의해 창출된다. 그래서 숙련된 세일즈맨의 유지는 기업의 성과에 중요한 영향을 끼친다.

필자는 6년 동안 HRD컨설팅회사인 P사에서 현재까지 사업개발센터장, 세일즈 리더를 담당하고 있다. 지난 6년 동안 꽤 많은 인원이 퇴사했고, 퇴사한 팀원만큼 입사했다. 팀원들의 잦은 입 · 퇴사는 당연히 세일즈 조직의 목표 달성 생산성과 세일즈 리더의 업무 생산성, 남은 팀원들의 사기에 좋지 않은 영향을 미쳤다. 그동안 나름대로 여러 가지 노력을 했다. 팀 문화를 즐겁게 하려고 이벤트를 자주 했고, 분기마다 성과 면담도 진행했다. 멘토-멘티를 지정해주어 경력사원 온보딩도 지원해주었다. 그런데 이런 노력이 반드시 팀원 리텐션에 성공적이지는 않았다. 그 이유는 아래와 같이 네 가지 정도로 정리할 수 있다.

① 팀원이 처해있는 현재 상황을 정확하게 인식하지 못했다.
② 그러다 보니 팀원과 최적의 면담 타이밍을 놓쳤다.
③ 어쩌다 면담하게 되었을 때 그들의 이야기를 경청하지 못했다.
④ 오히려 팀장의 경험에서 나오는 솔루션을 제시하려고 했다.

한마디로 요약하자면 "세일즈 팀원 리텐션 실패 이유는 팀원에게 민감하지 못했고, 면담할 때 솔루션을 제시하려고 했다"는 것이다. 필자의 경험이 아닌 학계의 의견이 궁금했다. 닉 토먼(Nick Toman)과 존 스테이플스(John Staples)는 「How to Retain Your Best Sales Talent」라는 논문에서 '세일즈 팀원 채용과 리텐션(유지)에 대한 중요성'을 강조하고 있다. 이 글에서 리텐션이 어려운 이유는 아래와 같이 세 가지 이유에서였다.

① 전문 세일즈맨들은 세대 구분 없이 계속 구직 활동을 이어갔다.
② 전문 세일즈맨의 41%가 현 직장에 만족을 느끼면서도 여전히 새로운 자리를 알아보고 있었다. 현 직장에 만족한 고성과 세일즈맨의 44%도 적극적으로 구직 활동을 했다.
③ 근무에 대한 보상이나 일과 삶의 균형, 진급 기회, 새로운 직함, 강한

영업문화의 재확인 등은 리텐션에 거의 영향을 미치지 못했다.

여기서 주목해야 할 점은 세일즈맨은 회사에 대한 만족도가 높아도 구직 활동을 했다는 것이다. 또한 보상, 진급 기회 등의 좋은 영업문화가 리텐션에 영향을 주지는 못한다는 점이다. 반면에 세일즈맨이 구직할 때 고려하는 요소로는 '자신의 입장을 잘 대변해주는지와 전문 영업인력으로서의 장기적 발전을 위한 지원' 등이었다. 이로써 '세일즈 리더의 팀원에 대한 경청 능력과 장기적 경력개발 지원은 리텐션을 위한 새로운 대안이 될 수 있다'라는 시사점을 얻었다.

필자의 경험, 닉과 존의 논문을 종합해보면 리텐션의 조건은 '세일즈 리더가 팀원의 경력개발 필요를 민감하게 인식하고 필요한 경우 면담을 진행하여 팀원의 이야기를 경청해주는 것'이다.

세일즈맨의 리텐션은 지속적인 기업의 성과를 위해 세일즈 리더가 관리해야 하는 중요한 과업이다. 세일즈 팀원을 리텐션하면 세일즈 조직의 목표 달성 생산성과 세일즈 리더의 업무 생산성, 함께 근무하는 같은 팀 팀원들의 사기에도 긍정적인 영향을 미칠 것이다.

❷ 리텐션 상황에서 왜 코칭이 필요한가?

바야흐로 '대퇴사(great resignation)'의 시대다. 팝스타 비욘세가 최근에 발매한 7집 앨범의 첫 싱글곡인 「Break My soul」은 퇴사를 희망하거나 이미 퇴사한 사람의 공감을 얻고 있기에 CNN에서 '대퇴사를 기리는 노래'라고 보도했을 정도다. 노동경제학자 닉 벙커는 "비욘세의 신곡은 퇴사에 대한 대중의 인식과 현재 노동시장에서 벌어지는 일을 반영한다"라고까지 말했다. '조용한 퇴사(quiet quitting)'는 2022년 7월 숏폼 동영상 플랫폼인 틱톡에 자이들 플린(zaidleppelin)이 올린 영상을 기점으로 MZ세대 사이에서 유행하게 되었다. 『워싱턴포스트』는 이 신조어를 "직장인이 직장에서 주어진 것 이상을 하려는 생각을 중단(quit)하고 있다"고 했다.

'대퇴사'와 '조용한 퇴사'의 시대에 세일즈 리더들은 답답할 것이다. 세일즈 조직은 특히 한 사람 한 사람의 역할이 매우 중요하다. 각자에게 '달성해야 할 목표'가 있기 때문에 그 한 명이 빠져버리면 '고객의 히스토리'가 단절된다. 고객 입장에서도 새로운 세일즈 담당에게 또다시 기존의 히스토리를 설명해야 하는 불편함이 발생하기에 '대퇴사'로 인한 답답함이 존재한다. 그리고 세일즈팀은 '목표 달성'을 위해 정해진 업무시간 외에 준비해야 할 것들이 많다. 세일즈 리더는 목표 달성을 강조하기 위해 기본적인 근무태도나 직무몰입을 강조할 수밖에 없다. '최소한의 일만 하겠다'는 '조용한 퇴사'도 리더 입장에서는 답답한 노릇이다. 그렇기 때문에 입사한 팀원이 잘 성장하여 매년 상향된 매출목표를 달성하기를 바라는 것이 세일즈 리더가 가장 원하는 바다.

지금까지 팀원들과 분기별로 한 번씩의 성과 면담을 진행했고, 퇴사할 때는 오프보딩 면담을 했다. 기존 팀원의 리텐션 실패 이유는 팀원의 상황에 대해 민감하지 못했던 것과 면담할 때 정답을 제시하려고 했기 때문이다. 세일즈 리더인 '내'가 팀원의 이야기를 진지하게 경청하지 않으면서 옳다고 생각했던 말들을 더 많이 했던 것 같다. 그러다 보니 팀원들의 자기주도적인 근무 의욕과 일에 대한 열정을 불러일으키지 못했고, 결국 팀원들을 '대퇴사'를 기다리는 '조용한 퇴사'의 상황에 놓이게 한 것이다. 이러한 경험을 통해 그들의 진심을 알아내면서 궁극적으로 그들의 성장에 도움을 줄 수 있는 코칭 스킬이 '리텐션 상황'에서도 필요하다고 생각하기 시작했다.

3

리텐션 코칭은 언제 해야 하는가?

세일즈 리텐션 코칭의 목적은 한마디로 '세일즈 인재 팀원 유지'다. 그러기 위해서는 신입사원/경력사원, 입사자/재직자를 구분하여 관리하는 것이 중요하다. 세일즈 리더로 활동한 지난 6년 동안 '팀원 유지 전략' 측면에서 가장 많이 실패한 원인을 생각해보았다. 팀원 입장에서 바꿔 말하자면 그들이 세일즈 조직에 가장 적응하지 못하는 원인, 떠나고 싶은 원인을 찾아보는 것이기도 했다. 입사자들의 경우 그들의 부적응 원인은 대부분 '조직문화', '팀문화'라고 생각했다. 자료를 찾아보니 2021년 구인구직 플랫폼 사람인에서 '신입사원 조기 퇴사'와 관련하여 조사한 결과 응답자의 55%가 "입사 1년 이내에 퇴사한 적 있다"고 응답했다. '조직문화 부적응'이 31.1%로, 직무 불만족에 이어 두 번째로 높은 퇴사 원인이었다. 글로벌 리서치회사 이

곤젠더(Egon Zehnder)의 설문에 따르면 경력직 사원의 가장 큰 퇴사 원인은 역량이나 경영기술 부족이 아니라 조직문화와 사내 정치에 있는 것으로 나타났다. 응답자의 약 65%가 조직문화에 대한 적응 부족을 말했다. 필자는 조직문화 · 팀문화 적응을 위한 편안한 분위기 조성, 멘토-멘티 선정 등으로 나름 신입 · 경력 입사자의 적응을 도우려고 했다.

조직문화/팀문화 원인 외에 세일즈 조직에 부적응하는 개인적 · 심리적 원인에 대해 그동안의 경험을 통해 살펴보았다. 신입사원의 경우에는 익숙하지 않은 업무에 대한 실수가 반복적으로 누적될 때이고, 경력사원의 경우에는 빨리 성과를 보여주어야 한다는 조바심이 생길 때였다. 이런 원인들은 그들의 순전한 조직적응을 막고 궁극적으로 퇴사로 이어지게 할 확률이 높았다. 적재적소에 '리텐션 코칭을 했더라면 어땠을까?'라는 후회가 들기도 한 지점이었다.

입사자가 아닌 기존 재직자의 경우, 조직에 부적응하는 이유는 일상관리에서의 세일즈 리더 개입 부재와 승진했을 때 조직의 기대치 관리를 못 했을 때였다. 매일매일 일상의 업무에서 목표 달성을 위한 방법과 성장에 대한 목마름을 세일즈 리더가 시의적절하게 해결해주지 않았을 때 그들은 조직에 부적응했다. 또한 승진해서 조직의 기대치는 올라갔는데 상승한 기대치에 부응하지 못했을 때 그들의 퇴사 욕구가 높아졌다. 참고로 여기에서는 연봉이 더 높은 회사로의 전직과 안정적으로 보이는 기업으로의 전직으로 인한 퇴사 원인은 논외로 하기로 하겠다.

각각의 리텐션 코칭이 필요한 상황과 지향점을 염두에 두면서 적절하게 코칭을 진행하는 것이 중요하다. 리텐션 코칭이 필요한 상황과 리텐션 코칭의 지향점을 한눈에 알아볼 수 있도록 아래와 같이 표로 정리했으니 참고하기 바란다.

〈표 1〉 리텐션 코칭이 필요한 상황과 리텐션 코칭의 지향점

No.	리텐션 코칭이 필요한 상황	리텐션 코칭의 지향점	주요 키워드
1	신입사원 입사자 관리	세일즈 조직에 안착	조직문화/팀문화
2	경력사원 입사자 관리	세일즈 조직에 적응/유지	
3	재직자 일상관리	팀원 목표 달성 및 성장 지원	경력개발/성장지원
4	재직자 승진자 관리	조직의 기대치 달성 지원	

4

리텐션 코칭은 어떻게 해야 하는가?

앞에서는 리텐션 코칭이 필요한 시점과 리텐션 코칭을 해야 하는 상황에 대해 언급했다. 지금부터는 리텐션 코칭을 하는 단계별 방법인 '리텐션 코칭 모델'에 대해 이야기해보려고 한다. 세일즈 리더가 활용할 수 있는 'SALES' 모델을 만들어보았다.

- Support: 낙담한 팀원의 사기를 진작하기 위해 지지와 옹호로 코칭을 시작한다.
- Ask: 팀원이 처한 어려운 상황을 파악하기 위해 실문을 던진다.
- Link: 팀원과 파트너라는 인식으로 신뢰를 형성한다.
- Exit: 팀원이 어려운 상황을 벗어날 수 있도록 솔루션을 모색한다.
- Step: 지속적인 실행을 위한 실천방안을 수립한다.

'인력 유지', '리텐션' 등의 키워드는 기본적으로 세일즈 리더가 팀원에 대한 관심을 가진다는 것을 전제로 해야 한다. 이 관심은 이성적인 측면과 정서적인 측면을 모두 포함한 것이다. 세일즈 리더는 팀원들이 어떤 상황에 처해 있는지 먼저 알아차리고 '리텐션 코칭'을 요청할 수 있어야 한다.

세일즈 리더는 지속적으로 관찰해온 팀원의 잘한 점을 지지해주어야 한다(Support). 이러한 Support 단계가 리텐션 코칭의 시작이다. 리더는 긍정과 옹호의 분위기로 팀원의 마음의 문이 열린 이후에 본격적으로 팀원이 처한 어려운 상황을 파악하기 위한 여러 가지 질문을 던지면 좋다(Ask). 팀원의 상황을 파악했다면 리텐션 코칭에서 가장 중요한 신뢰 형성 단계로 넘어가게 된다(Link). 팀원이 세일즈 리더와 함께 자신이 처한 어려운 상황을 타개해 나갈 수 있는 파트너로 인식하는 것은 해법을 찾는 데 매우 중요한 요소이기 때문이다. 파트너라는 신뢰가 형성되면 그 상황에서 벗어나기 위한 여러 가지 해법을 함께 모색해보게 된다(Exit). 그리고 궁극적으로 그 해법이 실천될 수 있는 방안을 수립(Step)하고 나서 코칭은 마무리된다. 그리고 팀원 스스로 찾아낸 솔루션이야말로 지속적인 실행으로 이어지면서 그들에게 국면전환을 할 수 있게 한다.

5

사례학습: 어떻게 하면 리텐션 코칭을 잘할 수 있을까?

(1) 신입사원 '전초보', 퇴사의 위기에서 조직에 안착시키기

사례

A사는 '유달리' 선임이 담당하던 우수고객사였다. 신입사원인 전초보 사원의 온보딩을 지원하기 위해 유달리 선임이 인계해주었다. A사에서 거액 제안 입찰 요청을 했고, 전초보 사원은 유 선임과 함께 제안서 작업을 열심히 했다. 전초보는 최종제안서를 확인하면서 견적서 최종금액도 일일이 다시 확인했다. 이 과정에서 컴퓨터 스크롤 오류로 인해 최종합계액 '0' 한 자리가 전초보 사원 모르게 삭제되었다. 전초보 사원은 오류 난 최종제안서를 송부했다. 제안한 최종합계액이 경쟁사 대비 저렴했기 때문에 최종 수주를 하게 되었다. 수주 이후 최종합계 오류를 알게 된 전초보 사원은 본의 아닌 저가 수주로 인해 힘들어했다. 그때 세일즈 리더인 나는 전초보 사원에게 리텐션 코칭을 요청했다.

① Support: 낙담한 팀원의 사기를 진작하기 위해 지지와 옹호로 코칭을 시작한다

전초보: 팀장님! 죄송합니다. A 회사 건은 수주했지만 그게 회사에 더 큰 피해를 끼친 것 같습니다. 지금 심정 같아서는 제가 퇴사해서라도 책임을 져야 할 것 같습니다.

김 팀장: 전 초보 사원, 유 선임이 신망이 높고 고객사와 관계가 좋아서 나름대로 잘 해결하고 있으니 너무 걱정하지는 마.(전초보 사원은 고개를 떨어뜨리며 아무 말이 없다.) 그리고 전초보 사원! 6개월을 지켜보니 참 열심히 온보딩하려고 노력을 많이 하는 것 같아. 그 점을 참 높게 평가해. 온보딩하려고 한 노력 중에서 어떤 부분이 가장 성과가 좋았던 것 같아?

전초보: 모르는 게 있으면 물어보고 다시 실수하지 않으려고 노력했던 부분이 좋았습니다.

김 팀장: 그래, 나도 그렇게 생각해. 선배들에게 자주 물어보고 해내려고 하는 그 자세가 참 멋있다고 생각했어.

[정리]

전초보 사원은 최근 계속된 실수로 인해 심리적으로 위축되어 있었다. 지난 6개월 동안의 온보딩 노력에 대한 팀장의 칭찬과 질문으로 닫혀있는 전초보 사원의 '마음의 문'이 열렸다. 낙담한 팀원의 '마음의 문'은 잘 열리지 않는다. 하지만 '마음의 문'을 열기 위한 '지지와 옹호'는 리텐션 코칭의 매우 중요한 출발점이다.

② Ask: 팀원이 처한 어려운 상황을 파악하기 위해 질문을 던진다

김 팀장: 사람은 누구나 실수해. 어떤 사람은 그 실수를 통해 성장하기도 하고 어떤 사람은 넘어지기도 해. 반복된 실수를 하지 않기 위해 애쓰는데도 왜 실수가 반복되는지 생각해본 적이 있나?

전초보: 잘 모르겠어요. 실수한 부분을 다시 반복하지 않으려고 신

경도 쓰는데 왜 반복되는 걸까요?

김 팀장: 잘하려고 하는 지나친 열정, 다시는 실수하지 않겠다는 강박. 이런 것들일까? 아니면 다른 원인이 있을까?

전초보: 팀장님 말씀처럼 너무 잘하려고 했던 것과 실수에 대한 강박 모두 맞는 것 같아요. 이번 건도 유 선임과 최종 확인 후에 다시 확인하다가 실수하게 된 거거든요.

김 팀장: 그렇군. 일 처리를 잘하려고 하고 실수하지 않으려는 강박 자체가 나쁘다고 할 수는 없어. 하지만 결과가 기대처럼 되지 않았다고 지금처럼 퇴사를 생각할 만큼 쉽게 좌절하지 않았으면 해.

[정리]

전초보는 계속된 실수로 위축되어 있기 때문에 몇 차례의 질문에도 제대로 된 답변을 하지 못할 수도 있다. 팀장이 여유를 가지면서 상황 파악을 위한 적절한 질문을 하는 것이 중요하다.

③ Link: 팀원과 파트너라는 인식을 주기 위해 신뢰를 형성한다

김 팀장: 나도 전초보 사원처럼 신입사원 시절이 있었어. 그때 별명은 아마도 왕초보였을 거야. (전초보 사원이 웃음을 참는 소리가 들린다.) 그 시절 나의 팀장님과 선배님들께서 얼마나 큰 힘을 주셨는지 몰라. 이제 내가 큰 힘이 되어줄 테니 도움이 필요하면 언제든지 면담 요청해.

전초보: 팀장님이 워낙 바쁘시고 하시는 일이 많으실 것 같아 망설

여져요. 면담을 요청할까 하다가도 피곤한 모습을 뵈면 포기했거든요.

김 팀장: 아, 그랬어? 미안하네. 이제 나를 믿고 나를 잘 활용하기를 바라. 바빠 보이면 카톡이나 문자로 '리코 요청'이라는 암호명을 보내주겠어?

전초보: 팀장님, '리코'가 뭐예요?

김 팀장: 별걸 다 줄이는 '별다줄' 세대인 Z세대가 그것도 모르다니. 허허~ 리텐션 코칭의 줄임말이야.

[정리]

잭 젠거와 조셉 포크먼은 『하버드 비즈니스 리뷰』의 「Quiet quitting is about bad bosses, not bad employees」라는 논문에서 조용한 퇴사를 줄이기 위해 가장 중요한 것이 리더와 구성원 간의 신뢰라고 말하고 있다. 리더와 구성원 간의 신뢰 구축에는 팀원과의 긍정적 관계, 리더의 일관성, 전문성 등이 요구된다.

팀원이 속마음을 털어놓기 위해서는 팀장과의 신뢰가 매우 중요하다. 이렇게 보면 Support 단계는 신뢰 1단계로 팀원과의 긍정적인 관계를 만드는 단계로 볼 수 있다. 팀원이 '리더가 얼마나 나에게 관심을 가지고 긍정적 관계를 가지려고 노력하는가?'를 느낄 수 있기 때문이다. Link 단계는 신뢰 2단계에 가깝다. 김 팀장은 어떻게든 전초보가 반복된 실수를 줄이고 업무에 잘 적응할 수 있도록 항상 곁에서 도와주겠다는 신뢰를 보내고 있다. 이런 리더의 일관성과 코칭 질문에 대한 전문성은 상호 신뢰 속에서 구성원이 리더를 파트너로 인식하게 해준다.

④ Exit: 팀장이 팀원의 상황을 벗어나게 하기 위한 방법을 함께 모색한다

김 팀장: 전 사원. 어떻게 하면 자신감 있게 다니면서도 반복된 실수를 하지 않을 수 있을까?

전초보: 팀장님, 고맙습니다. 실수했다고 퇴사를 말한 저 자신이 부끄러워지네요. 그래서 드는 생각은 팀장님께 자주 여쭤보며 실수를 두려워하지 않는 마음을 가지고 열심히 잘 적응하는 것이 중요하다고 생각했습니다.

[정리]

이 단계에서 팀장은 직접 개입해서 솔루션을 제공해주고 싶은 마음이 든다. 물론 리텐션 코칭 시간을 줄일 수 있는 장점은 있다. 하지만 팀원 스스로 솔루션을 찾은 것이 아니기 때문에 실행의 적극성, 주체성 등이 떨어진다. 전초보 사원이 스스로 솔루션을 찾을 수 있도록 함께 노력하는 모습을 보여주는 것이 중요하다.

⑤ Step: 지속적인 실행을 위한 실천방안을 수립한다

김 팀장: 자, 지속적으로 같은 실수를 반복하지 않을 방안이 있겠나?

전초보: 생각해보지 못했는데요.

김 팀장: 실수를 두려워하지 않는 것은 중요해. 하지만 구체적인 방안을 찾는 것도 중요하지. 우리가 매주 주간업무회의를 하잖아. 그걸 활용하는 방법은 어떨까?

전초보: 주간업무회의에서 제 업무진행 상황을 보고드리면 선배님

들께서 피드백해주시잖아요. 피드백 반영한 업무실행 결과를 그다음 주 주간업무회의에서 보고드리겠습니다. 그렇게 하면 실수를 개선한 상황이 공유되기 때문에 실수가 줄어들지 않을까요?

김 팀장: 그거 좋은 생각이네.

[정리]

실천이 전부다. Step 단계에서 나온 구체적인 실천방안은 반드시 협의해서 체크해야 한다.

(2) 재직자 '전출근', 실적의 위기에서 목표 달성시키기

사례

전출근 책임은 2년째 실적 부진으로 고전했다. 팀장인 나도 답답했지만, 본인도 답답해하는 것이 느껴질 정도로 실적이 좋지 않았다. 정말 열심히 영업했고 제안작업을 위해 야근도 불사할 정도의 성실성을 가지고 있었지만, 실적과는 연결되지 않았다. 매출 고객에게는 평이 좋은 편이라 실적 부진으로 인해 퇴사를 생각하게 된다면 여러모로 손해일 것 같아서 '리텐션 코칭'을 하게 되었다.

① Support: 낙담한 팀원의 사기를 진작하기 위해 지지와 옹호로 코칭을 시작한다

김 팀장: 전 책임! 요즘 좀 어때? 예전보다 힘이 없어 보이는데, 많이 피곤하지?

전출근: 팀장님! 아시다시피 제가 2년 동안 실적 부진으로 목표 달성을 못 하다 보니 후배들 보기도 부끄럽고, 팀장님 뵙기도 면목이 없고 이대로 회사를 나가야 하나 싶기도 하고 마음이 좀 복잡하네요.

김 팀장: 며칠 전에 C 고객사 팀장님이 나한테 전화하셔서 전 책임 칭찬을 하셨어. 전 책임이 했던 교육과정 사례개발이 너무 만족스러웠대. 그래서 그 과정을 최소 2년 이상은 진행하고 싶다고 했네.

[정리]

그동안 전 책임을 꾸준히 관찰해온 팀장이었기 때문에 전 책임의 사례개발에 대한 고객사의 칭찬을 기억하면서 지지해주고 옹호해주는 것이 가능했다.

② Ask: 팀원이 처한 어려운 상황을 파악하기 위해 질문을 던진다

김 팀장: 전 책임! 원래 영업을 힘들어하지 않았던 것 같은데 최근 영업하면서 어떤 부분이 가장 힘들었지?

전출근: 제가 제안서 작성에 너무 많은 시간을 투자하는 게 문제인

것 같긴 해요. 신속히 고객의 니즈를 캐치해서 제안서를 만들어 송부 · 수주 · 운영하는 선순환을 만들어야 하는데, 콘셉트와 스토리 포맷을 모두 맞추어 제안하다 보니 생산성이 다소 떨어지는 것 같습니다.

김 팀장: 제안서 작성 시간을 줄이려는 노력은 해보았나?

전출근: 잘 안 됩니다. 제안서 콘셉트에 따라 스토리텔링을 해야 직성이 풀리거든요. 제품을 판매하는 판매사원이 아니라 고객의 니즈에 맞게 제안하는 솔루션 영업이다 보니 저는 그래야 한다고 생각했습니다.

[정리]

팀장의 질문을 통해 전 책임의 장점일 수도 있으나 실적 부진의 이유이기도 한 부분을 파악하게 되었다. 많은 질문 관련 훈련이나 서적 등을 통해 시의적절한 질문을 하는 것이 중요하다.

③ Link: 팀원과 파트너라는 인식을 주기 위해 신뢰를 형성한다

김 팀장: 나도 과정개발이 우리의 전문영역은 아니지만, 제안기획을 할 때 어느 수준 이상은 해야 한다고 생각해. 그런 취지에서 전 책임은 바람직한 생각을 한 거야. 그러니 당장의 매출 부진이 속상하겠지만 조금 더 큰 그림을 그리면서 좋은 방법을 찾아보면 어떨까?

전출근: 네, 노력해보겠습니다.

[정리]
팀장은 전 책임이 고객의 니즈를 반영한 사례개발 역량이 있다고 격려했다. 이런 격려는 팀장과 전 책임 간의 공감대를 형성하고 신뢰할 수 있게 한다.

④ Exit: 팀원이 상황을 벗어날 수 있도록 방법을 모색한다

전출근: 그런데 팀장님, 실질적으로 부진한 매출을 어떻게 타개할 수 있을까요? 일단 저는 그것도 부담이 되고 해결해야 하는 문제라서 여쭤봅니다.

김 팀장: 중요한 부분이니 같이 고민해보자고. 모든 고객이 콘셉트와 스토리가 있는 접근을 좋아하나? 고객의 반응이 어땠어?

전출근: 음… 고객마다 선호하는 교육 니즈 요청방식이 다른 것 같긴 해요. 규모가 작은 제안임에도 너무나도 세세한 부분까지 제안서에 모두 들어가길 원하는 고객도 있었고, 규모가 큰 제안임에도 원하는 바를 정확히 제공하지 않는 고객도 있었어요. 교육 니즈 A로 상호 소통한 후 제안했는데, 확인해보면 상사가 교육 니즈 B로 변경한 경우도 있었죠.

김 팀장: 그렇군, 어려움이 많았겠어. 뜬금없는 것 같으나 경영이 뭐라고 생각하나?

전출근: 네? 경영이요? 주어진 시간 내에 한정된 자원으로 성과를 내는 것이라고 생각합니다.

김 팀장: 좋군. 지금 말한 경영의 정의를 영업에 적용한다면 어떨까? 전 책임이 정의한 경영에 합당한 영업인가?

전출근: 아, 이제 조금 알 것 같습니다. 경영에서는 효과성이 중요한 것처럼 효율성도 중요하다는 것을 생각해보게 되네요. 오늘 이 시간이 저에겐 영업의 전환점이 될 것 같습니다.

김 팀장: 그렇다면 구체적으로 어떻게 하면 될까?

전출근: 네, 팀장님. '항상 주어진 시간 내에 한정된 자원으로 성과를 내는 것'이라는 정의를 염두에 두면서 영업할 예정입니다. 효율성을 생각하면서 대응해보겠습니다.

[정리]

팀장은 국면을 전환할 수 있는 질문을 통해 전 책임이 스스로 솔루션을 찾을 수 있도록 했다. 팀장의 질문에 대한 답변에서 전 책임은 스스로 솔루션을 찾게 되었다.

⑤ Step: 지속적인 실행을 위한 실천방안을 수립한다

김 팀장: 마지막으로, 그것을 체화하기 위한 실천방안을 만들어보자고.

전출근: 매주 제안요청 리스트와 제안완료 리스트를 정리하겠습니다. 그리고 매달 수주 · 낙주 리스트와 함께 보고하겠습니다. 이러면 제안요청 건과 제안완료 건의 관계는 물론 수주 · 낙주 건과의 연결이 한눈에 보이실 것입니다. 낙주 건에 대한 피드백을 주신다면 낙주 원인을 분석하여 추후 수주 효과성을 높일 수 있을 것 같습니다.

[정리]

제안요청 리스트, 제안완료 리스트, 수주 · 낙주 리스트를 정리하게 되면 제안의 효율성/제안 성공률/낙주 원인 분석 등으로 인한 수주 효과성을 높일 수 있기에 전 책임의 목표 달성률을 높일 수 있을 것이다.

6

리텐션 코칭은 어떻게 실천하면 좋은가?

리텐션 코칭은 만능이 아니다. 리텐션 코칭을 한다고 해서 떠나려는 마음을 가진 팀원을 막을 수는 없다. 조건이 더 좋은 곳으로 이직하거나 정말 직무적성이 맞지 않을 경우에는 막을 수도 막아서도 안 된다. 분명한 것은 세일즈 리더의 리텐션 코칭은 팀원들에게 긍정적인 영향을 미친다는 것이다. 리더는 팀원의 성장과 목표 달성을 위해 반드시 그들의 경력개발을 지원해줘야 한다.

리텐션 코칭에서 '중요한 리더의 실천사항'을 아래와 같이 요약해보았다.

① 팀원에게 민감해야 한다. 항상 관심을 가지고 관찰해야 한다. 팀원에 대한 민감성과 관찰을 통해 누적된 정보들은 리텐션 코칭의 효과성을 높여줄 것이다.

② 리텐션 코칭이 필요한 시점은 팀원들이 낙담, 좌절, 갈등을 겪고 있을 때다. 그렇기 때문에 리텐션 코칭은 '팀원이 잘한 부분'과 '팀에 기여한 부분'에 대한 인정과 칭찬으로 시작해야 한다[Support].

③ 리텐션 코칭을 하다 보면 답을 제시하고 싶은 욕구가 있겠지만, 지속적인 실행을 위한 적절한 질문을 통해 팀원 스스로 답을 찾을 수 있도록 해주어야 한다[Ask/Link].

④ 리텐션 코칭을 성공적으로 완료[Exit]했다고 해도 그것이 끝이 아니라 새로운 시작임을 알아야 한다. 팀장은 지속적인 관심과 주기적인 피드백[Step]을 통해 팀원들의 성장과 목표 달성을 지원해주어야 한다. 이로써 팀원들의 퇴사를 최소화할 것이다.

성찰질문

아래의 질문에 스스로 답해보시기 바랍니다.

1. 당신이 생각하는 '세일즈맨 리텐션이 어려운 이유'는 무엇인가?
2. '조용한 퇴사'를 타파할 수 있는 노하우에는 어떤 것이 있는가?
(팀장이 할 수 있는 노력/기업이 할 수 있는 노력 등)
3. 리텐션 코칭 대상의 범위는 어디까지일까?
(핵심인재 또는 전체 세일즈 직원 등)
4. 리텐션 코칭 모델 SALES에서 가장 중요한 단계는 무엇이라고 생각하며, 그 이유는 무엇인가?
5. 리텐션 코칭을 지속하기 위한 나만의 방법이 있다면 어떤 것이 있는가?

참고문헌

"기업 절반, MZ세대 조기 퇴사 비율 높다". 사람인, 2021. 6. 2.

"비욘세 말대로 사직서 보냈다". 아시아경제, 2022. 6. 24.

"최소한의 일만 하기". MBC 뉴스투데이, 2022. 8. 26.

"Leaders in Transition". Egon Zehnder, 2013. 6. 26.

Nick Toman and John Staples. "How to Retain Your Best Sales Talent". *Harvard business reviews*, 2022. 7. 4.

장은영

4. 성과 극대화를 위한 팀장 리더십코칭

"최고의 보스는 한 사람뿐이다. 그는 바로 고객이다."

- 샘 월튼

1 팀장은 성과로 말해야 한다

기업이라는 조직을 구성하고 있는 최소 단위가 팀(team)이며, 팀 성과에 의해 기업의 성과가 좌우된다. 팀 리더인 팀장이 팀을 어떻게 이끄는지에 따라 기업 경쟁력에 영향을 미친다. 국내외 기업 경영자들은 팀을 잘 관리함으로써 기업 경쟁력을 향상시키고자 한다. 조직 내 실행 주체이자 실질적 최소 운영 단위인 팀을 잘 관리하여 성과를 창출하기 위해서는 팀의 리더인 팀장 코칭이 필수다.

(1) 팀 성과가 기업의 경쟁력

팀장을 코칭할 때 팀장과 팀원은 기업조직의 일부이므로 조직문화에 영향을 받고, 조직은 한국이라는 문화에 영향을 받을 수밖에 없을 것이므로 한국의 독특한 조직문화를 이해하는 것이 우선일 것이다. 기업의 조직문화란 구성원들이 공유하고 있는 기본 가치와 신념을 나타내는 것으로, 국내 기업들은 서양 기업들에 비해 권위적이고 수직적 조직문화를 가지고 있으며, 이러한 수직적 위계문화는 자칫 팀 구성원들의 자율적 의견이나 커뮤니케이션을 저해하여 조직풍토에 부정적 영향을 미칠 수 있다는 것을 이해하고 코칭하는 것이 필요하다.

한국 사람들의 리더십 유형은 한국적인 문화에 의해 내향형, 우호형, 과제지향형, 완벽지향적 특성이 나타난다. 한국적 리더십 유형에 대한 각각의 특징은 앞에서 언급했으므로 이 장에서는 생략하기로 한다.

그렇다면, "특정 리더십 유형에게서 우수한 성과가 나타나는 것일까?"

우리나라 사람들은 서양 사람들에 비해 집단주의적 성향이 강한 특징을 갖고 있다고 한다. 집단주의적 성향이 강하다고 개인주의적 성향을 가진 사람이 없지 않으며, 일반적으로는 어느 하나의 성향만을 갖고 있는 것이 아니라 여러 성향을 동시에 갖게 된다. 단지 어떤 특정 성향이 어느 순간 강하게 나타나는 것을 알 수 있다.

리더십도 어느 하나만의 유형으로 정의되어 나타나기보다는 여러 유형의 특징을 동시에 갖고 있을 가능성이 크다. 같은 팀장이라 하더라도 상사나 팀원들이 어떤 성향의 사람인지에 따라 팀장의 리더십 성향은 다르게 나타날 것이고, 경쟁적 상황인지 아니면 위기 상황인지 등과 같이 어떤 상황에 놓여 있는지에 따라서도 리더십 특성이 다르게 발휘되기도 한다. 팀장이 처해 있는 환경이 어떠한지에 따라 조금 더 두드러지게 나타나는 리더십 유형에 의해 내향형인지 우호형인지 등으로 구분될 뿐이다.

그렇기 때문에 특정 유형의 팀장이 특별히 성과가 더 좋다고 말하기는 어렵다. 자신이 어떤 상황에서 어떤 리더십을 발휘하는지를 알고, 주어진 상황에서 자신이 갖고 있는 리더십 특성을 유용하게 활용할 수 있을 경우에 성과를 낼 수 있다. 따라서 한국문화나 조직문화의 특징을 알고, 조직 구성원인 팀장과 팀원의 특성을 이해한다면 처한 환경에 맞추어 더욱 근본적이고 효과적인 코칭을 통해 팀 성과를 향상할 수 있을 것이다.

(2) 성과의 이중성

직장을 다니는 직장인들에게는 매년(어느 기업은 매달, 혹은 분기마다) '고과'라 하여 당해 연도 개인별 성적표를 받는다. 연초의 계획을 얼마나 달성했는지, 혹은 주어진 목표를 얼마나 성취했는지에 대해, 예상하지 못할 정도의 탁월한 성과를 창출했는지에 대해 확인하고 평가를 받곤 한다.

회사에 다니는 직장인이 아니더라도 기업을 운영하는 사람들 역시 매년 투자자에게 성과를 보고함으로써 매출과 수익에 대한 평가를 받는다. 학생들이 학교에서 공부하고 나서 반드시 시험에 의한 평가를 받듯이 직장인이나 기업은 일정 기간 동안 수행한 성과에 대해 상사나 고객으로부터 성적표를 받게 된다. 이렇듯 성과에 대한 평가는 어느 누구도 피해갈 수 없는 필수 과정이다.

일반적으로 사람들은 계획했던 목표를 완성하거나, 예측하지 못한 성과를 창출했을 때 일에 대한 성취와 보람을 느끼게 된다. 업무 자체가 재미

있고 흥미로워서 열심히 수행하는 경우도 많지만, 직장인의 경우는 종종 주어진 과업(목표)에 대한 고과(성적표 또는 평가)를 잘 받기 위해서라도 업무에 최선을 다하게 된다.

조직에서는 팀장에게 탁월한 성과를 내기 바란다. 조직은 연초 계획한 목표를 주어진 기간 안에 달성하기를 요구한다. 계획했던 실적을 달성해야 하는 것은 당연하며, 조직은 늘 그 이상의 것을 원한다. 능력 있는 팀장으로 인정받기 위해서는 성과가 탁월해야 한다. 성과 없는 팀은 어느 순간 사라질지도 모른다.

조직은 팀장에게 실적도 좋고 팀원 관리도 잘하는 성과를 요구한다. 팀장에게 요구하는 '성과의 이중성'이다. 그렇기에 팀장은 팀원들에게 무리한 요구를 하곤 한다. 조직이 원하는 목표 이상의 성과를 내기 위해 팀장은 바쁘다. 팀장은 팀 성과를 위해 팀원 한 명 한 명 모두가 마치 자기 일처럼 열정과 성의를 다해 노력해주기를 기대하게 된다. 팀장은 팀 성과를 위해 타 부서와 긴밀하게 협력해야 하는 경우도 빈번하게 발생하지만, 때로는 타 부서와 경쟁하여 이기기도 해야 한다. 조직 내에서 상사와 팀원, 주변 동료와 타 부서까지 모든 사람과 두루두루 잘 지내면서 탁월한 성과도 창출해내야 하는 위치다. 이런 상황에서 팀장은 팀원 개개인의 사정을 일일이 살필 수 없으므로 팀원들에게 무리한 요구를 하게 되는 나쁜 팀장이 되어버린다.

조직은 팀장에게 탁월한 업무 성과뿐만 아니라 팀원들의 역량도 향상시켜주기를 요구하기 때문에 팀장 입장에서는 팀원들을 적절한 시기에 적절한 교육이나 세미나도 보내야 하고, 팀원들이 업무 만족감을 느낄 수 있도록 워라밸도 보장해주어야 한다. 탁월한 업무 성과도 창출해야 하고, 팀원들의 역량 향상과 만족도 높은 조직 생활도 보장해주어야 하는 양쪽 모두를 동시에 만족시켜야 한다.

(3) 간결하면서도 자세한 보고서 작성

다음 사례는 아마도 조직 내에서 비일비재하게 일어나는 내용 중 하나일 것이라 생각한다. A 팀장은 신규 사업 제안을 위해 매일 밤을 샐 정도로 힘든 날을 보내고 있었는데, A 팀장의 상사가 지시한 것은 다음과 같았다.

> "ABC 신규 사업에 대해 자세히 잘 알아듣도록 설명하고, 반면 너무 길지 않도록 작성하며, 명확하게 한마디로 요약되어야 하고, 전문가답게 초등학생도 알아들을 수 있도록 쉽게 보고서를 작성하세요."

그 상사만 이런 지시를 한 것이 아니라, 대부분 상사들은 모두 이렇게 앞뒤가 전혀 맞지 않는 요구를 하곤 한다.

> "간결하게 그러면서도 자세히!"
> "전문가답게, 하지만 쉽게!"
> "당장의 시장성을 보장하면서 세상에 없던 혁신적 상품을 만들라!"

이게 말이 되는 소리인가? 언뜻 들어보면 매우 타당하고 올바른 말 같지만, 앞뒤의 말이 서로 상반되는 요구로, 그대로 실행하기 매우 어려운 지시사항임을 알 수 있다. ABC 신규 사업에 대해 보고서를 간결하게 작성하고자 한다면 요약이 될 수밖에 없는데, 누구나 이해할 수 있도록 자세하게 작성하라는 것이다. 전문가답게 작성하기 위해서는 기술적 내용이나 전문

용어가 들어갈 수밖에 없는데, 누구라도 이해할 수 있도록 쉽게 작성해야 한다.

당장의 시장성을 보장하려면 세상에 없던 상품이 아니라 고객에게 이미 매력적이고 알려져 있는 상품이어야 하는데, 세상에 없던 혁신적 상품을 만들라고 지시하는 것이다. 그런데 신기한 것은 이런 말도 안 되는 요구사항을 만족시키려고 밤새워 고민하고 작성하다 보면, 어느 정도는 지시사항에 만족스러운 내용이 나오기도 한다는 것이다. 상사의 이율배반적인 요구와 지시가 밥 먹듯이 이뤄지지만, 또 어느 정도는 달성되는 곳이 조직이고, 기업이다.

2 협력에 의한 성과

기업에서 팀장(리더)을 평가할 때는 업무 실적만으로 평가하지 않는다. '성과의 이중성'에서도 언급했듯이, 팀장은 기업 성장을 위해 기여한 성과가 많아야 한다. 성과를 보여주는 것은 물론이고 팀원들이나 주변 부서 사람들과 얼마나 조화로운 관계를 유지하면서 팀을 이끌어가고 있는지도 중요하며, 리더로서 잠재 역량을 갖고 있는지도 함께 평가한다.

조직에서 팀장을 평가할 때 업무 실적과 함께 관리 역량이 있는지를 확인하기 위해 조직의 구성원들에게 다면평가를 진행하는 기업이 많아지고 있다. 다면평가는 기업 내에서 팀장을 중심으로 상사평가/부하평가/동료평가를 통해 중간관리자인 팀장의 리더십 역량을 다각도로 평가하는 방법이다.

팀원들과 함께 팀 목표를 잘 달성했는지를 평가할 뿐만 아니라 타 부서와의 커뮤니케이션 및 협력을 통해 성공적으로 잘 추진했는지, 그리고 팀원들의 커리어 성장을 위해 적정하게 노력하고 있는지 등을 다양한 관점에서 평가하는 객관적 방법이다. 연초에 계획했던 팀 목표 달성과 수시로 발생하는 문제나 상사의 지시사항 해결만으로는 '우수하고 탁월한 팀장'으로 인정받기 어렵다는 말이다.

기업은 모든 업무가 시스템으로 이루어지는 곳이다. 시스템으로 업무가 이루어진다는 것은 전체적으로 각 부서의 업무가 유기적으로 엮여 작동된다는 것을 말한다. 체계적이고 큰 기업일수록 시스템에 의해 성과가 창출된다는 것이다. 어느 한 부서만 잘한다고 기업의 성과가 창출되는 것이 아니다.

(1) 팀원과의 협력을 통한 시너지 효과

기업이 아니라 하나의 팀이 있다고 생각해보자. 팀장의 역량이 아무리 뛰어나다 할지라도 팀장 혼자의 개인 성과보다는 팀 전체의 성과가 최소한 같거나 더 클 것이다. 물론 팀장 개인의 뛰어난 역량이 팀 성과를 창출하는 데 아주 중요한 요소이기는 하다. 하지만 팀원 개개인의 역량이 조금 부족하더라도 팀원 모두가 협력해서 창출되는 성과가 더 클 수밖에 없을 것이다. 역량 있는 팀장과 팀원들이 협력하게 된다면 시너지 효과에 의해 성과는 더 크게 나타날 것이다. 이런 모습이야말로 팀 운영의 가장 바람직한 모습이다.

팀장은 스스로 업무에 대한 전문 역량을 갖추고 있어야 하는 것은 당연하며, 대부분의 회사 업무가 시스템으로 이루어지기 때문에 여러 사람과의 협력을 이끌어낼 수 있는 리더십 역량도 필수다. 조직에서는 생각보다 혼자만 잘해서 얻을 수 있는 일들이 그렇게 많지 않다는 것을 느꼈을 것이다. 혼자만 잘한다고 이루어지는 일이 많지 않으므로 팀원 한 명 한 명이 중요할 뿐만 아니라 팀원들의 협력 또한 중요하기 때문에 무엇보다 팀장의 역할이 중요하다. 팀원과의 협력에 의해 달성된 팀 성과를 통해 팀장으로서 리더십이 드러나게 된다.

(2) 자율적 분위기 조성

팀장은 성과를 창출하기 위해 무엇을 해야 할까? 팀장은 팀의 목표가 무엇인지 명확하게 알고 있어야 하고, 팀원들과 목표 달성을 위해 함께 노력해야 한다. 동일한 목표에 대해서도 사람마다 다르게 해석할 수 있기 때문에 팀 목표를 명확히 정의하고 해석하여 공유하는 것이 무엇보다 중요하다.

팀장은 회사에서 팀에 할당한 목표와 방향성을 명확하게 파악할 수 있는 능력이 있어야 한다. 팀이 추진해야 할 목표가 명확하게 정의되어 있는지, 또는 실행해야 할 범위와 목표가 팀 역량과 비교하여 적정한 것인지, 실행하는 데 어떤 어려움이나 위험이 예상될 것인지 등을 파악할 수 있어야 한다. 그리고 팀원들이 개인의 목표를 달성할 경우 성취감을 느끼고 스스로 성장했다고 느낄 만한 목표로 구성되어 있는 업무인지도 파악할 수 있어야 한다.

목표를 분명하게 정의하여 팀원들과 공유했다면, 팀원 개개인들이 성과를 낼 수 있도록 일을 적정하게 맡겨야 한다. 팀원의 업무 배분은 현재 상황과 역량을 고려하여 너무 많아도 안 되고 너무 적어도 안 된다. 지나치게 높거나 낮은 성과를 기대하는 것도 좋은 방법이 아니다. 개인 각자의 역량에 적정하도록 업무를 배분하는 것도 팀장의 역량이며, 맡은 업무를 잘 진행할 수 있도록 관심 있게 살펴야 한다. 관심 있게 살핀다는 것이 간섭이나 방해가 되지 않도록 주의할 필요가 있다.

팀장이 팀원들에게 해줄 수 있는 가장 큰 역할은 무엇보다 신나게 일할 수 있도록 분위기를 조성해주는 일일 것이다. 자율적 분위기는 팀원들이 맡은 업무를 가장 잘할 수 있도록 업무에 대한 열정과 동기를 부여하기 위한 방법이다. 업무 진행 중에 문제가 될 만한 것을 예측하여 제거해주거나, 앞으로 어떤 일이 진행될 것인지 알려주는 등 업무를 통해 달성했을 때의 성취감을 스스로 느낄 수 있도록 자율적 분위기를 만들어준다면 신나게 일하지 않을까? 누구나 신나게 일한다면 일에 대한 성취감도 느끼고 성과가 좋을 것이기 때문이다.

또한 그 어떤 의견이라도 말할 수 있는 자율적인 팀 분위기를 조성하는 데 관심을 기울여야 한다. 팀장들은 다양한 의견이 나올수록 팀 분위기가 좋아질 것이라는 믿음을 잊지 말아야 한다.

3
팀 성과를 위한 리더십코칭

회사는 종종 팀 여건이나 팀원들의 역량 등과 같이 팀 상황을 고려하여 업무를 할당하기보다는 훨씬 높은 수준의 성과를 창출하기를 기대한다. 하지만 회사가 기대하는 과도한 요구로 인해 문제가 발생하곤 한다. 높은 수준의 실적을 충족하기에는 주어진 예산이나 인력은 늘 부족하기만 하고, 시간도 항상 부족하다.

팀장은 회사가 기대하는 높은 수준의 성과를 달성할 수 있도록 현명하게 대처해야 한다. 회사의 기대에 부응하기 위해 팀장이 잘못된 길로 간다면 옆에서 코칭해줄 필요가 있다.

(1) 명확한 목표 설정

팀의 존재 이유와 달성해야 할 목표가 명확하다면, 팀원들이 하나로 협력할 수 있는 계기가 될 수 있다. 일반적으로 팀원들이 뭉치지 않는 것은 팀의 목표가 불분명하거나, 팀의 목적과 팀원의 목적이 다를 경우에 발생한다. 팀 목표가 명확하더라도 달성하기에 너무 높은 목표이거나 오래 걸린다면 달성하고자 하는 의지가 줄어들 수도 있다. 달성해야 할 목표가 팀원의 역량에 비해 너무 낮은 경우에도 달성하고자 하는 의지가 생기지 않을 수 있다. 그렇기 때문에 목표 설정은 매우 중요하다. 목표는 명확해야 하고 달성해야 할 수준 역시 적정해야 팀원들의 의지를 자극한다.

팀장은 주어진 목표를 달성해야 한다는 의무와 책임감으로 팀의 자원을 고려하지 않고 자칫 잘못하다가 팀원들에게 무리한 요구를 하게 된다. 팀장은 팀에 주어진 업무 목표가 어떤 의미를 갖고 있으며, 목표 달성 시 팀을 비롯한 기업이나 팀원에게 어떤 기대효과를 가져다줄 수 있는지에 대해 명확히 제시해줄 수 있어야 한다. 그리고 이것이 가능하도록 코칭한다. 팀장은 목표를 명확히 하도록 하며, 목표를 달성했을 경우에 팀이나 팀원들에게 좋은 성과를 가져다줄 것이라는 확신이 생길 수 있도록 코칭한다. 팀장의 목표

설정에 팀원들이 모두 동의할 수 있다면, 팀원들과 함께 해결할 방안을 찾을 수 있을 것이다.

예를 들어, 주어진 목표가 너무 크고 높다면 목표를 세분화하여 작은 목표를 여러 개로 세분화한다거나 1단계, 2단계 등의 단계별 목표로 수정하여 추진하게 한다. 그것도 여의치 않은 상황이라면 수행 기간이나 예산 등을 조정함으로써 목표를 달성할 수 있도록 변경이나 지원해줄 수도 있다.

팀이 수행해야 할 과업이나 목표가 아무리 중요하다 하더라도 팀원의 마음을 헤아리지 않는다면 팀장은 무리한 요구를 하게 되고 팀원들은 불만이 쌓이게 될 것이다. 무리한 요구가 계속된다면 업무에 도전하여 성취하겠다는 생각보다는 오히려 포기하는 쪽으로 갈 가능성이 크다. 팀장이 팀의 상황을 살피지 않고 무리한 요구를 하지 않도록 하는 코칭이 필요하다.

(2) 적정한 업무 할당

팀에 주어진 과업 수행 시 사람이 하는 일이기 때문에 완전히 똑같이 공평하게 배분할 수는 없을지라도 개인별로 적정한 업무 할당도 중요한 부분이다. 팀장은 중간관리자라는 모호한 위치 때문에 상사의 마음과 부하인 팀원의 마음 모두를 만족시키면서 성과를 내야 하는 어려운 자리다.

팀장이 성과와 상사의 마음에 집중한 나머지 팀원들의 상황을 고려하지 않고 독단적으로 결정하는 경우를 종종 보게 된다. 팀원들의 노력과 에너지를 지나치게 요구한다면 문제가 생기기 마련이다. 문제가 발생하지 않도록 코칭이 필요한 순간이다. 팀장은 전체 주어진 업무를 세분화하여 팀원의 상황이나 역량, 그리고 수행 기간 등을 고려하여 업무를 적정하게 배분할 수 있어야 한다.

팀장은 팀 목표를 명확하게 정의할 수 있어야 하고, 목표를 팀원들과 공유해야 하며, 팀원에게 업무를 적정하게 할당하기 위해 세분화할 능력도 있어야 한다. 팀장이 주어진 팀 과업에 대해 잘 모르거나 전체적인 큰 그림을 고려하지 않고 할당한다면 문제가 발생한다. 미래에 어떤 일들이 발생할지 예측하지 못한다면 과업이 잘못 할당되어 어떤 팀원은 과도한 업무로 시달리게 되고 어떤 팀원은 업무가 없어 쉬게 되어 팀원들 간의 협력과 소통에도 문제가 발생할 수 있다.

팀 과업을 시작하기 위한 계획 초기에 팀원들과 합의된 목표가 일정대로 잘 진척되고 있다면, 팀원을 믿어주는 것도 필요하다. 과업에 대한 전문가이거나 완벽주의 성향을 가진 팀장일수록 팀원을 못 믿는 경향이 강하다. 노파심에 혹은 더 큰 성과에 대한 욕심 때문에 팀원에게 전적으로 맡기지 못하는 것이다. 팀원이 훌륭한 성과를 낼 거라고 믿어주는 것만으로도 최고의 성과를 창출할 수 있다.

사람은 자신이 스스로 선택하고 결정한 일에 대해 열심히 하려는 본능이 있다. 게다가 누군가 믿어주기까지 한다면 최선을 다하려고 노력할 것이며, 노력한 결과에 대해 성취감 또한 느낄 수 있을 것이다.

(3) 팀원의 성장을 적극 지원

팀장은 팀 성과를 가능한 한 많이 내어 조직 성장에 기여하고, 팀장 자신도 조직에서 인정받기를 원한다. 인정받기 위해서는 끊임없이 공부하고 노력해야 한다. 팀장 혼자만 잘한다고 성과가 잘 나오는 것이 아니라는 것을 알기에 팀원 각자가 마치 자기 일처럼 최선을 다해 수행해주기를 바라게 된다. 팀원들도 마찬가지다. 팀원들 역시 목표 달성이 팀 성과로 인정받는 동시에 팀원 개개인의 성과로 인정받기를 원한다. 수행한 실적이 성과로서 인정받고 성장하기를 원한다. 물론 사람에 따라서는 조직에서의 인정이나 일에 대한 성취감, 역량 향상에 관심이 없다는 사람도 있을 수 있다. 하지만 관심이 없다고 하는 대부분 사람들도 허심탄회하게 얘기해보면 관심이 없는 것이 아님을 알 수 있다.

그렇기에 팀원들을 끊임없이 살피고 도와주는 팀장이 되도록 노력해야 한다. 팀원들이 진정 바라고 원하는 것이 무엇인지 살피는 것이 중요하다. 팀장은 팀원들의 말이나 행동 하나하나를 살피고, 팀원과의 소통을 위해 끊임없이 노력해야 한다.

팀원 모두가 최소한 자신의 분야에서 전문성 있는 역량을 갖출 수 있도록, 즉 성장할 수 있도록 도와줄 때 우수한 성과를 창출하는 팀장이 된다. 우수한 성과를 창출하는 팀장이 되도록 코칭한다면 리더로서 성장할 수 있다.

4

상황별 리더십코칭 사례

기업에서 최소 조직이라 하더라도 팀은 매우 중요하다. 팀의 성과가 곧 기업의 경쟁력으로 나타나기 때문이다. 팀 성과에서 팀을 대표하는 팀장은 매우 중요하다. 팀장이 팀을 어떻게 이끌고 가는지에 따라 팀의 성과가 천차만별로 달라지고, 팀 성과에 의해 기업의 성과가 달라질 것이기 때문이다.

결국 팀장 리더십은 기업의 경쟁력을 좌우하는 요소이므로 팀장을 위한 리더십코칭은 중요할 수밖에 없다.

팀장이 조직이나 팀원 등 다른 것에는 관심 없이 오로지 승진만을 목표로 한다거나, 하루빨리 성과를 내고 싶어 의욕만 충만한 초보 팀장, 그리고 혼자 모든 것을 처리하려는 독불장군 같은 팀장 등 다양한 상황에서의 팀장 리더십코칭 사례들을 살펴보자.

(1) 승진하고 싶은 경우

우리는 주변에서 가끔 승진하고 싶어서 실적에만 올인하는 팀장(리더)을 보게 된다. 그들은 아마도 목표지향적 리더십의 성향을 나타낼 가능성이 크다. 한국인의 리더십은 과제지향형에 가깝다고 할 수 있다. 이들은 조직의 목표 달성을 위해 사람보다는 과업이 우선으로, 목표가 주어졌을 때 팀원이나 주변 동료를 돌아볼 시간 없이 오로지 앞만 보고 달리는 경우가 많다.

사례 ///

A팀의 팀장은 팀장 보직을 맡은 지 얼마 안 되었으나 승진하고 싶어 했다. 선배들을 봤을 때, 일반승진이 아니라 특별승진이나 발탁으로 승진하는 경우가 종종 있는 것을 보면서 욕심이 생겼다. 때마침 A 팀장이 맡은 직무가 회사에서 중요하게 생각하는 주제였기 때문에 올해가 승진할 수 있는 절호의 기회라고 생각했다. 팀원들도 이번 업무가 사회적 이슈에도 적합하고 시장도 점차 확대될 것으로 예상되고 있기 때문에 솔루션을 잘 만들기만 한다면 사업성도 있어 보여 모두가 열심이었다.

일반적으로 솔루션이 하나의 상품이 되기까지 여러 단계를 거치기 마련인데, 그중에서 무엇보다 중요한 것은 관련 부서와의 의견수렴과 협력이다. 개발부서에서 '핵심모듈'

을 잘 개발했다 하더라도 '솔루션'이 되기까지 연결된 모듈이나 부품 및 기능들이 통합되어야 하기 때문에 타 부서와의 협력은 필수다. 솔루션이 만들어지고 나서도 다시 상품화하는 과정을 거치고 나서야 '완성품'으로서 시장에 출시될 수 있다. 개발부터 완성품을 만들고 출시되어 운영되기까지 여러 부서와의 회의를 통해 의견을 조율하고 합의하고 결정해야 할 안건 등이 무수히 많다.

A팀 팀장은 승진하고 싶은 마음이 너무 강하여 정작 개발팀장으로서 개발하고 있는 핵심모듈에 집중하기보다는 만들어질 솔루션의 결과 보고에만 관심이 있었다. 그러다 보니 빈번하게 상사에게 보고했고, 똑같은 내용을 형태만 변경하여 보고서를 작성하게 되었다. 상사에게뿐만 아니라 점차 사업부서나 외부에 홍보하는 횟수가 증가했다.

만들어질 솔루션이 외부에 어떻게 활용될 것인지를 홍보하는 것도 중요한 일이긴 하지만, 같은 내용을 형식이나 형태만 다른 보고서로 작성하느라 정작 중요한 핵심모듈이나 솔루션에 집중할 시간이 부족했다. A팀 팀원들은 개발과 관련하여 토의하고 연구하면서 상품화하기까지 핵심모듈을 포함한 솔루션을 집중하여 개발하고 싶어 했으나, 팀장은 여전히 외부 홍보에만 관심이 있었다.

불필요한 보고서 작성 횟수를 줄여 개발시간을 확보해줄 것을 요청했으나 수용되지 않았으며, 팀장은 자기 생각을 바꾸려 하지 않았다. 개발이 진척되지 않아 내용은 그대로인데 형식만 다른 보고서 작성에 팀원들은 점차 지쳐갔으며, 팀장과 마찰이 생기기 시작했다.

팀장은 팀장대로 계속되는 회의로 팀장 혼자만 뛰어다니느라 바쁜데도 팀원들이 자기 생각을 이해해주지 않는다며 불만이었고, 타 부서와 협력도 안 되어 개발이 지연되는 등 총체적인 문제가 발생하고 있다고 고민을 털어놓았다. A팀 팀장에게 어떤 코칭이 도움이 될 것인가?

팀장과 팀원 모두 개발 초기에는 시장이 원하는 핵심 솔루션이 개발될 것이라는 기대로 솔루션 개발에 열심이었으나, 팀장의 승진 욕심이 과해지

면서 개발보다는 팀장 자신만의 실적에 집중하기 시작했다. A팀 팀장은 본인의 승진이 너무 중요하여 팀 업무의 목표와 팀원 상황을 살피지 않은 것이 문제가 된 것이다.

일이 많아진 팀원들은 밤새워 일하는 날이 많아졌는데, 밤새워 일하는 이유가 솔루션 개발 때문이 아니라 보고서 작성 때문인 것이 더 큰 불만이었다. 팀장이 상사에게 보고할 보고서 작성을 위해 개발 구성도나 프로세스의 그림들을 예쁘게 그리기 위해 밤을 새웠다. 글자 폰트나 색깔을 변경하고 문구를 조정하는 등 보고서 내용은 변한 것이 없는데, 수시로 보고 형식을 변경하느라 밤늦게까지 일하는 날이 많아진 것이다.

폰트 변경 같은 의미 없는 일로 밤을 새느라 자연적으로 솔루션은 더디게 개발되었고, 일은 많아져 팀원들이 많이 지쳐 있다는 것을 팀장에게 알려주었다. 팀장에게 개발 초기에 열심히 하던 팀원들이 지금 왜 이토록 지쳐 있는지에 대해 다시 생각해볼 것을 권고하면서, 팀장만 열심히 한다고 우수한 성과가 나타나는 것이 아님을 주지시켰다.

팀장과 팀원이 같은 목표를 향해 추진할 때 팀 시너지 효과를 기대할 수 있음을 일깨워주면서, A팀의 목표와 방향성이 무엇이었는지 다시 생각하도록 했다. 다행스럽게도 A팀 팀장은 이와 같은 코칭을 받아들였다.

나중에 A팀 팀장으로부터 들은 바로는 불필요한 보고서 작업을 줄이고 원래의 계획대로 솔루션 개발에 집중하여 성공적으로 개발되었을 뿐만 아니라 CEO 대상까지 받았다고 한다. 팀장이 간절히 원하던 승진은 못 했으나 바로 위 상사가 승진하는 좋은 결과를 얻었다고 했다. 이를 계기로 팀장의 개발능력과 팀원 관리능력까지 인정받아 핵심 업무를 맡게 되었으며, 현재는 팀원들도 잘 따라주고 있다고 하면서 기뻐했다.

- 업무수행 과정이 팀 목표와 방향성에 적합한지 수시로 확인한다.
- 업무수행 결과가 팀장만의 성과가 아닌 모두의 성과가 되도록 노력한다.
- 업무를 수행함으로써 팀장과 팀원 모두가 역량 향상의 계기가 되어야 한다.

(2) 의욕만 충만한 경우

사례

새로 팀장 보직을 받은 B 팀장은 B팀에서 근무하다가 갑작스럽게 팀장이 되었다. 일반적으로는 부장 중에서 팀장이라는 보직을 부여하는 것이 회사의 관례지만, 아주 가끔은 차장에게 팀장을 맡기기도 했다. B팀에서 추진 중이던 사업의 연속성 때문인지, 아니면 뛰어난 능력을 인정받은 것인지는 모르겠으나, B팀에 팀장이 공석이 되면서 차장이 팀장이 된 것이다.

처음 관리자가 되면 의욕이 넘치기 때문에 종종 지나치게 욕심을 부리는 경우가 발생하곤 한다. B 팀장도 비슷한 경우였다. 부장으로 승진하지 않은 차장 상태에서 팀장을 맡았기에 조금의 성과만 낸다면 바로 부장으로 승진될 것을 기대했고 의기양양해 있었다.

B 팀장은 그동안 진행하던 C 사업을 끝까지 문제없이 출시하여 상사나 조직의 기대에 부응하고 싶었고, 관리자로서의 능력도 인정받고 싶은 욕심이 생겼다. B팀 팀원들은 모두 그대로였기 때문에 각자의 책임과 역할(R&R)이 있는 상태로서 C 사업의 출시를 앞두고 있어서 업무가 많았다. 문제는 팀장이 빨리 성과도 내고 싶고, 팀장으로서 능력을 인정받고 싶은 마음에 팀원과의 의견 조율 없이 팀장이 차장 시절에 맡고 있던 업무를

쪼개서 팀원들에게 할당한 상태라 팀원들에게 과중한 업무가 부과되었다. 게다가 새로운 일을 추가로 계속 만들었다.
기존에 추진하던 C 사업의 출시가 막바지였기 때문에 수시로 처리해야 할 작업이 많은 상태에서 D를 새롭게 개발하자고 했다. 팀장이 제안한 D를 개발하기 위해서는 사업을 기획하고 개발하기 위한 기획자와 개발자 등이 필요함에도 현재 팀원 이외의 인력이나 추가 예산 없이 추진했다.
C 사업은 B팀에서 오랫동안 개발하고 수행해왔던 업무이고, 출시 막바지라 바쁘기는 해도 B 팀장과 팀원들 역시 내용을 아주 잘 알고 있었던 덕분에 각자의 역할에 충실했다. 하지만 B 팀장이 제안한 D 개발에 대해서는 팀원 중에 그 내용을 아는 사람이 거의 없었으며, 어떻게 해야 할지 시작도 하지 못하고 헤매고 있었다. 그러다 보니 개개인이 맡아서 처리해야 하는 업무는 계속 늘어났으며, B 팀장은 빨리 성과를 내고 싶은 마음에 팀원들을 다그치게 되었다.
B팀 팀장은 그동안 진행했던 C 사업의 성공과 새롭게 제안한 D 개발이 잘될 경우 B팀에 유익할 거라는 순수한 마음에서 출발했겠지만, C 사업의 출시를 앞둔 중요한 시기에 팀원들은 물론이고 팀장조차 D 개발에 대해 잘 몰라 기획하는 작업에 시간을 뺏기다 보니 C 사업에도 영향을 주었다. 조급한 마음에 점차 팀원들의 휴가나 출장 등 복무 하나하나까지 제한하고 관리하면서 팀원들과 마찰이 생겼다.
팀장은 잘 추진되고 있던 C 사업조차 왜 지연되고 있는지를 답답해했고, 팀장이 제안한 D는 개발만 잘하면 성공할 수 있을 거라고 생각했는데, 전혀 진척이 없는 것을 보고는 팀원들이 의욕도 없고 게으르다고 하소연했다. 이런 경우에는 어떻게 코칭해주는 것이 효과적일까?

B팀 팀장은 원래 B팀의 팀원이었기 때문에 업무를 새로 파악하거나 팀원과의 관계 등 새롭게 적응해야 하는 어려움은 없었을 것이다. 또한 C 사업도 그동안 B팀이 계속해오던 업무였기 때문에 큰 문제만 발생하지 않는다면

잘 추진될 거라 생각했을 것이다. 별문제 없이 잘 진행되고 있다고 생각한 일들이 한 달, 두 달 시간이 지나면서 점차 문제가 드러나기 시작한 것이다.

B 팀장이 팀원으로 있을 때는 개인에게 할당된 업무만 잘 수행하면 되었으나, 팀장이라는 자리는 조직을 이끌어야 하는 리더로서 팀 업무에 대한 전체적인 이해가 필요하고, 조직이 원하는 방향으로 성과를 낼 책임이 있다. 따라서 팀장이 새롭게 D 개발을 추진하고 싶다면, 팀 전체 예산과 인력, 일정, 팀원들의 전문성과 타 부서와의 협력 관계 등을 종합적으로 고려해야 한다. 성과를 빨리 내고 싶다는 조급한 마음과 팀장이라는 리더 경험이 부족하여 미처 이 모든 것을 고려하지 못했을 것이다.

팀장은 현시점에서 B팀에게 가장 중요한 목표와 방향성이 무엇인지를 인지하는 것이 미흡했다. 열심히 추진했으나 의욕만 넘쳤다. 새로운 개발이나 사업을 시작할 때는 철저한 기획이 중요함에도 이를 간과했으며, 팀원들의 마음을 헤아리지 않고 업무를 추진하려던 욕심에서 탈이 난 것이다.

B 팀장에게는 이와 같은 문제가 왜 발생했는지, 또는 어떻게 대처하면 좋을지를 고민함과 동시에 팀장 혼자만의 의욕으로 성공적인 성과가 나오기 어려움을 코칭했다.

B팀 팀장의 경우와 같이 원래 소속된 팀에서 새로 팀장이 된 초보 팀장의 경우이든, 아니면 기존 팀장이 새로운 부서에 발령받은 경우이든 관계없이 팀장이 처음 할 일은 팀이 달성해야 할 목표를 재정의하고, 재정의된 팀 목표를 팀원들과 공유하는 시간이 필요하다는 것을 이해시켰다. 팀원들과 하나로 결집된 공유된 목표 없이 팀장의 의욕만으로 성과를 내기는 어렵기 때문이다.

- 업무를 시작할 경우, 팀 목표를 새롭게 정의하고 팀원들과 공유한다.
- 새롭게 정의된 팀 목표와 역량을 고려하여 업무를 계획한다.
- 팀 목표와 방향성에 대해 중간중간에 수시로 확인한다.

(3) 혼자 모든 것을 결정하려는 경우

조직에서 처음 보직을 맡게 되면(팀장이 되면) 의욕이 앞서게 된다. 크건 작건 간에 팀 또는 부서의 장이라는 것은 그동안의 업무 성과와 능력을 인정받았다는 것이기에 기분도 좋고 설렘도 생긴다. 조직으로부터 인정받았으니 잘해야 한다는 중압감에 두려움이 생길 수도 있을 것이다. 때로는 적당한 설렘과 두려움을 갖는 것이 좋을 수도 있으나, 지나치면 문제가 발생하게 된다. 무엇이든 과욕은 금물이다.

새롭게 구성된 팀에 발령을 받았든지, 아니면 기존에 있던 팀에 팀장으로 발령받았든지 간에 이제부터는 조직의 리더로서 책임감을 갖고, 새로운 환경에 적응하기 위한 연습과 관리자로서의 능력을 인정받기 위한 노력도 해야 한다.

초보 팀장은 종종 모든 것을 혼자 결정하려 해서 문제가 발생한다. 팀장이라는 보직을 처음 받았기에 권한과 책임을 모두 위임받았다고 생각해서 회사에서 이루어지는 모든 의사결정을 혼자 마음대로 결정하는 실수를 하곤 한다.

사례

F팀은 상용 서비스 중인 IoT(Internet of Thing; 사물인터넷) 모니터링 플랫폼에 신규 기능을 추가하고, 분산되어 있던 시스템들을 하나로 통합하는 플랫폼을 계획했다. F팀 팀장은 IoT 모니터링 플랫폼 개발에 자신이 있었다. 무엇보다 팀장 자신이 IoT 기술을 전공했을 뿐만 아니라 오랫동안 IoT 플랫폼을 개발해왔기 때문에 본인이 최고라는 자신감으로 모든 것을 혼자 결정하려고 했다.

통합 플랫폼을 개발하기 위해서는 여러 부서의 협조가 필수다. IoT 단말을 통해 수집되는 데이터를 서버나 클라우드(cloud)로 송신하려면 통신부서의 협조가 필요하고, 플랫폼에는 여러 단위의 시스템이 존재하기 때문에 이를 관리하는 여러 IT 부서의 협조도 필요하다. 이번 개발은 고객이 사용 중인 상용 플랫폼에 기능을 추가하는 시스템으로 개발되기 때문에 기존 시스템을 관리 운영하는 부서의 협조도 필요한 상황이다. 그뿐만 아니라 사용되고 있는 상용시스템에 바로 통합해야 하기 때문에 UI/UX(User Interface/User Experience) 역시 중요하다. 다양한 종류의 빅데이터가 수집되기 때문에 데이터의 수집이나 분석 방법, 인공지능 모델을 개발하기 위한 사외 전문가의 의견도 필수다. 프로세스 하나하나를 테스트하면서 관련 부서의 담당자들과 의견을 조율하고 토론하여 최적의 방법이 선정되도록 개발해야 한다.

상용시스템의 신규개발도 어렵지만, 기존 시스템의 업그레이드 개발은 그만큼 고려해야 할 사항도 많고 협조를 받아야 할 부분도 많다. 그런데 F 팀장은 본인이 전문가라는 생각에 관련 부서와의 협의를 생략하고 혼자 결정하는 경우가 빈번하게 발생했다. 운영부서에서는 신규기능 개발로 인해 기존 서비스에 문제가 발생한다며 항의가 들어오고 있었으며, 전체 플랫폼 개발 일정이 지연되는 등의 문제가 발생했다.

F 팀장의 독단적 결정으로 인한 문제가 시스템 개발 영역에만 국한된 현상은 아니었다. 중요 회의 일정은 물론이고 팀 회식 날짜나 장소를 결정할 때도 팀원의 의견을 고려하지 않고 혼자 결정한 후에 일방적으로 통보하는 것이 습관화되어 있었다. 더 심각한 것은 회사 내 모든 사람에게 공지되는 내용조차 팀원들에게 전달하지 않아 팀원들은 한

참 뒤에 다른 팀원들에게 내용을 듣는 경우가 빈번해졌다. 이와 같이 여러 가지 복합적인 문제가 발생하고 있는 상황에서 팀장에게 어떤 코칭이 적합할까?

기업에서의 업무는 각 부서가 서로 유기적으로 연계되어 있기 때문에 어느 한 부서만 잘해서는 좋은 성과를 얻기 어렵다. 왜냐하면 기업은 시스템적으로 운영되기 때문이다. 플랫폼 개발처럼 큰 규모의 업무에서는 더욱 그렇다.

F팀 팀장은 IoT 모니터링 플랫폼 개발의 전문가라는 자신감으로 다른 사람의 의견을 무시했다. 설계부터 기능을 구현하고 테스트하는 모든 프로세스를 모두 혼자 결정함으로써 문제가 발생한 것이다. 더 좋은 플랫폼이 개발될 기회를 잃은 것이다.

한 사람의 생각보다 여러 사람의 생각이 모아질 때 더 좋은 시스템으로 발전할 수 있다. 또한, 시스템의 규모가 클수록 결정해야 할 사항들이 많아지기 마련인데, 결정하고 판단해야 할 순간마다 팀장의 결정을 기다려야 했기 때문에 계획보다 개발기간이 지연되고 있었으며, 팀원들뿐만 아니라 협조가 필요한 타 부서 사람들과도 삐걱거리기 시작했다.

더군다나 회사가 공식적으로 공지하는 내용은 그 내용이 사소할지라도 팀원 모두에게 공유되어야 한다. 팀원들이 마땅히 알고 있어야 할 정보가 공개되지 않는다고 느낀다면 하나의 팀이라는 팀워크가 깨질 수도 있다.

팀원 입장에서는 팀장 혼자 모든 것을 결정하기 때문에 팀장의 기술적 전문성은 인정하지만, 업무에 대한 의욕이 사라질 가능성이 크다. '의견을 내봤자 어차피 팀장이 결정할 테니까' 하면서 더 좋은 방법을 생각하지 않을 수도 있을 것이다. 또한, 시스템 개발 문제가 발생해도 '누구보다 팀장이 IoT

시스템을 잘 알고 있으니 잘 해결하겠지~'라는 생각으로 꼼꼼히 살펴보지 않아 더 큰 문제가 발생할 수도 있을 것이다.

혼자 결정하는 팀장의 독단으로 결국 문제없이 잘 추진되던 플랫폼 개발이 지연되었다. 더군다나 상용 플랫폼 개발 같은 대규모 프로젝트는 관련 부서와의 협력이 매우 중요하다. 팀원뿐 아니라 협력해야 하는 관련 부서와의 소통에도 문제가 발생한 것이다.

이와 같은 문제가 왜 발생했는지, 그 원인을 잘 생각해보라고 했다. F 팀장에게 다른 사람의 의견을 듣는 연습이 필요하다고 코칭했으며, 회사에서 공지되는 내용을 그때그때 팀원에게 공유해야 한다고 알려주었다. F 팀장은 기본적으로 IoT 플랫폼 개발 경험이 있는 전문가였기 때문에 다소 개발이 지연되기는 했어도 플랫폼 개발을 완성했다고 알려왔다. 개발 과정에서 다른 사람들의 의견을 듣기 위해 여러 번의 회의도 거쳤으며, 회의라는 과정을 통해 혼자 결정하는 습관도 점차 없어지고 있다고 했다.

- 회사의 공지사항 같은 정보는 즉시, 그리고 투명하게 공유한다.
- 사소한 내용이라도 다양한 의견을 듣는 것이 바람직하다.
- 의견수렴은 충분히, 그리고 최종 의사결정에 대해서는 팀장이 책임진다.

(4) 예스맨의 경우

초보 팀장의 경우 대표적으로 저지르는 실수 중 하나는 상사가 어떤 무리한 요구와 지시를 해도 수단과 방법을 가리지 않고 무조건 이행하려는 것이다. 초보 팀장뿐만 아니라 욕심이 많거나 우유부단한 성향을 갖고 있는 팀장에게서 이러한 현상을 자주 보게 된다.

사례

G팀 팀장은 승진하여 팀장으로 처음 발령받았다. G 팀장은 관리자로서는 첫해이지만 성과로 인정받고 싶었다. G 팀장의 직속 상사인 H 부서장 역시 성과에 대한 욕심이 큰 사람이었다. H 부서장은 올해 승진하고 싶은 마음이 간절했기 때문에 기존에 추진하던 업무로 만족하지 않고 새로운 사업으로 성과를 보여주고자 했다.

H 부서장의 목표를 알고 있는 G 팀장은 새로운 사업을 만들어야 했다. 새로운 사업 제안을 위해 시장동향 및 고객 니즈 조사, 기업의 핵심역량 등을 분석하여 새로운 서비스를 발굴해야 한다. 대략적인 서비스 모델이 생성되면 이를 기반으로 사업성 분석을 통해 비즈니스 모델이 완성된다. G팀에서는 고객과 기술, 국내외 시장 동향 등을 분석하여 서비스 모델을 만들고, 사업성 여부를 확인하기 위해 사업성을 분석해야 했다.

회사의 각 부서는 고유역할이 있으며, 그 고유역할을 가장 잘할 수 있는 구성원이 모인 곳이 부서다. 그것을 누구보다 잘 알고 있는 H 부서장이지만, G 팀장에게 서비스 모델 개발과 사업성 분석을 지시했다. 사업성 분석은 개발팀장인 G 팀장보다는 사업부서가 더 잘할 수 있는 영역이다. G 팀장 역시 사업부서가 더 잘할 수 있다는 것을 알고 있었지만, H 부서장의 지시였기 때문에 거절하지 못했다.

G 팀장은 팀원들에게 새롭게 발굴된 신규 서비스의 사업성 분석을 지시했다. 더군다나 개발자들에게도 사업성 분석 지식을 넓혀야 한다면서 매주 개인별로 돌아가면서 세미나를 열게 했다. 팀원들은 아이디어 수준의 서비스를 비즈니스 모델로 발전시키기 위해 연구하고 개발하면서도 매주 사업성 분석 세미나를 위한 공부도 해야 했다. 세미나에는 H 부서장이 참석하기 때문에 발표 자료도 만들어야 했다. 새로운 분야에 대해 알아가는 것은 즐거움일 수 있지만, 해야 할 업무가 쌓여 있는 상황에서 잘 모르는 분야

(사업성 분석)에 대한 세미나는 팀원들에게 큰 어려움이었다. G 팀장은 매주 부서장 앞에서 세미나를 진행해야 하는 팀원들의 어려움에는 관심이 없어 보였다. 아직까지 커다란 문제가 드러나지는 않았지만, 이런 상황에서 G 팀장에게 어떤 코칭이 적합할까?

G 팀장과 H 부서장 모두 일에 대한 의욕과 추진력이 넘쳤으며, H 부서장의 지시에 G 팀장은 이견을 제시한 적이 없다. 이견이 없다고 보는 것이 맞을 듯하다. 두 사람 모두 비슷한 성향에 의욕이 넘쳤기 때문에 아무 문제가 없었지만, G 팀장이 H 부서장의 모든 지시에 대해 거스르지 않고 그대로 수용하는 바람에 팀원들이 힘들다는 사실을 G 팀장은 모르는 듯하여 이런 상황에 대해 팀장은 알고 있어야 한다고 코칭했다.

새로운 업무가 생겼다고 기존에 하던 업무를 바로 없애기 힘들기 때문에 기존 업무도 계속하고, H 부서장이 추진하고 싶어 하는 새로운 사업도 진행해야 했다. G 팀장은 H 부서장의 지시에 반대(No)하는 사람이 아니었기 때문에 사업성 분석이 G팀에 적합한 업무가 아니라는 것을 알고도 매주 세미나까지 진행하라고 무리하게 요구했다.

G 팀장은 회사의 각 부서는 각자 잘하는 역할이 있기 때문에 사업성 분석 같은 업무는 개발부서인 G팀보다는 사업부서가 더 적합하다고 H 부서장을 설득했어야 했다. 여러 사람이 고생했지만 G 팀원들이 분석한 결과에 대해 믿을 수 없다면 불필요하게 시간과 에너지를 소모한 것이며, 그로 인해 기존에 추진하던 업무에 차질이 생길 수밖에 없음도 인지하고 있어야 한다.

G 팀장에게 무엇이 팀에 가장 중요한 것인지를 고려해서 결정하라고 코칭했다. G 팀장은 팀원들의 업무 강도에 대해 수시로 파악했으며, H 부서장의 지시가 왜 필요한 것인지, 지시를 따르게 되면 어떤 장점과 단점이 있

는지 등을 생각하기 시작했다.

- 조직에서 요구하는 팀 목표를 명확히 하고, 수시로 올바른 방향으로 가고 있는지 확인한다.
- 상사의 지시와 팀 의견 모두를 고려하여 의사결정을 한다.
- 팀 목표나 상사의 지시를 성공적으로 달성했을 경우, 예상 결과 및 성과를 팀원과 공유한다.

(5) 개성 강한 팀원이 있는 경우

팀장은 팀 성과를 책임지는 사람이다. 팀장이 팀을 어떻게 이끄느냐에 따라 팀 성과가 좌우되므로 팀장의 리더십은 그야말로 기업에 중요한 요소다. 팀장들의 흔한 고민 중 하나는 팀 성과에 집중하다 보면 팀원과의 관계가 어렵고, 팀원과 좋은 관계를 유지하려다 업무 성과에 문제가 발생하여 갈등하곤 한다.

팀장은 팀원들이 과업 수행을 통해 성장하고 만족을 느끼도록 하는 동시에 성과도 내야 하는 책임을 모두 갖고 있다. 이를 위해서는 팀워크를 유지하는 것이 무엇보다 중요할 것이다. 팀원 중에 개성이 강하여 도무지 어울리기 어렵거나, 팀의 목표나 방향성이 모호하여 팀을 하나로 모으기 어려운 상황에서의 코칭 사례다.

사례

I팀 팀장은 통신기반의 다양한 산업을 융합하여 신규 서비스를 기획하는 일을 맡고 있다. 다른 팀처럼 영상보안이나 농업 팩토리(Factory), 헬스(Health) 등과 같이 도메인(Domain; 산업 분야)이 정해져 있지 않은 상태여서 어느 영역에서 서비스를 기획해야 하는지 전혀 알 수 없는 상황이었다. 새로운 서비스를 발굴하라는 미션은 있었으나 어디서부터 어떻게 시작해야 할지 정해진 것이 아무것도 없는 상태였다. 산업 분야가 결정되지 않았기 때문에 팀의 역할과 책임(R&R: Role & Responsibilities)이 모호한 상황이었고, 연구소의 수석팀 역할을 했다. I팀 팀장은 연구소 전체의 기획업무도 해야 했고, 동시에 어느 한 분야의 새로운 서비스도 발굴해야 했다.
팀원들은 팀의 역할과 책임(R&R)이 명확하지 않았기 때문에 개인별 실적 없이도 시간을 보낼 수 있었다. 팀원들은 다양한 전공자로 구성되어 있었으며, 연구원들의 특성상 개성이 강한 사람들이다. 새로운 서비스 발굴은 각자가 가장 잘 알고 있는 전공 분야에서 발굴하기를 원했기 때문에 하나의 서비스로 발굴하기에는 거의 불가능한 상황이었다. I팀 팀장은 이러지도 저러지도 못하고 있었다. 이런 상황에서 팀장에게 어떤 코칭을 하는 것이 적합할까?

팀장에게 가장 중요한 것은 팀원과 함께 성과를 창출하는 것이다. 팀원들은 기계공학, 전자공학, 법학, 보건학 등을 다양하게 전공한, 개성 강한 사람들이라는 것을 인식하고 오히려 팀원들의 다양한 전공과 강한 개성을 활용할 수 있는 방법, 그리고 팀원들과 소통할 방법을 고민해볼 것을 코칭했다.

I 팀장은 새로운 사업이나 서비스를 발굴하기 위해서는 무엇보다 다양성이 중요하다는 것을 알고 있었기 때문에 열정적으로 일할 수 있는 팀 분위기만 잘 조성해준다면 좋은 성과를 기대할 수도 있을 것으로 생각했다.

I 팀장은 팀원들의 소통에 집중하기로 했다. 매일같이 팀원 한 사람과 커피를 마시며 그들의 의견을 들어주었다고 한다. 처음에는 냉소적이던 팀원들이 차차 마음을 열기 시작했으며, 점차 팀원 모두가 서로의 의견을 받아들이기 시작했다. 이때 "비콘을 활용하여 제공할 수 있는 서비스"가 발굴되었다고 한다.

비콘(Beacon)은 저전력 블루투스(BLE: Bluetooth Low Energy)를 활용한 스마트폰 근거리 통신기술로, 모바일 위치기반 서비스를 가능하게 해주는 기술이다. 비콘 단말기 근처로 스마트폰이 들어오면 비콘은 특정 아이디(ID: Identifier)를 보냄으로써 스마트폰을 가진 사용자에게 다양한 서비스를 할 수 있는 기술이다. 예를 들면, 사용자가 있는 위치를 찾아 모바일로 쉽게 결제하는 서비스나 메시지를 전송하는 서비스 등 한번 마음이 열리니까 팀워크가 좋아져서 다양한 아이템이 도출되었다. 도출된 아이디어를 서비스로 발전시켜 개발하고 사업화함으로써 CEO 표창까지 받았다고 한다.

팀장이 팀원 개개인의 요구사항과 이야기를 들어주고, 그들이 원하는 방향과 조직이 원하는 방향을 맞추려 노력했으며, 팀원과의 소통을 위해 한 명 한 명 의견을 수렴함으로써 열정적으로 일할 수 있는 분위기를 만들어준 것이 효과가 있었다. 팀원들의 강한 개성과 각기 다른 요구사항, 그리고 명확하지 않은 팀의 역할이라는 단점을 팀장의 리더십에 의해 오히려 하나의 목표로 집중시킴으로써 목표를 달성한 사례다.

- 작은 의견이라도 소중하게 듣는다.
- 팀원들과 지속적으로 소통하려고 노력한다.
- 팀원의 역량을 최대한 발휘할 수 있도록 분위기를 조성하는 것이 중요하다.

성찰질문

아래의 질문에 스스로 답해보시기 바랍니다.

1. 팀장은 어떤 리더십 유형을 나타내며, 우수한 성과를 만들기 위해 어떻게 코칭해주면 좋을까?
2. 당장 처리해야 할 팀의 업무도 많은데(팀장, 팀원 모두 바쁜 상황), 팀원의 성장을 위해 팀원 교육도 해야 한다면 어떻게 해야 할까?
3. 팀의 자율적 분위기 조성을 위해 팀장이 구체적으로 실천해볼 수 있는 것은 무엇일까?
4. 팀원이 주어진 업무가 버거워 힘들어하고 있다면(예: 업무추진 과정에서 문제가 발생했거나 팀원의 능력 부족에 의해 어려움을 느낄 경우) 팀장은 어떻게 대처하는 것이 좋을까? 팀원에게 어떻게 코칭해줄 것인가?
5. 팀원들이 서로 의견이 달라 다투고 있거나 일을 어떻게 처리해야 할지 몰라서 지연되고 있는 경우, 팀장도 어찌할 줄 몰라 헤매고 있는 상황이라면 어떻게 코칭하는 것이 좋을까?

참고문헌

남관희 · 윤수환. 『팀장은 처음이라』. 교보문고, 2020.

데이비드 도트리치, 제임스 노엘, 노먼 워커. 『길을 묻는 리더를 위한 리더십 지도』. 김광수 역,

시대의창, 2007.

박정민. “코칭리더십의 개념과 특징”. 2014. https://m.blog.naver.com/PostView.naver?isHttpsRedirect=true&blogId=parkstwo&logNo=220054954636

박지원, 「존경받는 리더의 숨겨진 비밀: 리더십 코칭」. 『LG Business Insight』 1133호, LG경영연구원, 2011. 2.

밥 애덤스. 『팀장 리더십』. 임태조 역, 위즈덤하우스, 2005.

테리 R. 베이컨. 『리더십의 정석』. 김근주 역, 비전코리아, 2013.

한태영 · 박수연. 「직무열의에 대한 성과코칭 및 팀 과업의 영향: 인사평가 효과성과 피드백환경의 매개역할」. 『한국심리학회지』 24(3), 2011.

Brian Neeley. “Beware of the 4Rs of Toxic Work Culture”. BusinessNews, 2022. 7. 7. https://biz.crast.net/adam-grant-to-job-seekers-and-business-leaders-beware-of-the-4rs-of-toxic-work-culture

박민희

5. 자기인식과 효능감 향상을 통한 여성 리더십코칭

"여성들에게는 아직 인지하지 못한 리더십 잠재역량이 아주 많다."

– 셰릴 샌드버그

❶ 최근 여성 리더십코칭이 필요해지는 이유

"여성 리더는 남성 리더에 비해 조직을 이끄는 것이 부족해."

이 말에 대해 동의하는가? 어느 부분은 타당하지만, 한꺼번에 일반화시켜 이야기하는 것은 부당하다는 생각이다. 지금까지의 여성 리더십에 대한 이미지는 돌봄, 유연, 공동체 지향적인 면이 부각되었다. 하지만 다각도로 펼쳐지는 사업 전개에서 위험을 회피한다는 평도 들어왔다. 이제 시대가 변하면서 바야흐로 부드럽고 유연한 장점을 뛰어넘어 여성들이 새로운 리더십을 발휘해야 할 때가 왔다.

게일 에반스는 『그녀가 성공해야 우리도 성공한다』에서 여성들의 팀플레이에 대해 "게임에 참여하라!"며 독려한 바 있다. 게임이 싫다면 승리도 기대하지 말아야 한다. 지금은 어느 때보다 여성들이 '비즈니스'라는 정글의 전투에 임함에 있어 전략적인 플레이어로서 조직을 승리로 이끌며 두각을 나타내는 것이 요구되고 있다. 여성들이 더욱 적극적으로 조직 내 중간 직책자 이상으로 성장해가며 리더십을 형성할 수 있도록 여성 리더들을 위한 코칭이 절실히 필요하다.

(1) ESG경영의 확대에 따라 여성 리더 수도 증가해야 한다

한국의 ESG경영은 아직까지 E(환경), S(사회) 중심으로 진행되고 있다. 그러다 보니 오히려 지배구조(G)의 중요성이 더 부각된다. 지배구조가 투명한 기업일수록 새로운 기업가치를 창출하고 주주 이익을 극대화할 가능성이 크기 때문이다. 특히 여성 임원의 비율이 투자를 받는 데 중요한 기준이 되고 있다. 1,559개의 회사를 조사한 결과 여성이 CFO를 맡고 있는 조직의 회계이익 질은 다른 조직에 비해 상대적으로 높다는 것이 확인되었으며, 이사회 구성원에 여성 리더가 포함될 경우 수익성 지표(총자산 순이익률, 자기자본이익률)가 향상됨을 알 수 있었다.

여성 리더를 육성하고 여성이 조직 내에서 리더로서 성장해가는 것은 여성 개인은 물론 기업의 지속가능 성장과 관련된 문제로 매우 중요하다. 전략컨설팅 펌 맥킨지에서 조직과 재무성과 간의 상호관계와 조사 대상 기업의 여성 관리자 수에 대한 대규모 연구를 진행했다. 그 결과 조직 차원의 리더십, 방향 설정, 책임경영, 동기부여 등 9개 주요 범주에서 3명 이상의 여성 임원을 둔 기업은 여성 임원이 전혀 없는 기업에 비해 모두 더 높은 점수를 받았다. 여성 리더십이 증가할수록 남성 리더들은 더욱 합리적인 의사결정을 내리게 된다. 한국의 경우 우머노믹스(Womenomics, 2019)에 따르면 남녀 고용률이 동등해진다면 GDP가 14.4% 늘어날 것으로 전망된다. 우리나라는 여성 리더의 비율이 매우 낮은 수준이다. 글로벌 헤드헌팅 기업인 유니코써치에 따르면 2022년 1분기의 우리나라 100대 기업 내 여성 임원 현황은 399명으로 그 전해(322명)에 비해 23.9% 증가했다. 이사회 내 여성 임원의 비율은 5.6%로 2019년 3.1%에 비해 향상되고 있는 추세이나 이코노미스트에서 조사한 OECD 국가의 평균은 25.6%로 여전히 낮은 수준이다.

(2) 조직 내 다양성, 형평성, 포용성의 가치가 높아지므로 여성 리더십이 성장해야 한다

최근 경영환경의 변화에 따라 조직 내 다양성도 증가하는 추세에 있다. 다양성을 추구하고 체계적으로 관리하는 조직이 그렇지 않은 조직에 비해 많은 강점을 갖는다. 유럽과 미국에서는 이를 주로 DEI(Diversity, Equity and Inclusion)로 설명한다. 이는 직장 내 다양성, 형평성, 포용성의 가치를 말한다. 인종, 성별, 학력, 국적, 문화, 종교, 세대, 성 소수성의 차이에 따라 차별받지 않고 다름 그 자체가 존중되는 일터 문화를 추구해나가자는 것이다. 우리나라의 조직 내 다양성은 아직까지 여성이 가장 큰 범주에 속하지만, 여성 리더가 조직의 성과에 긍정적인 영향을 미침에도 남성 중심적 조직 환경에서는 여성이 관리자나 리더의 지위에 오르기가 수월하지 않다. 여성이 리더로 성장하기 위해서는 조직문화가 중요한 역할을 하기 때문이다.

최근 대기업을 중심으로 '여성리더십센터'를 설립하고 이를 통해 팀장급 여성 리더를 적극적으로 육성해가기로 하는 등의 변화가 이루어지고 있다. 팀코칭이 시스템적 코칭으로 확장되는 추세에 있는 점을 고려할 때 여성들이 리더십을 형성해갈 수 있도록 이러한 다양성 관점의 조직문화 변화에 대한 관점 전환이 필요하다. 조직 내 여성들의 성장과 리더십 발현은 최고경영자의 가족친화적 경영이나 여성 리더십에 대한 개발 의지에 의해 촉진되는 경향이 높기 때문에 이러한 육성체계를 적극 활용하는 것도 좋은 방향이다.

(3) 여성 리더들의 조직 내 성장에 대한 효능감 강화가 필요하다

'여성 리더의 리더십 효능감'에 대한 연구논문들에 따르면, 일반적으로 여성은 남성보다 실패에 대한 두려움이 크다고 보고하고 있다. 그리고 가이드라인(guideline)을 반드시 준수해야 한다는 생각을 더 많이 하는 경향을 보인다고 한다. 여성은 업무목표에 대해 자신의 개인적 성취보다는 이타적이고 공동체 지향적 목적에 더 집중하는 반면, 남성은 개인적인 성공에 더 집중하는 경향이 있다는 관점 때문이다. '리더 되기에 대한 여성의 소극성'과 '위험회피 성향', '부정적 평가에 대한 두려움' 등이 여성의 리더십 효능감 및 리더십 발휘 동기에 부정적인 영향을 미친다는 것이다.

조직 내 여성들이 중간 직책자 이상으로 성장해가기 위해 리더십을 형성하고 발휘하기 위해서는 리더로서의 효능감을 향상하는 것이 반드시 필요하다. 리더십 효능감과 리더십 발휘 동기의 남녀 차이에서 여성이 남성보다

뒤처진다는 연구는 최근 들어 성별의 차이라기보다 남성이 여성보다 리더십 경험을 더 많이 가지고 있기 때문이라는 방향으로 결과가 수정되는 추세다. 이는 여성일 경우에도 리더십 경험이 풍부하다면 리더십 효능감과 리더십 발휘 동기가 높을 수 있다는 해석이 가능하다.

이와 같이 여성 리더의 수요와 필요성 증가에 비해 여성 리더십의 성장과 구축을 위한 조직문화적 기반이 낮은 것은 물론 여성 스스로도 아직 준비도가 부족한 것이 사실이다. 이에 따라 여성들이 더욱 효과적으로 조직 내 리더십을 발현해갈 수 있도록 리더십코칭이 필요한 시기다.

2
성공적인 여성 리더십코칭을 위한 4H 전략

엔데믹 이후의 시대에 여성 리더들이 각각 속한 조직에서 발군의 실력을 발휘해갈 수 있도록 여성 리더십코칭의 효과성을 제고하기 위해 Head(전략), Heart(공감), Hit(강점), Hand(액션)이라는 4H 전략을 제시한다.

이를 통해 코치에게는 코칭에 대한 사전 준비와 설계를, 여성 리더들에게는 좋은 코칭 경험을 제공할 수 있으리라 기대한다.

첫째, Head 코칭은 리더로서 조직 내 포지션을 확대해갈 수 있도록 전략적 팀 개발을 돕는 것이다.

둘째, Heart 코칭은 공감을 바탕으로 여성 리더들의 리더십 효능감을 제고할 수 있도록 돕는 것이다.

셋째, Hit 코칭은 강점을 바탕으로 여성 리더들의 전문성 개발과 네트

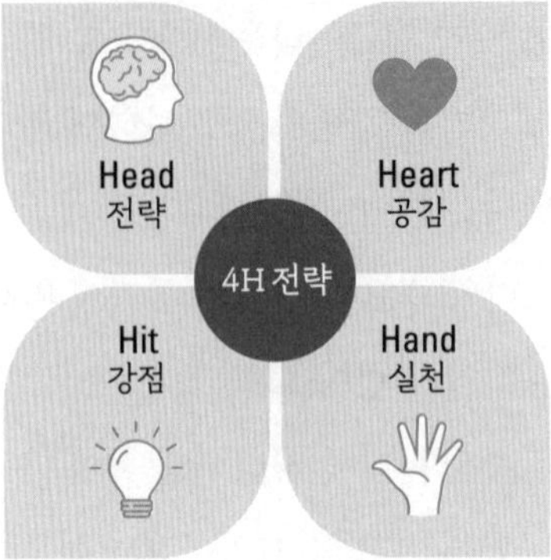

〈그림 1〉 효과적인 여성 리더십코칭을 위한 4H 전략

워크 촉진을 돕는 것이다.

넷째, Hand 코칭은 일상과 현실에서 실천해가는 구체적이고 실질적인 리더십 루틴과 실천계획 수립을 돕는 것이다.

(1) Head: 변화에 대한 직면을 통한 전략적 팀 개발

김 팀장은 새로 부임하는 CEO와 그 후 달라질 사업 전개에 대한 준비로 고민에 빠져있다. 경영기획과 관리를 중심으로 하던 부서들에 사업적 변신을 위해 사업 아이템에 대한 아이디어를 요구할 것 같기 때문이다. 자신의 역할에 대한 변화뿐 아니라 구성원들에게 언제쯤 얘기하면 좋을지 그 시점도 고려해야 한다.

미래 리더들에게 요구되는 역량에 대해 세계적인 다국적 기업인 존슨

콘트롤즈의 CEO 조지 올리버는 "성공을 위해서는 동질적이고 과거를 기반으로 구축된 팀보다 다양성이 있는 팀을 갖는 것이 필요하다"고 말했다.

또한 빌 샤프(Bill Shape, 2013)는 모든 리더십과 모든 팀이 세 가지 지평선을 고려해야 한다고 했는데 그것은 첫째, 평상시의 비즈니스 활동, 둘째, 내일을 위한 혁신, 셋째, 근본적인 변화를 위한 미래 전망이다. 미래 리더에게 요구되는 역량은 가보지 않은 길을 가는 '탐험심'이다. 이것은 지금까지 해오던 일을 미래를 위한 혁신으로 옮기는 힘이다.

흔히 여성들이 승진이나 새로운 사업 기회에 주저하는 모습을 많이 보이며, 주변의 평판에 더 신경을 많이 쓴다고 한다. 그러나 여성 리더들은 사업의 전환점이나 변화의 초기 단계에 전략적으로 포지션을 획득하며, 성공적으로 팀을 개발하는 적극적인 역량을 발휘해가기에 능력이 충분하다. 여성 리더들은 팀 결정에 영향을 미치는 의견 제시, 신중하면서도 미래지향적인 위험 감수를 감내하는 훈련, 더 자주 전략 미팅에 참가하고, 더 많이 정보를 확보하고 분석해내는 기회를 많이 갖는 것이 중요하다. Head 코칭 전략을 통해 환경의 변화에서도 두려움을 극복하고 팀의 다양성을 개발하고 관리하며 역할을 확장해갈 수 있다.

(2) Heart: 공감과 인정을 통한 리더십 효능감 향상

여성 리더들은 조직 내에서 보살핌, 공감 능력, 부드러움, 감정이입 등으로 대표되는 여성성이 더욱 가미된 리더십을 발휘할 수 있다. 최근 주목받고 있는 서번트 리더십, 변혁적 리더십, 상호작용적 리더십, 수평적 리더십, 공유 리더십 같은 민주적 형태의 리더십에 여성적 가치를 더하여 단순히 여성이 리더의 지위에 오르는 데서 더 나아가 조직과 시스템을 민주적이고 탈권위적으로 변화시키는 힘을 발휘할 수 있다.

이렇게 여성주의적 차원에서 본 여성들의 장점과 특성이 현재 조직의 변화 방향과 잘 맞아떨어지고 있는 면을 고려하여 리더십 효능감을 향상시키는 방향의 코칭이 필요하다. 리더십 효능감은 리더로서의 중요한 심리적 자산이다. 리더십을 실제로 발현하기 위해 일상에서 성공을 자주 경험해보는 것이 중요하다.

리더는 타고나는가? 아니면 길러지는가? 이 질문은 아직까지 유효하다. 미네소타대학의 한 연구에서 리더십에는 30% 정도의 유전적 결정 요인이 있고, 70% 정도가 환경적 결정 요인이 있음을 밝힌 바 있다. 리더로서 역할을 잘해낼 수 있다는 효능감을 리더 스스로 갖고 리더십을 발현하는 데 도움을 주는 다양한 활동과 인정을 코칭 전략으로 택함으로써 여성 리더들이 더욱 효과적으로 리더십을 향상시켜갈 수 있을 것으로 기대한다.

(3) Hit: 강점을 중심으로 한 전문성 개발과 네트워크 촉진

최근 강점을 발견한 사람들의 이야기가 소셜 네트워크에 심심치 않게 소개되고 있다. 개그우먼 김민경 씨는 이른바 '운동뚱'이라는 별칭과 함께 운동 예능 프로그램에 출연하면서 잠재되어있던 운동의 재능을 발견하게 되었고, 이를 전환점으로 삼아 국가대표 사격선수로 발탁되었다. 이어 '2022 국제실용사격연맹 핸드건 월드 슛'에 출전하여 전체 343명 가운데 168위, 여성 52명 가운데 22위에 해당하는 기록을 냈다.

또한 캄보디아 스롱피아비 씨는 우연히 당구장에 가게 되면서 재능을 발견하여 하루 10시간씩 맹연습으로 2014년부터 전국아마추어대회에서, 2018년부터는 세계선수권대회에서 매우 탁월한 성적을 내며 발군의 실력을 발휘하고 있다.

세계적인 여론조사기관인 갤럽이 142개국의 직장인을 조사한 결과 조직 내에 몰입되지 않은 구성원이 64%나 되며, 잠재력을 놓치는 구성원도 87%나 된다고 한다. 그러나 자신의 강점에 집중하며 업무를 처리하는 구성원은 그렇지 않은 구성원에 비해 무려 6배나 업무 몰입도가 높다고 한다.

감정노동을 하는 구성원들과 함께 일하는 최 센터장은 최근 감정과 상담에 대해 새롭게 공부하기로 하고 자격증과 학위 과정에 도전하고 있다. 같은 일을 하고 있는 외부 여성 리더들과의 네트워크를 통해 자신의 역량과 경력을 확장해가고 있다.

여성 리더를 코칭할 때 지금까지 조직 내에서 업무적으로 수행해온 분야 중 가장 잘할 수 있고 좋아하는 것이 무엇인지 질문하고, 이 영역을 자신만의 고유한 강점으로 지속 개발하는 것이 필요하다. 재능은 투자하지 않으면 강점이 되지 않기 때문이다. 또한 이를 통한 사내외 네트워크를 구축해가는 것도 리더십 형성과 개발에 좋은 방법이다.

(4) Hand: 구체적이고 현실적인 리더십 루틴과 실천계획 수립

행동경제학자 댄 애리얼리는 행복을 키우기 위해서는 일상에서 행복감을 증진할 수 있는 자기만의 행복 경험을 반복하고 지속하는 것이 좋다고 말한 바 있다. 마찬가지로 여성 리더들에게도 리더십 실천을 위한 루틴을 개발하고 지속하는 것이 필요하다.

여성 리더들은 가정에 대한 돌봄으로 자신을 위한 시간이 전혀 없는 경우가 많으며, 육아에 집중하기 위해 휴직하는 경우도 있다. 한 여성 임원은 인터뷰에서 가정과 육아 때문에 회사 일에 집중하지 못할 것 같아 여성 후배에게 과한 업무를 부여하는 것에 심리적 어려움을 느낀다고 고백했다. 리더는 의미를 만들어가는 사람이다. 또한 회사의 비전과 자신의 삶을 연결하여 담당 조직의 비전을 스토리로 재생산하여 조직 내외의 중요 이해관계자들에게 셀링하는 사람이다.

현실 리더들의 일상은 구성원들과 함께하는 모든 시간이라고 할 수 있다. 이것이야말로 성과가 창출되고 리더십이 머무는 공간이다. 리더로서 팀의 이야기를 일상에서 탄탄하게 살아있게 하기 위해 여성 리더들의 리더십 루틴은 매우 중요하며, 이것이 리더십의 실제라고 해도 과언이 아니다.

〈표 1〉 코칭 주제별 4H 전략

Head	Heart	Hit	Hand
• 새로운 사업이 론칭될 때 • 조직이 개편될 때 • CEO 등 리더십이 변경될 때 • 리더의 역할이 변화할 때 • 조직 간 업무가 중복될 때 • 조직 간 갈등이 발생할 때 • 사업 전략을 수립할 때 • 협업이 필요할 때 • 중요한 PT를 할 때 • 승진을 앞두고 있을 때	• 일하는 방식을 새롭게 수립할 때 • 구성원이 바뀔 때 • 구성원과 면담할 때 • 조직 운영 방식을 수립할 때 • 권한을 위임할 때 • 구성원을 육성할 때 • 커뮤니티를 운영할 때 • 리더로서의 자기인식 향상이 필요할 때	• 전문성을 찾을 때 • 경력의 확장이 필요할 때 • 새로운 학습 방법을 원할 때 • 외부 네트워크를 구축할 때 • 고유한 영역을 구축할 때	• 워라밸의 균형이 필요할 때 • 자신만의 리더십 철학이나 방법을 찾고 싶을 때 • 코칭 결과 실행계획을 구체화할 때 • 초임 리더로서 리더십 구축이 요구될 때

3

핵심 이슈 중심 여성 리더십코칭 사례

(1) 여성 리더들의 조직 내 성장 열망 높이기

여성 리더들이 직면한 실질적 도전과제 중 시급한 것은 여성들은 승진을 향한 경력 열망이 낮다는 오해를 극복하는 것이다. '경력 열망(career aspirations)'은 조직의 리더가 되겠다는 동기다.

많은 연구자들은 초급관리직 때부터 최고경영자의 수준에 이르기 위한 목표를 세우고 노력하는 것이 여성이 상위 직급으로 진출하는 데 가장 영향을 미치는 요인이라고 제시하고 있다.

사례 1 /// "언제까지 선배님들의 빨간펜 지도를 받아야 할까요?"

지금 부서에 배치받은 지 3년차입니다. 저는 계속 남자 선배의 보조업무를 하고 있고, 그 선배는 또 위 선임의 보조업무를 하고 있습니다. 하지만 제 남자 동기는 나름대로 자기 업무를 해나가고 있습니다. 저는 실제 한 달 기준으로 팀장님과 직접 업무 대화를 할 수 있는 기회가 거의 없습니다. 조금 무기력해진다는 생각이 들지만, 막상 주도적으로 업무를 하기 위해 제 목소리를 낸다는 게 엄두가 나지 않아요.

사례 2 /// "첫 번째 파트장 승진에는 성공했는데, 여자라서 시켜준 거라는 소문이 돌았습니다. 이제 팀장 이상으로 승진 준비를 해야 하는데 제 능력을 입증할 방법이 고민돼요."

묵묵히 자기 일을 하는 게 중요하지만, 더 위로 올라가고 싶기도 하고 또 너무 개인 승진에 포커스를 맞춘다고 욕먹지 않을까 고민돼요. 그렇지 않아도 수평조직을 지향하면서 중간직책자들의 포지션이 많이 없어지고 있는 상황에서 팀장이 된다는 건 하늘의 별 따기가 아닌가 하는 생각이 듭니다.

위의 두 사례는 이제 막 조직 내 업무를 시작한 주니어 여성 구성원과 중간직책자로의 성장 경로에 진입한 여성 리더의 고민이다. 두 사람 다 좀 더 적극적으로 업무에서 우위를 점하고 싶지만, 현실은 주도적으로 업무를 수행하는 데 어려움이 있고, 또 조직 내 평판에 대해 고민하고 있다.

린인(LeanIn.org)과 맥킨지(Mckinsey)가 발표한 「직장 내 여성 2019(Women in the Workplace 2019)」 보고서에서는 이러한 현상을 '부러진 사다리(broken rung)'라고 표현했다. 부러진 사다리는 승진 경로가 단절된 것을 의미하는데, 상위 직급으로 올라갈수록 남성에 비해 여성의 승진 가능 풀의 절대적인 수가 적은 것을 빗대어 표현한 것이다.

사례에서의 여성들과 같이 어떤 이유이든 업무나 승진에 대해 모호한 태도를 보이게 될 경우 경력 열망이 낮다고 인식하게 되며, 스스로 무기력해져 조직 내 목표 달성에 대한 노력과 의지가 약해지고 이로 인해 경력단절, 조직 이탈이 많아진다. 결과적으로 여성의 승진 비율이 낮아지게 되는 것이다.

① 코칭 전략: Head/Hit

무기력함을 극복하고 다음 단계로의 진입을 준비할 요소를 점검한다.

이 2명의 여성 리더가 정말 원하는 것은 주도적인 업무 처리에 대한 권한위임과 다음 단계로의 승진이다. 다른 사람들의 시선이 두렵지만, 때로는 이에 직면하는 용기가 필요하다. 나의 욕망에 솔직해지자. 그리고 무엇을 준비해야 하는지 실제 요건을 리스트로 만들어보자. 목표가 너무 크다면 작은 단위로 나누어서 한 가지씩 해나가는 것이 중요하다. 목표를 향해 실질적인 한 걸음이 중요함을 잊지 말자.

업무에 대한 전문성을 갖추고 미팅에서 프레젠테이션으로 보여준다.

만약 선배의 빨간펜 지도에서 벗어나고 싶다면, 나의 업무 완성도를 입증할 수 있는 전문성을 갖추고 주변에 알리는 것도 필요하다. 파트장에서 팀장이 되고 싶다면, 내가 어느 정도 리더로서 준비되어 있는지 보여주는 것이 필요하다. 여성 리더들이 흔히 갖는 증후군 중에 '사기꾼 증후군'이라는 것이 있다. 이것은 자신에게 10이 준비되어 있지만, 업무에서는 5~6 정도만 보여주는 것을 의미한다. 때로는 다소 뻔뻔해 보일 수 있지만, 내가 어느 정도 준비되어 있는지를 자주 드러낼 기회를 갖는게 좋다. 회사의 중요한 미팅에서 프레젠테이션이나 사회를 볼 기회가 있다면 자원해서 해보는 것도 좋은 방법이다.

목표지점에 깃발을 꽂겠다는 마음으로 끈기 있게 도전한다.

승진이 한 번에 통과되지 않을 수도 있다. 이에 대해 자존심이 상하고 실패에 대해 두려움이 있을 수도 있다! 하지만 한두 번의 실패로 포기하지 말고 재도전한다.

변화는 하루아침에 이루어지지 않는다. 토끼와 거북의 우화에서처럼 결국 꾸준히 노력한 거북이 토끼보다 먼저 목표지점에 도달하지 않는가!

② 코칭 질문

- 리더님이 정말 원하는 것은 무엇인가요?
- 승진한다는 것은 리더님에게 어떤 의미인가요?
- 업무에서 주도권을 갖게 된다면 어떤 점이 달라지나요?

③ 코칭 메시지

- 반영: 리더님의 성장을 향한 열망이 느껴집니다. 리더님의 말씀이 이해가 돼요. 계속 선배의 지도를 받기보다는 업무에서 PM을 맡고 싶다는 말씀이시죠? 제가 이해한 게 맞나요?
- 인정: 리더님의 말이 이해가 됩니다. 리더님은 주도적이고 용기 있는 분이시네요. 리더님의 이야기를 좀 더 해주세요.
- 공감: 아마도 리더님은 묵묵히 일하는 것도 중요하지만, 실제 승진도 원하고 있는 게 느껴져요. 이런 모습이 어떻게 보여질까 걱정도 됐을 것이 상상됩니다.

(2) 여성 리더들의 리더십 효능감 높이기

'리더십 효능감'이란 "조직성과를 위해 요구되는 행위, 자원, 수단, 동기 및 심리적 요인을 조직하는 것 같은, 리더십 행동에 관련된 리더 자신이 가진 신념"이다.

여성들이 경력 초기부터 리더십에 대한 경험을 많이 가질 수 있도록 노력하며 스스로 리더로서 인식해갈 때 더욱 향상되기 때문에 작은 단위의 업무라도 리더의 역할을 자주 해볼 수 있도록 노력하는 것이 중요하다.

사례 1 "저는 절대 꼰대 소리 듣고 싶지 않은데 그래도 조직에서 PM을 하다 보니 예전 선배들한테 배운 관리 노하우를 쓰게 돼요. 제가 밀레니얼 꼰대일까요?"

제가 정말 좋은 리더일까 고민을 많이 하게 돼요. 리더십 책도 많이 찾아보고, 교육도 받지만, 항상 실전은 어렵고 두렵습니다. 리더십을 잘 구축해가고 싶습니다.

사례 2 "여성 리더이기 때문에 주목받는 것이 불편합니다. 구색을 맞추기 위해 자리를 차지하고 있는 것인지 신경 쓰일 때가 많아요."

저는 스스로 열심히 노력해서 여기까지 왔다고 생각합니다. 굳이 여자로 보이지 않으려고도 노력해왔고요. 때로 우리 회사에 여성 인력은 몇 명이고, 그중 여성 리더는 어떤가 하는 특별히 주목하는 시선이 느껴질 때 오히려 리더십이 경색되는 느낌을 받습니다.

일반적으로 조직 내에서 리더의 평가는 성과와 리더십의 두 분야로 다루어진다. 개인에 대한 평가로 전환해보면 직무 전문성에 대한 역량, 리더십 발휘에 대한 리더십 평가를 받게 된다. 가시적이고 구체적인 성과로 드러나는 직무역량에 비해 리더십 역량은 팀 효과성, 리더십 평가 결과 같은 지표, 평판 조회 등과 같이 다차원적인 방법으로 평가해야 하기 때문에 리더 역할에 대한 경험이 적은 여성들은 좋은 평가를 받기 어려운 것이 사실이다. 지위특성이론에 의하면 이런 경우 평가자는 여성보다 남성에게 리더십 평가를

후하게 주는 성향을 보이는데, 그 이유는 여성들의 조직 내 지위가 남성에 비해 소수의 입장으로 약하기 때문이다. 여성들이 스스로 리더십에 대한 효능감을 높일 수 있는 실험실을 구축해보고 자꾸 연습해볼 기회를 갖는 것이 중요하다.

① 코칭 전략: Heart/Hand

담당 조직에 대한 운영 계획을 수립하여 적용해본다.

담당 조직의 운영 계획 안에는 당해 연도의 핵심 과제들, 일하는 방식과 문화에 대한 구축, 팀 학습 방법, 소통 방법, 평가 방법 등을 포함한다. 운영 계획을 구성원들과 함께 만들고, 계속 공유하는 것이 중요하다. 이러한 운영 계획을 통해 리더십 효능감을 높이는 실험을 해볼 수 있는데, 실질적으로 도움이 된다. 최근에는 단위 조직별 조직문화를 자율적으로 독창성 있게 만들어가는 것이 하나의 추세다. 여성 리더 스스로 담당 조직의 소통, 평가, 성과 관리 방법을 실험해볼 수 있는 좋은 기회로 삼아 다양한 시도를 해봄으로써 리더십 발휘를 점검할 수 있다.

자기 생각의 발코니와 루틴을 마련한다.

여성 리더로서 주목받을 때 잘해내야 하는 압박이 어깨를 무겁게 할 수 있다. 현실적으로 수가 적은 여성 리더로서는 각자의 위치를 지켜내는 것이 중요하다.

처음 불모지를 개척할 때의 어려움이 있지만, 또 그만큼 첫 열매를 취할 수 있다는 점을 잊지 말자. 최근 여성 임원들을 인터뷰한 결과, 자신만의 생각을 정리하는 리추얼과 루틴을 가지고 있는 경우가 많았다. 아무도 출근하지 않은 이른 아침 혹은 주말을 이용하여 집의 발코니에서 차를 마시는 시간을 갖는다는 여성 임원도 있었다.

담당 조직의 운영 계획을 통한 리더십을 실험해보는 것이 물리적 공간에서 일어나는 리더십 발현의 훈련이라면 성찰의 루틴을 갖는 것은 내면에서 일어나는 복잡한 생각들, 혹은 현실과 이상적 생각을 조율해보며 리더십 효능감을 높이는 좋은 방법이다.

이렇게 리더로서의 자기 생각을 지속적으로 성찰하고 점검할 수 있는 나만의 발코니를 마련해본다.

업무와 조직의 가치를 확장하기 위한 자신의 리더십 브랜드를 구축한다.

최근 퍼스널 브랜딩이 인기다. 리더십 영역에서도 마찬가지다. 개인과 조직의 지속가능성을 높이기 위해 업무와 조직의 가치를 확장하기 위한 브랜딩 작업이 많이 시행되고 있다.

리더로서 자신을 가장 잘 설명할 수 있는 영역이나 특성이 있다면 무엇일까? 회사에서 그동안 해온 많은 과업이나 일 중 나의 고유한 영역이 있다면 어떤 점을 들 수 있을까? 리더로서의 정체성을 발굴해보는 질문에 응답해보자. 혹은 직책을 제외하고 조직 내에서 나를 설명할 수 있는 전문성은 무엇이 있을까?

이 부분을 고민하여 강점을 강화해간다면 리더십 평가에서도 실제로 잘해내고 있는 면을 발현할 수 있을 것이다.

② 코칭 질문

- 본받고 싶은 리더가 있나요?
- 여성 리더로서 자신의 가장 좋은 강점이 있다면 어떤 것인가요?
- 본인의 리더십이 가장 최상으로 발현된 팀은 어떤 모습인가요?

③ 코칭 메시지

- 반영: 여자라서 리더 시켜준 것이라는 말 안 들으려고 남다른 노력을 해오셨다는 말씀이시죠? 그런데도 여자 리더라고 주목받는 게 불편하다는 말씀이시네요. 제가 이해한 게 맞나요? 좀 더 얘기해주세요.
- 인정: 리더님은 항상 자신을 성찰하시네요. 정말 좋은 리더일까 매일 고민하시는 모습을 지지해드리고 싶습니다.
- 공감: 저는 리더님이 꼰대 같은 선배가 되지 않으려고 노력하면서도 혹시 내가 정말 좋은 리더일지 고민하시는 게 상상이 됩니다. 혹시 나도 꼰대처럼 보이면 어떡하나 걱정도 하셨을 것이 상상이 돼요.

(3) 비즈니스를 이끄는 데 있어 전략적 소통과 갈등 직면

초VUCA 시대에는 경영환경의 급격한 변화로 인해 실제로 비즈니스의 구조가 바뀌는 일이 빈번하게 발생한다. 조직 사업 간 잦은 구조조정과 그 과정에서 부서 간의 협업체계 구축, 유사 업무들의 정렬, 구성원의 이동 등 실질적인 환경과 일의 변화는 리더들을 지치게 하는 실질적 스트레스 요인이 되기도 한다. 이러한 상황에서 상위조직의 정보 공유, 수렴, 유관 부서 간의 협업 속에 발생하는 소통을 탁월하게 해나가지 않으면 담당하는 조직과 일에서 소외될 수 있다.

사례 1 /// "환경이 급변하면서 회사의 비즈니스에도 변화가 일어나고 있습니다. 이런 변화관리를 구성원들과 해나가는 것이 쉽지 않아요."

구성원들에게 회사의 방향에 대해 강요하는 것 같아 보일까 봐 걱정도 되고, 사실 회사의 정보에 대해 좀 더 알고 싶은 생각도 많지만, 저 스스로 자신이 없기도 해요. 그냥 하던 일을 잘해나가면 안 될까 싶어요.

사례 2 /// "메일과 구두보고 후 선시행 · 후품의를 하며 업무를 진행하고 있는데, 경영지원 팀장이 이걸 물고 늘어지며 저보고 규정을 지키지 않았다고 전사 회의 때 얘기하겠다고 합니다."

동료 팀장과 관계를 해치지 않으면서 어떻게 업무를 효율적으로 잘 풀어갈 수 있을까요?

여성 리더들은 흔히 갈등을 회피하며, 남성들에 비해 비즈니스 과제를 수행하는 데 있어 소극적이라는 평을 많이 듣는다는 연구 결과가 있다. 사업구조의 혁신이나 변화관리의 과정에서 좀 더 적극적이고 주도적인 역할을 수행해가도록, 또한 전략적 소통이 필요할 때 더욱 공격적인 대응과 직면을 통해 돌파해나갈 수 있도록 리더십을 확장할 수 있는 코칭이 필요하다.

① 코칭 전략: Head/Heart

전략적 회의에는 빠지지 않도록 참여 범위를 확대한다.

한 회사의 문화와 일하는 방식이 궁금하다면 회의 체계가 어떻게 구성되어 있는지 알면 이해하는 데 도움이 된다. 그만큼 사업의 구조적 변화에서는 전략적 소통이 그 어느 때보다 많이 전개되기 때문이다. 일의 통폐합, 담당할 리더 계층의 변화, 구성원의 변화가 일어난다. 따라서 적극적으로 미팅에 참여할 기회를 얻고, 소신 있는 발언을 통해 리더십을 발현할 기회로 삼는 것이 바람직하다.

유연함과 포용력을 발휘해서 갈등에 직면하고 소통한다.

여성 리더들의 강점 중 하나는 유연함과 포용력이다. 업무를 전개해나갈 때 회사의 정책 안에서 융통성을 발휘하는 것도 업무역량이며, 규정에 어긋난 것이 아니라면 비난하는 소리나 다른 입장에 대해 갈등을 회피하지 않고 적극적으로 대응하는 것도 좋은 태도다. 현대적 갈등관은 갈등이 필요하다는 절대적 필요성을 인정한다. 조직 내 갈등 수준이 너무 낮으면 집단이 정적이어서 변화와 혁신에 대한 반응이 늦고 빠른 대응이 어렵기 때문에 오히려 적정 수준의 갈등이 건강한 비판의식을 높이고 새로운 관점과 아이디어를 창출하여 조직의 생존력을 높여준다. 모든 갈등은 소통을 통해 해결될 수 있다고 믿는다. 감정적으로 해결하지 않고 핵심을 간파하여 논리적이고 합리적으로 대응한다. 여성들은 주로 참고 인내하는 것이 전통적인 가치로 학습되어왔고, 부정적 이미지를 갖는 것은 남성들에 비해 사회적으로 훨씬 데미지가 있기 때문에 갈등을 피하게 된다. 그러나 자신의 입장과 생각을 충분히 피력해내며 문제를 냉정하게 해결해가는 여성 리더는 충분히 포지션을 지킬 뿐 아니라 건전한 경쟁 구도를 만들어가며 리더십을 구축해갈 수 있다. 평소에 갈등 상황에서 자신을 지지해줄 동료 리더들을 많이 확보해두는 것이 필요하다.

변화관리에 대해 구성원들에게 권한을 위임한다.

진행되는 변화관리에 구성원의 참여를 확대하기 위해서는 위임하는 것이 바람직하다. 우리 조직에 적용할 변화에 대해 구성원들의 의견과 아이디어를 반영하는 것이 필요하다. 여성 리더들은 때로 위임하지 못해서 모든 일을 일일이 하는 경우가 많다. 내 뜻대로, 기대만큼 구성원이 움직여지지 않는다고 해서 손에 공들을 다 쥐고 있으면 결국 충분히 저글링을 하지 못하고 땅에 떨어뜨리게 된다. 하지만 실제 업무를 위임했을 때 리더로서 다른 영역으로 리더십을 확장해볼 기회를 가질 수 있다. 또한 변화를 수행하는 주체는 구성원이라는 점을 기억한다.

② 코칭 질문

- 지금 이러한 변화는 리더님의 리더십에 어떤 성장을 기대할 수 있나요?
- 지금 사업구조의 변화에서 리더님의 역할은 어떻게 변화하나요?
- 1년 후에는 어떻게 변화되길 원하세요?
- 리더님이 지금 상황에서 가장 원하는 것은 무엇인가요?

③ 코칭 메시지

- 반영: 동료의 오해로 인해 잘못한 게 없는데도 갈등을 겪고 있다는 말씀이시네요. 제가 이해한 게 맞나요?
- 인정: 긴장 속에서도 침착하게 문제를 객관적으로 보려 애쓰신 게 느껴집니다.
- 공감: 저는 리더님께서 환경과 사업의 변화 속에서 구성원들을 배려하고 보호하려고 노력하고 계신 게 상상이 됩니다. 리더님께서 변화 속에서도 팀의 과업과 구성원들을 잘 이끌어야 한다고 느끼셨을 것이 상상됩니다.

(4) 자기인식 확장과 워라밸 관리를 통한 삶의 질 향상

여성 리더들은 감정적이라는 평을 많이 듣는다. 하지만 여성 리더들이 자신의 정서를 스스로 알아차리는 훈련을 받아오지 못한 것도 사실이다. 이 분야에 대한 학습을 하지 않고 사용하지 않기 때문에 공감과 인정의 언어영역에 어휘력도 부족하여 감정은 그저 '날것'으로 존재한다.

최근 리더십 개발에서 가장 중요하게 강조되고 있는 분야는 리더로서의 '자기인식'이다. 자기인식이 잘 이루어진 리더는 소위 감성지능이 높으며, 자신과 타인의 정서를 잘 알아차리고 조절할 줄 알게 되어 합리적이고 적합하게 상황에 대처해나간다. 자신의 욕망을 잘 알아차리며 이에 솔직하기 때문에 자신이 할 수 있는 일과 할 수 없는 일에 대해 잘 인지하는 메타역량이 높다.

이 단계에서는 여성 리더들이 리더로서의 자기인식을 더욱 명확하게 하고 비전, 사명, 목표에 대한 점검을 할 수 있도록 돕는다.

사례 "저는 제 시간을 갖고 싶습니다. 너무 할 일이 많아서 정신이 없어요." 가끔 저를 보면 대가족 맏며느리 같다는 생각이 들고 제 삶에 저는 없는 것 같아요. 제가 하는 일은 당연하다고 인식되고 있죠. 일요일 저녁이 되면 불안해요. 때로 구성원들을 보며 어떻게 저렇게밖에 일을 안 해놨나 생각하면 너무 화가 납니다. 어떻게 하면 제 시간이 잘 정돈되고 저를 위한 시간도 확보할 수 있을까요?

위의 사례에서는 일과 개인의 삶이 분리되지 않는 면에서의 어려움을 호소하고 있다. 소위 종갓집 맏며느리 콤플렉스를 느낄 정도다. 조직 생활 초반에 일찍 중간관리자 역할을 수행해가며 회사 외에 다른 일은 전혀 생각한 적 없는 여성 리더에게 우선 공감과 함께 인정하며, 삶의 여러 영역에서의 경계를 지어보는 것이 필요하다.

① 코칭 전략: Hit/Hand

개인과 일의 영역에서 자신과 일, 그리고 타인의 경계를 점검해보는 시간을 갖는다.

이 여성 리더에게는 '내가 있어야 너도 있는 것'이라는 점을 인식할 수 있게 한다. 게슈탈트 치료자 게리 욘테프는 이러한 자신과 타자의 경계를 '접촉경계'로 설명한다. 이 경계가 건강한 사람은 불안하거나 분노함 없이 관계를 잘 형성하고 유지한다. 항상 초긴장 상태로 오로지 공적 자아로만 생활하다 보면 집에 돌아가기도 전에 이미 방전 상태가 되기 마련이다.

라이프 휠을 통해 여덟 가지 삶의 영역에 대한 균형을 점검해본다.

삶의 균형을 위한 코칭은 가정과 일의 균형을 갖지 못하는 여성 리더들에게 너무나 필요하다. 그들은 자신의 삶이 감정적 소진과 에너지 번아웃 상태에서 다시 질적으로 충만하게 차오르길 간절히 원하고 있기에 그 갈급함을 터치해주는 것이 중요하다.

〈그림 2〉 여덟 가지 삶의 영역

공적 자아와 사적 자아를 구분하는 연습을 한다.

근엄한 판사라도 집에서는 아내와 자녀들과 함께 즐거운 심리적 퇴행이 가능해야 건강하다. 때로 가정에서도 공적 자아로 군림하려는 무서운 엄

마는 아닐까? 이 둘이 서로 자유롭게 왕래할 수 있는 훈련이 필요하다. 대부분 여성들은 집에 들어가기도 전에 이미 에너지가 방전되어 있다. 가정에서 사적 자아로서 역할을 위한 힘이 필요하다. 이를 위해 '나'가 있어야 '너'도 있다는 것을 잊지 않도록 한다.

② 코칭 질문

- 리더님이 제일 좋아하는 단어들은 어떤 것이 있으세요?
- 중요하게 생각하는 가치는 어떤 것이 있나요?
- 우선순위에 놓고 싶은 영역은 어떤 것인가요?
- 어떤 것에 더 집중하고 싶으세요?

③ 코칭 메시지

- 반영: 워라밸이 전혀 균형을 이루지 못한다는 말씀이네요. 휴일에도 회사 걱정이라는 말씀이시죠. 제가 이해한 게 맞나요?
- 인정: 개인의 삶과 공적 삶이 분리가 잘 안 되어 리더님만의 시간이 필요하다는 말씀이시죠? 더 얘기해주세요.
- 공감: 저는 리더님의 마음에 공감이 됩니다. 어떤 게 공감이 되냐 하면, 때로 내 맘 같게 일을 해놓지 않는 구성원 때문에 속상하셨을 것 같다는 게 느껴져요.

(5) 대내외적 네트워크 형성을 통한 커리어 확장과 전문성 확보

리더에게 요구되는 또 하나의 역량은 낯선 네트워크에 대한 적극적인 구축이며 이를 통한 학습이다. 중간 직책에 오른 여성 리더들은 오직 주어진 업무와 부여된 권한 책임 안에서의 관리에만 집중하는 경우가 종종 있다. 심지어 입사 이후 부서 이동이 거의 없었으며, 오직 한 가지 직무만 해온 경우도 많아 같은 사업부 내에서 일하지만 타 부서에서는 어떤 일을 하는지, 전사적 관점에서의 비즈니스 이슈가 무엇인지 모르는 경우도 있다.

또한 여성들은 사내 핵심 네트워크에서 소외되어 있는 경우도 많다. 효과적인 리더십 형성을 위해서는 적극적인 대내외적 네트워크를 구축하는 것이 중요하다. 네트워크는 리더 한 사람이 가지는 가치이자 영향력이며, 이 기반을 통한 학습은 전문성에 매우 도움이 되기 때문이다.

사례 1 “최근 몇 년간 무언가를 새롭게 배운 적이 없습니다.”

오직 일만 하다 보니 스스로 쏟아내고, 소진된 느낌이 들어요. 어느 날 리더십 피드백을 받았는데, “우리 파트장은 피드백할 때 신경질적이고, 미팅할 때 새로운 트렌드나 지식을 가르쳐주거나 소개하지는 못하는 것 같다”는 말이 쓰여 있었습니다. 이러고 있을 때가 아니라는 생각이 퍼뜩 들었는데, 어떻게 하면 전문성을 관리해나갈 수 있을까요?

사례 2 “사내 네트워크가 필요한 것 같아요. 핵심적 모임에 어떻게 들어갈 수 있을까요?”

겉으로 친한 것과는 다른 것 같아요. 실제로 제도권 밖의 네트워크라는 생각이 듭니다. 정말 어떻게 이 관계의 원으로 들어갈 수 있을까요? 어려운 일이라는 생각이 듭니다.

---

① 코칭 전략: Hit/Hand

학술지나 책의 공동저술을 통해 대외적으로도 인정받는다.

사내에서 인정이 부족하다고 판단되는 경우는 대외적으로 인정받을 기회를 찾는 것도 좋은 방법이다. 예를 들어, 담당 직무와 관련된 대외 학술지에 논문이 게재된다든지, 공동 저술에 참가하여 관련 분야의 책을 출간하는 등이 여기에 속할 수 있다. 혹은 학습조직에도 참가해본다. 처음에는 그냥 사교모임으로 출발할 수 있다. 하지만 공통의 관심사가 있는 다양한 대외적 활동에 참가만 해봐도 금방 에너지가 전환되는 것을 느낄 수 있다. 회사 밖에 있는 건강한 학습조직은 새로운 배움을 통해 지금 하는 업무에 대한 관점을 창의적이고 전문적으로 전환하는 데 도움이 되며, 이러한 공급은 자신에 대한 피드백 통로가 하나 더 생기게 되어 리더로서 객관적으로 평가받는 데 유익하다.

사내 커뮤니티를 통해 전문가 학습 공동체를 만든다.

최근에는 사내 커뮤니티를 통해 리더십 학습이 이루어지는 경우가 많다. 영화를 함께 보기도 하고, 조직문화를 탐색해가기도 한다. 강의 기법, 리더십 등을 함께 학습하며 서로를 독려해나가는 것을 많이 본다. 의외로 자생적인 학습공동체는 회사의 HR에서 생성해준 것보다 생명력이 길고 건강하다. 이러한 학습공동체를 구축하고 사내 전문가로서 명성을 갖추는 것도 유익하다. 만약 독보적 전문성이 인정될 경우, 해당 학습공동체가 하나의 새로운 단위 조직으로 성숙할 수도 있다. 여성들은 공동체를 이루고 돌보는 데 강점이 있으므로 좋은 방법이 될 수 있다고 생각된다.

주기적으로 관련 자격증을 취득하고 6개월마다 이력서를 업데이트한다.

회사에 다니면서 이력서를 쓰면 왠지 조직 몰입도가 떨어지는 것 같은 느낌이 들기도 한다. 하지만 담당 직무, 혹은 관심 분야의 자격증을 꾸준히 취득하며 업데이트해가는 것은 전문성을 입증할 좋은 방법일 뿐 아니라 지속적인 학습에도 도움이 된다. 몇 년간 하지 않은 집안 대청소를 하는 기분으로 이력서를 써보면 나의 풋프린트를 알 수 있고, 지금 어디쯤 와 있는지 점검할 수 있다. 앞으로의 성장 경로에 필요한 부분이 무엇인지도 한 번쯤 방향을 새롭게 할 수 있는 계기가 된다.

② 코칭 질문

- 리더님이 가장 잘할 수 있는 과업은 어떤 것인가요? 그 과업에 나만의 이름을 붙인다면 뭐라고 부르고 싶은가요?
- 만약 10년 후 소중한 사람들을 초대해서 강연한다면 그 주제는 무엇일까요?
- 리더님은 어떤 사람으로 기억되고 싶나요?
- 1년 후 이력서를 다시 쓴다면 어떤 내용이 업데이트되어 있을까요?

③ 코칭 메시지

- 반영: 리더님은 회사 내에서 사람들과 겉으로는 친한 것 같은데, 실제로 핵심적 네트워크에도 들어가고 싶다는 말씀이시네요. 제가 이해한 게 맞나요?

- 인정: 리더님이 핵심적 네트워크에서 선한 영향력을 발휘하시는 게 기대됩니다. 리더님은 회사에서도 가정에서도 사랑받는 분이시네요.
- 공감: 리더님이 최근 몇 년간 배움 없이 일에만 몰입해오신 게 느껴집니다. 어떤 에너지의 소진 같은 것을 느끼시는 것이 상상됩니다. '나도 성장하고 싶어'라고 느꼈을 것이 상상돼요.

성찰질문

아래의 질문에 스스로 답해보시기 바랍니다.

1. 당신을 특별하게 하는 리더로서의 강점 Top 5는 무엇이고, 그 강점들은 일터에서 어떻게 발현되고 있는가?
2. '언젠가' 조직 내에서 이루고 싶은 당신의 비전은 무엇이고, 그것을 1년 앞당기려면 어떻게 해야 하는가?
3. 조직과 구성원 사이에서 어떻게 전략적 소통을 더 잘할 수 있을까?
4. 당신이 존경하는 사람 3명은 어떤 사람이며, 어떻게 도움을 받을 수 있는가?
5. 당신의 학습 공동체와 네트워크는 어떻게 형성되어 있고, 업데이트되고 있는가?

참고문헌

강민혜. "'유리천장 견고', 국내 100대 기업 여성 임원, 5% 돌파했는데… 왜?". 서울신문, 2022. 8. 10. https://www.seoul.co.kr/news/newsView.php?id=20220810500075

강영희. 「여성리더십 연구의 현황과 향후 과제」. 『젠더와 문화』 11(1), 2018, 105-144.

김시진 · 홍아정. 「내러티브 탐구를 통해 본 여성리더의 리더십 형성과정에 관한 연구」. 『The Women's Studies』 93(2), 2017, 71-107.

유경철 · 이민우. 『성과를 내는 팀장의 완벽한 리더십』. 천그루숲, 2022.

유재경. 「여성은 리더가 되기를 주저하는가」. 국민대학교 박사학위논문, 2020.

이은향 · 유재경. 『사실은 야망을 가진 당신에게』. 김영사, 2021.

이창준. 『미닝메이커』. 플랜비디자인, 2022.

제이콥 모건. 『미래의 리더』. 임채곤 역. 바이탈경영교육원, 2021.

피터 호킨스. 『리더십 팀 코칭』. 강하룡 · 박정화 · 박준혁 · 윤선동 역. 한국코칭슈퍼비전아카데미, 2022.

최진희

6. 한국형 버디 시스템 기반 리더십코칭 사례

"우리 중 어느 누구도 우리 모두만큼 현명하지는 못하다."

- 켄 블랜차드

1 버디 시스템 기반 리더십코칭의 이해

(1) 버디 시스템(Buddy System) 기반 리더십코칭이란 무엇인가?

buddy란 사전적 의미로는 '동료', '단짝', '형제'라는 뜻이다. 유의어로 friend(친구), dude(인마, 놈)가 있는데, dude의 경우는 격식이 가장 낮은 속어로서 친한 사람 사이에서만 사용하기 때문에 한계가 있다. buddy는 friend보다는 격식이 낮지만 아주 편한 친구를 가리킬 때 쓰는 말로 friend보다 훨씬 더 친근감 있게 느껴진다. 한때 우리나라 청소년들 사이에서 사용했던 인터넷 메신저 '버디버디'의 버디도 격식보다는 이런 친근함을 바탕으로 해서 만든 시스템이다. 누군가가 자신에게 "Hello, friend!(안녕, 친구)"로 부르는 것과 "Hey, buddy!(어이, 친구)"로 부르는 것 중 어떤 것이 더 친근하게 느껴지는가? friend보다는 buddy로 불리는 것이 더 친근감 있게 느껴지고 기분이 좋아진다. 저녁에 산책하다 보면 애완견을 데리고 산책하는 사람들을 많이 보는데, 어느 날 "버디~ 버디~"라고 부르는 주인을 보면서 단순한 애완동물이 아니라 각별한 관계인 듯하여 돈독함이 느껴졌다.

직장생활을 하는 우리는 함께 일하는 사람들을 coworker 또는 colleague 라고 한다. 마음을 주지 않더라도 함께 일하는 사람, 즉 직장 동료를 칭하기 때문에 격식 있어 보인다. 직장 동료나 친구는 아니지만 좀 더 친근하게 다가오는 단어가 바로 buddy다.

한국인은 내향성이 많기 때문에 직접적으로 다가가서 말을 걸거나 누군가가 나에게 친근하게 다가오지 않더라도 그냥 누군가가 옆에 있는 것만으로도 위로가 되고 힘이 된다. 따라서 '버디'라는 친근한 특성들을 조직문화에 적용하여 조직의 시스템으로 발전시켜 혼자가 아니라 '누군가가 나와 함께한다'는 '우리'라는 친근감을 형성해서 조직에 잘 적응할 수 있도록 만들어줄 수 있다.

버디 시스템이란 '편안한 친구'를 뜻하는 '버디(Buddy)'와 '훈련체계(System)'의 합성어를 말한다. 버디 시스템은 1963년 해리 마코위츠(Harry Markowitz, 1990년 노벨 경제학상 수상)가 고안한 것으로, 켄 놀튼(Kenneth C. Knowlton, 1965년 출판)에서 처음으로 선보였다. 버디 시스템은 '버디'라는 두 개인이 하나의 단위로 함께 작동하여 서로를 모니터링하고 도울 수 있도록 하는 절차를 말한다. 이러한 버디 시스템은 크게 두 가지 방법으로 적용되어왔다. 첫 번째는 2인 1조로 두 사람의 근로자가 짝을 이루어 같은 시간과 장소에서 작업하는 경우로 서로가 모니터링, 보조, 지원하는 것이다. 두 번째는 한 명의 근로자가 작업하고 다른 한 명은 작업하는 근로자를 바깥쪽에서 모니터링, 지원, 응급상황 발생 시 조치를 취하도록 하는 것이다.

버디 시스템은 본래 위험한 작업 환경에서 적어도 한 명 이상의 근로자가 다른 근로자를 관찰하거나 모니터링하는 일종의 작업방식을 말하는데, 체육학 사전에서는 수영이나 스쿠버다이빙을 할 때 안전을 위해 2인 1조로 배열하는 것을 말한다. 이때 모든 참가자는 자신의 버디가 어디로 어떻게 움직이는지 파악하고 있어야 필요시 도움을 줄 수 있는 것으로 정의하고 있다. 또한 HRD 용어사전에서는 버디 시스템을 "경영자, 관리자 또는 감독자의 역량개발 방법 중 하나로 신입 임원 · 관리자 또는 감독자들에게 고참 임원 · 관리자 또는 감독자를 코치나 역할모델로 선택하도록 하거나 짝을 지어주는 제도"로 소개하고 있다.

버디 시스템 기반 리더십코칭은 4차 산업혁명과 코로나19를 거치면서 빠르게 변화하는 새로운 조직 시스템에 직원들을 잘 정착시키기 위해 최근 기업들이 실시하는 온보딩(on-boarding) 프로그램들처럼 새로운 환경에서 잘 적응할 수 있도록 리더가 '우리'라는 친근감을 형성해서 코칭하는 것을 말한다. 다만 조직 내 환경에만 국한시키지 않고 취업을 준비하는 과정, 신입사원이 회사에 적응하는 과정, 조직의 활성화를 필요로 하는 과정, 인생 2막을 준비하는 과정으로 확장하여 '빠르게보다는 더 멀리' 갈 수 있는 환경을 조성할 필요가 있다. 두려움은 혼자일 때 더 크게 느껴질 수 있다. 어려운 것도 길동무와 함께할 때 더 쉬워지고 버팀목이 있으면 받아들이기 쉬워지는 것처럼 한국형 버디 시스템 기반의 리더십코칭은 새로운 환경 적응에 도움을 줄 수 있다.

(2) 버디 시스템과 멘토링 시스템의 차이

'버디 시스템'이란 둘이 한 조가 되어 서로 상대방의 행동을 모니터링 해주고 도와가며 어떤 일을 함께해나가는 것을 말한다. 서로 안전을 지켜주고 사고가 발생하면 빠른 구조나 구조 요청도 가능하다. 버디 시스템은 군대와 소방대, 건설 공사장, 암벽 타기, 스쿠버다이빙 등 늘 위험이 따르는 훈련과 일, 활동에 필수이며 각 기관에 적합하게 정립된 규약을 따르도록 하고 있다. 일반 직장에서도 새로 입사한 사원에게 먼저 입사한 동료 사원과 버디 관계를 맺어줌으로써 격식보다는 친근감 있게 일을 더 신속하고 효과적으로 배울 수 있게 하고, 새로운 환경과 일에 대한 적응을 극대화할 수 있도록 하고 있다.

반면에 멘토링 시스템(Mentoring System)이란 업무의 경험이 많고, 연령이나 직급이 상대적으로 높은 사람이 후배 또는 신입사원을 집중적으로 지도하여 시행착오를 최소화하고 빠른 시간 내에 조직에 필요한 사람으로 만들어가는 제도를 말하며, 그런 선배에 해당하는 사람을 '멘토(mentor)'라 한다.

〈표 1〉 버디 시스템과 멘토링 시스템의 차이

구분	버디 시스템	멘토링 시스템
목적	적응	향상
대상	신입사원 회사 적응	신입사원 업무 적응
방향	수평적 관계	수직적 관계
시간	느림	빠름
주제의 독립관계	가능	불가능
상호 소통 강도	강함	약함

적응강화를 위해 직속상사가 멘토가 되어 직속부하를 멘토링하는 것은 바람직하지 않다. 왜냐하면 멘토링의 주제는 상사와 부하가 독립적인 관계가 아니므로 자신의 개인적인 문제들이 상사에게 어떻게 보일지에 대한 생각으로 마음을 열어 소통하지 않기 때문에 객관적으로 다룰 수 있는 주제가 아니다.

코로나19 이후로 조직의 상황도 급변하고 있으며 다양한 문화들이 생겨나고 있다 보니 이전에 진행되었던 멘토링 시스템과 다른 방식의 피어코칭들이 더욱 긍정적인 결과물을 만들어내게 되었다. 피드백을 통해 성장할 수 있는 피어코칭의 경우 팀원들과 소통하면서 서로 피드백을 주고받으며 일하기 때문에 일하는 과정이나 결과물 또한 우수한 성과를 가져오기도 한다. 피어코칭은 시간이 조금 많이 걸린다는 단점이 있기는 하다. 자신의 생각으로만 진행했을 경우 새로운 시선으로 새로운 시도를 하지 못하는 경우가 많았지만, 팀원들의 생각과 시선으로 피드백을 받다 보니 내용이 더욱 풍부해졌을 뿐만 아니라 소통을 통해 팀원들 간의 관계도 더욱 돈독해지고 있기 때문에 '내가 맡은 일만 잘하면 돼'라는 개인주의적 사고에서 벗어나 조직 내 소통으로 자연스럽게 이어갈 수 있다는 장점이 있다.

피어코칭의 경우 조직 내에서 같은 목적을 가진 동료들끼리 서로 피드백을 주고받으며 코칭해주면서 서로 발전할 수 있는 시간을 가지고 있지만, 조직 내에서 같은 목적을 가진 동료들 간의 피드백이다 보니 성장하는 과정에서 조직의 목표, 비전, 정보 등 개인의 문제가 아닌 조직의 정보를 함께 공유하면서 성장한다는 데서 차이가 있다.

조직에 적응한다는 것은 조직의 목표와 정보를 공유하는 것만으로는 부족하다. 조직에 만족할 수 있지만 조직생활에서 행복을 느낄 수는 없기 때문이다. 따라서 조직의 내외부 환경 조건들이 맞지 않아서 불만족하더라도 서로 의지하면서 부족한 부분들을 함께 이겨내면서 행복을 느낄 수 있는 개인적인 접근이 필요하기 때문에 피어코칭을 넘어서 개인적 접근을 통해 정서적인 안정과 행복을 줄 수 있는 버디 시스템 기반의 리더십코칭으로 접근할 필요가 있다.

멘토링 시스템도 피어코칭도 회사와 관련된 내용을 주로 다루다 보니 개인적인 사정을 고려하지 않은 채 회사의 입장만 말하기 때문에 젊은 직원들 사이에서는 멘토링도 피어코칭도 거리감이 느껴진다는 소리를 한다. 단지 회사의 생각에 따르도록 만드는 하나의 시스템으로 느껴진다는 것이다. 또한 코치의 개인적인 코칭 능력도 문제지만 하나의 시스템으로 자리 잡은 형식상 제도에 그치는 경우가 더 많다는 것이 문제이기도 하다.

반면, 버디 시스템 기반 리더십코칭은 멘토링 시스템 및 피어코칭과 달리 친밀감이나 공감대가 우선 형성되기 때문에 쌍방향의 소통이 잘 이루어져 새로운 환경에 적응하는 데 효과적이다. 또한 새로운 환경에서 즐거움을 줄 수 있는 일이기 때문에 만족을 넘어서 행복을 느끼게 해주는 가치 있는 일이라고 할 수 있다.

(3) 버디 시스템 기반 리더십코칭의 필요성

> "빨리 가려면 혼자 가고 멀리 가려면 함께 가라(If you want to go fast, go alone. If you want to go far, go together)."
>
> - 아프리카 속담

아프리카는 사막과 아프리카 식물의 70%가 서식하는 정글이 있다. 도

처에 적과 맹수의 위협이 도사리고 있는 아프리카에서 먼 곳으로 이동하기 위해서는 누군가와 함께해야 안전을 지킬 수 있다는 의미를 담고 있다. 멀리 가기 위해서는 어쩔 수 없이 사막을 지나야 하고, 정글을 지나다 보면 짐승들을 만나게 되는데, 이러한 위험을 헤쳐나가려면 혼자는 불가능하다는 말이다. 이처럼 위험한 상황에서 혼자보다는 누군가가 함께할 때 좀 더 안전하고 어려운 일을 만나더라도 함께 극복해나갈 수 있다. 스킨스쿠버를 할 때도 물에 들어갈 때 절대 혼자서 들어가게 하지 않는다. 반드시 둘이 같이 들어가게 해서 안전과 즐거움 두 마리 토끼를 모두 잡는 방식으로 교육하고 있다.

둘이 길을 가다가 한 사람이 깊은 구덩이에 빠지더라도 다른 한 사람이 꺼내줄 수 있는 것처럼 직장생활을 하면서 겪게 되는 어려움이나 힘든 점이 생기면 함께 서로 도와가면서 격려해주고 위로가 되기 때문에 회복이 가능하다. 즉, 사람은 혼자일 때보다 동반자가 있을 때 어려운 일도 극복할 수 있고 더 큰 시너지 효과를 발휘할 수 있다는 것이다.

영국의 한 신문사에서 "영국 끝에서 런던까지 가장 빨리 가는 방법은?"이라는 현상공모를 했다. 가장 빠른 방법을 제시하는 사람에게 1천만 파운드라는 상금이 달려 있는 만큼 수많은 사람이 응모했고 도보, 모터사이클, 기차, 비행기, 슈퍼카 등 여러 가지 수단과 방법들이 나왔는데, 1등으로 뽑힌 답은 의외였다. 바로 '좋은 친구와 함께 가는 것'이었으니 말이다. 좋은 친구들과 함께라면 아무리 먼 길이라도 재미있게 갈 수 있으니 지루하지 않다는 의미에서 1등으로 뽑힌 것이다. 그 답을 본 사람들도 모두 고개를 끄덕일 수밖에 없었는데, 먼 길을 갈 때 빠르게 가는 것도 좋지만 친구와 함께 이동한다면 아무리 먼 거리라도 짧게 느껴질 만큼 행복할 것이라는 이유에서 1등으로 뽑혔다고 한다. 1등 정답에도 나왔던 '친구(FRIEND)'의 의미를 살펴보

FRIEND

F – Feel 말하지 않아도 서로 느낄 수 있고
R – Respect 서로를 존중하며
I – Idea 서로를 생각하며
E – Enjoy 같이 있으면 즐겁고
N – Need 필요할 때 같이 있어주고
D – Depend 힘들 땐 의지할 수 있는 사람

면, 다음과 같은 의미를 담고 있다.

그만큼 친구는 동반자이자 기쁨의 순간도, 슬픔의 순간도, 위험한 순간도 같이할 수 있는 소중한 존재다. 물론 혼자 간다면 누군가의 방해를 받지 않고 눈치를 보지도 않고 빨리 갈 수 있겠지만, 그러한 방법은 잠시일 뿐 위기에 닥쳤을 때 해결할 수 없기 때문에 장기적으로 보면 친구와 함께하는 것이 더 좋은 방법일 수 있다.

「장님과 앉은뱅이」라는 동화에서 앉은뱅이와 장님이 서로에게 없는 것을 채워주면서 가고 싶은 곳으로 잘 찾아갈 수 있었던 것처럼 친구는 서로의 부족한 점을 채워주면서 혼자서는 불가능한 일들을 함께하며 기적을 만들고 인생의 험난한 길을 동행하면서 행복을 느끼게 해준다. 마치 피아노와 바이올린처럼 여러 악기가 만나 아름다운 음악이 탄생하는 것처럼 여럿이 힘을 합쳐 서로에게 부족한 능력을 채워준다면 새로운 환경에서 두렵더라도 해볼 만하지 않을까?

옛날에 앞을 못 보는 장님과 앉은뱅이가 있었다. 살아가는 일이 여간 어렵지 않았다.
어느 날 앉은뱅이가 장님에게 말했다.

"나는 당신의 눈이 되어줄 테니, 당신은 나의 발이 되어주겠소?"

잠시 생각에 잠긴 장님이 대답했다.

"그럽시다. 서로에게 없는 것을 채워주니 우리 둘 다 이익이 되겠구려."

이날 이후 앉은뱅이와 장님은 서로 가고 싶은 곳으로 잘 찾아갈 수 있었다.

- 동화 「장님과 앉은뱅이」 중에서

조직 생활을 하는 데도 힘을 합쳐 서로 부족한 점을 채워주고 도와줄 수 있는 지혜가 필요하다. 기업들이 멘토링 시스템을 도입하여 직원들의 부족한 점을 채워주고자 노력하고 있지만, 멘토링 시스템은 버디 시스템과 달리 서로 힘을 합쳐서 서로에게 도움이 되는 관계가 아니라 지식이나 경험이 많은 선임자가 지식과 경험이 부족한 후임자를 도와주는 관계이다 보니 서로 힘을 합쳐 부족한 점을 채워주기는 어렵다. 서로에게 의지가 되고 공감할 수 있는 친구 같은 관계인 버디 시스템 기반의 리더십코칭이 필요한 이유다.

2

한국 사회에서 버디 시스템이 가지는 의미

(1) 한국 사회에서 버디 시스템의 필요성

한국 사회가 가지고 있는 특성들을 보면 서양의 개인주의와 달리 집단주의적 성격을 지니고 있다. 네덜란드의 사회심리학자 홉스테드(Hofstede)는 56개 국가를 대상으로 연구한 결과 국가 간 문화 유형의 차이를 구분하는 주요 지표를 개발했다. 그중 하나가 바로 개인주의와 집단주의다.

국가별로 개인주의와 집단주의의 문화를 구분하는 연구를 한 결과 가장 개인주의 성향이 강한 나라는 미국이었다고 한다.

숫자가 100에 가까울수록 개인주의 성향이, 1에 가까울수록 집단주의

〈표 2〉 주요 국가별 개인주의 지수

국가명	IDV	국가명	IDV	국가명	IDV
미국	91	프랑스	71	일본	46
호주	90	스웨덴	71	이란	41
영국	89	노르웨이	69	러시아	39
네덜란드	80	스위스	68	튀르키예	37
캐나다	80	독일	67	필리핀	32
이탈리아	76	오스트리아	55	중국	20
벨기에	75	스페인	51	싱가포르	20
덴마크	74	인도	48	대한민국	18

출처: geert-Hofstede.com

성향이 강하다고 볼 때, 미국은 무려 91의 숫자가 나온 것이다. 반면 집단주의 성향이 가장 강한 나라는 과테말라로 점수가 6에 불과했다. 그렇다면 한국은 어떨까? 대부분 사람들이 예측하듯 한국은 강한 집단주의 성향을 보였는데, 점수가 18로 나타나 일본(46), 중국(20)보다 훨씬 강한 집단주의 성향을 보이는 것으로 나타났다.

한국이 강한 집단주의 성향을 보이는 배경에는 『사회심리학회지』에 실린 한국 사회가 가지고 있는 집단주의적 성격에 대한 역사 · 문화적 분석을 보면 잘 알 수 있다.

첫째, 한국인의 일상적인 삶은 거의 모든 부분에서 공동체적이고 집단적이었다. 일정 부분 중앙정부의 관리와 통치를 받았지만, 실질적으로 상당 부분은 잘 발달된 규범하에서 촌락을 단위로 자치적으로 이루어졌다.

둘째, 농경생활 측면에서도 여러 요인이 농민들을 공동체적으로 살게끔 유도했다. 가령 결코 적지 않은 논농사, 가족 노동력에 비해 넓은 농지, 낮은 경제적 자립도 등이 그러한 요인이었다.

셋째, 유교의 특성과 영향에 관한 기존의 연구들을 참고할 때, 유교는 관계 중심적이고 통합적인 세계관을 가지고 있었으며, 중앙과 지방통치자들은 여러 제도나 조직을 통해 유교를 촌락민에게 보급하고 있었다.

넷째, 세시풍속과 민속놀이도 개별적인 행사나 활동이 아닌 집단적인 성격을 매우 강하게 띠고 있었다.

이러한 역사 · 문화적 분석들을 종합해보면 촌락 중심의 공동체적 농경생활과 유교의 특성과 보급, 집단적 성격의 세시풍속 등이 상호작용하여 한국인의 집단주의 심리에 영향을 미쳤을 가능성이 매우 크다고 보고 있다. 물론 동서양 모두 농사를 짓는다. 하지만 동아시아의 집단주의 문화는 벼농사를 하면서 물 관리를 위해 둑이나 저수지를 만들면서 대규모 공사에 많은 인

〈표 3〉 개인주의와 집단주의

구분	개인주의	집단주의
의사결정과 행동에서의 강조점 및 선호가치	독립성, 장(field)독립적, 자기확신, 자기의존, 자율성, 독특함, 독창성, 창의성, 호기심, 탐험의 즐거움, 성취지향적, 경쟁, 적극성, 효능감, 직설적	사회, 상호의존, 관계성, 집단을 향한 의무, 장(field)의존적, 사회적 조화에 대한 갈망, 집단규칙에 준거, 사회복종, 존경심, 겸손, 의존, 공감, 자기통제, 온화함, 복종, 호혜주의, 자기희생, 전통주의 준수, 협동심
지역	서유럽, 북미, 호주, 이탈리아, 벨기에, 이스라엘	아르헨티나, 일본, 중국, 한국

출처: 박선영, 「한국사회 증상으로서의 집단주의와 개인주의: 정신분석적 고찰」, 2016.

원이 투입되고 그 과정에서 위계질서와 권력이 생겨난 것이다. 반면에 서양의 개인주의 문화는 벼농사가 아닌 밀농사를 지었기 때문에 가능했다. 밀은 모내기도 없고 그냥 밭에 씨를 뿌리기만 하면 되기 때문에 벼농사를 짓는 동아시아보다 집단주의 성향이 낮은 개인주의 문화가 발달한 것이다.

개인주의는 행동의 근거가 개인 스스로에게서 나오는 것을 말하고, 집단주의는 행동의 근거가 자신이 소속된 집단에게서 나오는 것을 말한다. 개인주의 행동들을 보면 자율성, 적극성, 경쟁 등과 같은 외향성을 나타내는 단어들이 많이 들어가 있는 반면에 집단주의 행동들을 나타내는 단어로는 의존, 관계, 복종, 겸손, 공감, 온화 등과 같은 내향적인 단어들이 주를 이룬다. 한국의 리더들이 가진 공통특성 중 하나가 내향성인 이유도 바로 이러한 집단주의적 배경에서 나온 것이라 할 수 있다.

집단주의적 배경에서 내향성을 가지고 있다고 해서 대인관계를 기피하는 것은 아니다. 다만 외향적인 사람들은 처음 만나는 사람과도 거리낌이 없고 여러 많은 사람과 관계를 맺는 것을 좋아한다면, 내향적인 사람들은 여러 사람은 아니더라도 나와 친숙한 사람 또는 일대일 관계에서 더 편안함을 느끼며 선호하기 때문에 방식에서 차이가 있다.

(2) 한국 사회의 변화가 버디 시스템 기반 리더십코칭에 미치는 영향

「2022 행정안전통계연보」를 보면 우리나라 1인 가구는 946만 1,695세대로 1인 가구 비중이 세대 유형 중 40%를 넘어섰다. 그러다 보니 '혼밥', '혼술', '혼영' 등 나 홀로 문화는 점점 커지고 있고 개인주의 문화도 급속도로 확산하여 1인 문화가 자리 잡고 있다. 소위 말하는 '나'를 중심으로 하는 '나나나 세대'이다 보니 기성세대와 달리 집단의식은 약한 반면, 개인주의 성향이 매우 강한 것이 특징이다. 『한국심리학회지』에 실린 한국인의 가치관 변화 추이에 대한 연구논문에도 한국인의 가치관이 지난 20년간 점점 개인주의화되고 있고 탈권위주의화되고 있다는 것을 보여주고 있다. 이러한 현상은 우리나라만 그런 것이 아니라 세계적 트렌드라고 볼 수 있다. 유럽의 대표적인 미래학자인 마티아스 호르크스(Matthias Horx)는 『메가 트렌드 2045』라는 저서에서 미래 메가 트렌드 11개 중 하나로 '개인화'를 꼽았다. 개인주의가 미래 주요 트렌드로 부상하고 있는 만큼 기업 특성상 집단주의 문화를 버릴 수는 없지만, 이러한 개인주의 트렌드에 어울리는 시스템을 재정립해야 한다는 소리다.

집단주의 성향이 강한 한국, 일본, 중국의 경우 개인주의 지수가 매우 낮으며, 이는 행복감에서도 낮게 나타나고 있다. 반면 미국과 유럽 등 개인주의가 높은 국가일수록 행복감도 높게 나타나고 있다. 이는 개인주의적 문화에서는 개인의 사적인 생각과 감정 등 개인의 행복 추구 권리를 매우 중요하게 생각한다는 것을 뜻한다. 이러한 집단주의의 문제점을 두고 이어령 교수는 “집단주의가 분명히 여러 병폐를 갖고 있으나 그렇다고 서구식 개인주의를 그대로 받아들이기는 힘든 토양이니, 한국인의 체질에 가장 잘 맞는 다른 문화를 만들어가야 한다”고 말한 바 있다. 미래의 트렌드 중 하나로 개인화를 꼽은 미래학자 마티아스 호르크스 역시 기본적으로 인간은 소속감과 자율성이라는 다소 상반된 욕구를 동시에 가지고 있어 개인주의와 집단주의를 재조합한 새로운 문화를 고민해야 한다고 했다.

이러한 고민 속에서 다행히 새로운 관점에서 한국 사회를 바라보는 사람들이 생겨났다. 허태균 고려대학교 교수는 한국인의 특성에 대한 연구조사 결과, 집단주의도 아니고 개인주의도 아닌 집단 내 나와 관계가 있는 친밀한 사람에게만 집단주의적으로 행동하는 ‘관계주의’가 더 정확한 분석이라고 말했다. 과거에는 대부분 작은 조직의 평생직장이었고, 마을 사람들도 친족이거나 한 다리 건너 다 알고 있어 관련 없는 자가 별로 없이 가족 같은 조직과 관계가 구분되지 않은 시절이었으나 지금은 조직이 비대해지고 세분화되면서 집단주의와 관계주의가 분리되고 있다고 말했다. 또한 ‘제107차 제주경제와 관광포럼’에서 김경일 아주대학교 심리학과 교수도 우리나라만이 갖고 있는 관계주의적 문화를 소개한 적이 있다. “우리나라는 지정학적 특성상 외부의 침해를 받다 보니 전 세계에서 1인칭 복수 대명사인 ‘우리’를 가장 많이 사용하는 한국만의 독특한 문화가 생겨났다”고 했다.

이러한 “관계주의 문화는 우리나라에서 유일하게 세대 구분 없이 나타나는 공통분모”라며 “이러한 관계주의가 우리나라에서 많은 문제를 해결하는 방식이 됐다”고 밝혔는데, 이러한 관계주의적 관점이 관계 중심의 버디시스템 기반 리더십코칭에 영향을 미치게 된 것이다.

집단주의에서 개인주의, 관계주의로 변화하는 시점에서 오늘날 한국 사회의 특성에 맞는 새로운 리더십코칭이 필요하다. 개인주의, 집단주의를 넘어 우리나라만이 갖고 있는 관계주의 문화를 이해하고 이를 활용한 버디 시스템 기반 리더십코칭을 조직에 적극적으로 활용해야 한다.

특히 한국 사회의 개인주의 성향은 2030세대보다 10대들에게 더 강하게 나타나고 있다는 점에서 자신의 만족, 나의 행복을 추구하는 사회적 변화에 따라 리더십코칭도 변화해야 한다. 개인주의의 '혼자'와 집단주의의 '같이'가 공존할 수 있는 관계를 중심으로 버디 시스템 기반 리더십코칭이 새롭게 요구되는 이유다.

(3) 한국 사회의 내향적 특성에서 버디 시스템이 가지는 의미

미국 플로리다주립대 역사학과 교수 대린 맥마흔(Darrin McMahon)은 『행복의 역사』에서 고대 그리스 시대의 행복은 "신에 의해 우연히 주어지는 행운과 같은 것이다"라고 쓰고 있다. 행복은 영어로 happiness라고 하는데, happiness의 어원은 올드 잉글리시와 미드 잉글리시에서 '우연히 일어나는 일'을 뜻하는 Hap에서 기원했고, happy는 happen에서 나왔다는 것이다. 그러다 보니 대부분의 언어권에서 행복을 '우연히 찾아오는 복'이라고 정의하고 있다. 대린 맥마흔은 칼럼에서 행복해지려고 노력하라고 말한다.

행복과 만족의 차이는 무엇일까? 물질적으로 보상되는 급여, 복지 등으로 기본적인 만족을 줄 수는 있지만, 행복을 줄 수는 없다. 배고프면 행복을 느낄 수 없는 것처럼 물질적으로 충족되지 않으면 행복을 느낄 수 없다. 배가 어느 정도 차면 이제는 맛있는 음식을 먹고 싶은 것처럼 기본적으로 조직에 만족을 느꼈다 해도 행복을 찾아 떠나는 신입사원들을 잡기 위해서는 만족을 넘어 이제는 행복을 느끼게 해주는 조직 내 시스템이 필요하다.

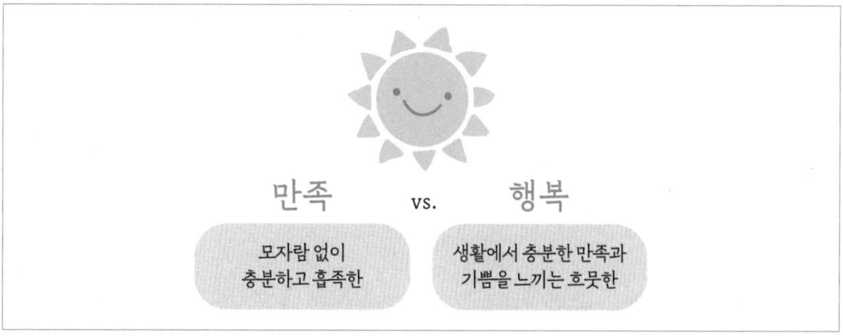

누구나 불만은 가지고 있다. 조직에 만족하지는 않더라도 행복한 직장 생활을 할 수 있다는 것은 누구와 함께 일하느냐는 관계와도 중요하게 작용한다.

"사람, 행복의 90%가 인간관계에 달려 있다."

- 키르케고르

서울대학교 최인철 교수가 쓴 『굿라이프』에서 '행복한 사람의 삶의 기술'(108쪽)을 보면 행복한 사람들은 비록 자신보다 높은 점수를 받았더라도 만나면 기분이 좋은, 즉 유대감을 경험할 수 있는 친구를 선호하지만, 행복감이 낮은 사람들은 자신보다 점수가 낮아서 우월감을 느낄 수 있는 친구를 선호한다는 점을 발견했다. 행복한 사람들은 지지와 유대감을 주는 사람들을 선호하고, 행복감이 낮은 사람들은 우월감을 느끼게 해주는 사람들을 선호한다는 점을 시사하는 결과였다.

또한 행복한 사람의 삶의 기술에서는 돈의 힘보다 관계의 힘을 믿는다고 말한다. 책에서는 행복한 사람들과 행복하지 않은 사람들이 자신의 경험

카트에 넣는 내용물을 비교하는 연구를 했는데, 행복한 사람들은 '좋은 사람과 보내는 시간'을 자신의 카트에 집중적으로 쓸어 담지만, 행복하지 않은 사람들은 '금전적 이득'을 주로 담는다는 것이다. 한마디로 행복한 사람들은 친밀한 사람들이 주는 위로를, 행복감이 낮은 사람들은 돈이 주는 위로를 찾았다.

연세대학교 심리학과 서은국 교수는 '국제 행복 연구 프로젝트'를 진행하고 있는데, 미국 캘리포니아대학과 버지니아대학 연구진들과 함께 행복한 생활의 습성에 대한 자료를 모았다. "하루 중 다른 사람과 함께 보내는 시간은 대략 몇 %이고, 혼자 보내는 시간은 몇 %입니까?"라는 문항에서 〈그림 1〉과 같은 그래프를 얻을 수 있었다.

그래프에서 볼 수 있듯이 행복한 사람들과 불행한 사람들의 차이는 확연했다. 한국의 경우, 행복한 사람들은 하루의 약 72%의 시간을 다른 사람

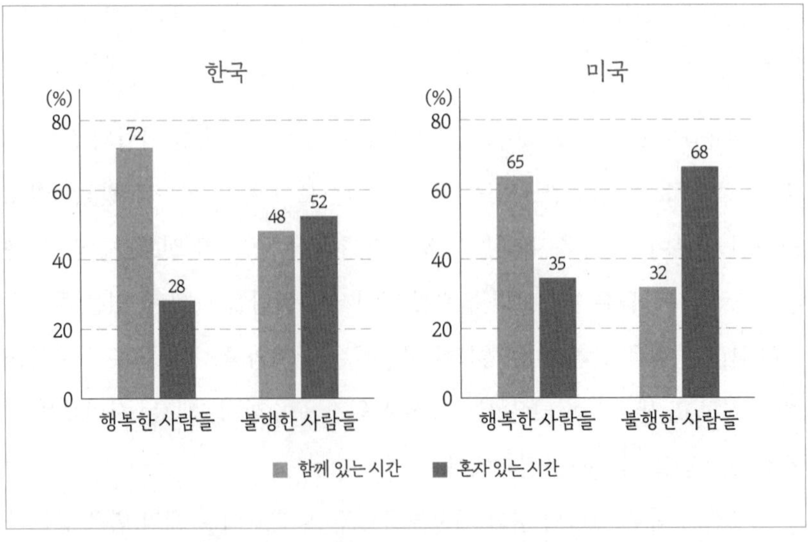

〈그림 1〉 시간 소비 형태: 행복한 사람 대 불행한 사람

출처: 서은국, 『행복의 기원』, p. 143.

과 함께 보내지만, 불행한 사람들은 누군가와 함께 있는 시간(48%)보다 혼자 있는 시간(52%)이 조금 더 많다.

미국도 마찬가지다. 행복한 사람들은 혼자 있는 시간보다 사회적 시간이 약 2배 많았지만(65% 함께, 35% 혼자), 불행한 사람들은 혼자 있는 시간이 2배 이상 많다(32% 함께, 68% 혼자). 한국인이든 미국인이든 사람들과 같이 있을 때 훨씬 더 행복함을 느끼는 것을 볼 수 있다.

혼자일 때보다 누군가와 함께 있을 때 더 높은 행복감을 느끼는 것을 알 수 있다. 그렇다면 누군가와 함께하기 위해 노력하면 될 텐데 왜 내향적인 사람들은 외향적인 사람들만큼 타인과 어울리려고 하지 않을까? 그 이유로 내향적인 사람들은 다른 사람들과 함께하는 것이 싫어서라기보다는 어색함이 불편하기 때문일 수도 있다. 하지만 행복한 사람들은 많은 시간을 다른 사람들과 보내기 때문에 내성적인 성향일지라도 행복을 찾기 위해서라면 어색함을 극복하고 새로운 사람을 통해 새로운 관계를 만들어갈 필요가 있다.

버디 시스템 기반 리더십코칭에서 말하는 관계에서 중요한 전제조건은 즐거움과 편안함을 가져다주는 관계다.

젊은 사원들에게 '평생직장'이라는 단어는 무의미하며 자신과 직장생활이 안 맞는다고 느껴지면 주저 없이 퇴사를 선택한다. "요즘 신입사원들은 근성이 없어~", "인내심이 없어~", "배가 불러서 그래~"라고 말하기에는 세태가 변화하고 있다는 것을 인지해야 한다. 과거 조직을 위해 충성하고 희생해야 했던 집단주의적 삶을 살았던 우리 세대와는 다르게 워라밸과 자신의 삶, 행복을 우선시하는 개인주의적 시대를 살아가고 있는 세대에게는 직장에서도 행복을 느낄 수 있는 시스템이 필요할 수 있다.

(4) 한국 사회에서 버디 시스템 기반 리더십코칭에 필요한 요소

행복과 만족이 다른 것처럼 버디와 멘토는 다르다. 만족이 이성적인 접근으로 부족한 부분을 채워줬을 때 작용한다면, 행복은 감성적인 접근으로 부족한 부분을 채워주지 못하더라도 함께하고 있다는 것만으로도 위로가 되고 힘이 되기 때문에 설령 만족하지 못하더라도 행복감을 느낄 수 있다.

'나'보다는 '우리'라는 단어를 더 많이 사용하고 있는 한국 사회는 타인에 대한 공감과 상호관계를 강조한다. 따라서 외향성을 지닌 개인주의와 내향성을 지닌 집단주의로 나누는 것보다 개인과 집단 모두에서 공통적으로 나타나는 '관계'하는 방법의 차이에 집중할 필요가 있으며, 조직 내에서도 어떻게 사회적 관계를 만들어줄 것인지에 대한 고민을 필요로 하는 과정에서 버디 시스템 기반 리더십코칭이 더욱 중요해지는 시기다. 따라서 버디 시스템 기반 리더십코칭을 하기 위해서는 몇 가지 환경이 조성되어야 한다.

첫째, 조직성과 위주의 집단주의적 사고에서 개인주의적 사고로 인식의 변화를 해야 한다. 세계적 개인화 트렌드에 맞춰 조직원들의 개인주의적 사고를 받아들이는 변화가 필요하다.

둘째, 만족을 넘어서 행복을 느끼게 해야 한다. 개인의 행복은 직장 적응에 도움이 되며, 직장을 오래 다니고 싶게 만드는 동기를 부여해준다.

셋째, 친밀감과 공감대를 느낄 수 있도록 해야 한다. 상사가 아닌 가급적 동료(또래) 버디를 만들어주어야 한다.

넷째, 형식이 아닌 필요시마다 함께할 수 있어야 한다. 시스템이라는 틀에 갇히지 않기 위해서는 커뮤니티 또는 SNS로 확장하여 소통이 이루어질 수 있어야 한다.

다섯째, 단기간이 아닌 1년 이상 장기간에 걸쳐 지속되어야 한다. 1년 이상 적응되면 이후에는 퇴사율도 줄어들기 때문이다.

3 버디 시스템 기반 리더십코칭 사례

(1) 취업 준비를 도와주는 버디 시스템 기반 리더십코칭

경력단절 여성이거나 기존에 해온 직무가 아닌 새로운 분야로 취업을 준비하는 경우는 재취업교육을 통해 취업을 준비하는 경우가 대부분이다. 그런데 교육 팀장 입장에서는 큰 고민거리가 하나 있다. 그것은 바로 교육생들의 중도 탈락이다. 취업이 잘되는 교육과정의 경우는 심지어 지원서와 면접까지 보면서 교육생을 선별하고 있다. 그렇게 심혈을 기울여 취업 의지가 있는 교육생들을 뽑았는데도 막상 교육에 들어가면 중도 탈락자들이 발생해서 교육담당자는 물론 팀장을 당황하게 하곤 한다.

20년이 넘도록 취업교육을 받는 대상자들을 상대로 커리어코칭을 해본 결과 이들에게는 두려움이라는 것이 있었다. 전공자도 어려워하는 걸 비전공자가 한다는 것이 쉬운 일은 아닐 것이다. 처음 배우는 내용이다 보니 이해하는 시간이 부족했으며 이해되지 않은 상태로 그다음 수업을 따라가야 하는데, 교육 기간 중 하루라도 빠지면 그다음 진도를 따라가기가 더욱 벅찼다. 이렇게 하루 이틀 교육에 빠지다 보니 더 이상 진도를 따라갈 자신감이 떨어졌고, 이후에 중도 탈락으로 이어졌다. 이러한 현상들을 보면서 교육 초기에 교육생들끼리 뭔가 의지할 수 있는 것을 만들어주고 싶다는 생각을 하게 되었다. 그래서 교육기관 팀장님에게 교육생들이 교육을 수료하는 시점에 커리어코칭을 하는 것도 좋지만, 중도 탈락자가 생기지 않도록 개강일에 맞춰서 취업 대비 교육을 할 것을 제안했다. 팀장님은 이러한 제안을 적극 수용해주셨고, 이후 교육과정 개강일에는 이론수업을 진행하지 않고 교육생들이 교육에 잘 적응할 수 있도록 조를 구성하여 조별로 약속을 정하고 각자의 역할을 정하도록 했다. 그 역할 중에는 반드시 학습담당자를 정해두어 같은 조원 중에 누군가 수업에 빠질 경우 이전 수업에 대해 정리한 내용을 공유하고 디브리핑(debriefing) 해주도록 했다. 이후 교육생들은 첫날에 조원들과 함께 만든 약속을 지키려고 노력하면서 자연스럽게 서로 친해지게 되었고, 자신이 수업 진도를 따라가지 못하더라도 조원들이 함께한다는 생각에 든든

〈그림 2〉 취업준비생의 역할 나누기를 통한 관계 형성

해했다. 또한 하루 이틀 수업을 빠진 교육생들이 이전과 다르게 중도 탈락으로 이어지지 않다 보니 교육생들의 중도 탈락률도 확연하게 줄어들었다. 이처럼 버디 시스템 기반의 리더십코칭은 취업을 준비하는 교육생들이 교육에 잘 적응할 수 있도록 해준다.

(2) 신입사원의 적응을 도와주는 버디 시스템 기반 리더십코칭

A 기업 코칭을 하는 과정에서 한 팀장이 투덜거렸다. "아니, 우리 회사는 정시퇴근하고 복지 좋고 급여도 높은 편인데, 퇴사를 한다는 게 도대체 이해를 못 하겠어요. 그렇다고 다른 회사로 가는 것도 아니고 해서 이직할 회사 정해지면 그때 그만두라고 해도 당장 다음 달부터 그만둔다는 거예요. 요즘 젊은 친구들 도대체 이해가 안 됩니다." 팀장의 이야기를 듣고 나서 퇴사 이유가 궁금해져 팀장에게 조심스럽게 물어봤다. "그 친구가 왜 그만둔다고 하나요?" 팀장이 어이없다는 표정으로 "재미가 없대요, 글쎄…. 직장생활이 무슨 놀이터입니까? 재미가 없게~" 왜 재미가 없을까 궁금해졌고, 팀장을 통해 알고 보니 2년이 채 되지 않는 젊은 친구의 팀원 중에 또래가 없었던 것이다. 자신만 20대이고 나머지 팀원들은 모두 40~50대 이상이라서 자신이 늘 그들의 심부름을 해야 했고, 서운한 일이 있어도 친구처럼 편하게 마음 놓고 함께 욕할 사람이 없었던 것이다. 동기, 즉 또래가 주는 편안함은 직장생활의 만족과도 연결된다는 것을 보는 순간이었다.

신입사원들이 '조직과 직무 적응 실패'로 퇴사하고 있다는 사실을 알고 있는가? 취업포털 인크루트와 알바앱 알바콜이 직장인 1,831명을 대상으로 '첫 직장 재직 여부'를 조사한 결과 신입사원의 90%가 1년 이내에 첫 직장을 그만두는 것으로 나왔다. MZ세대에게 '평생직장'이라는 단어는 꼰대들이나 쓰는 단어이고 직장이 자신과 맞지 않는다는 생각이 들면 바로 퇴사한다. 더욱이 놀라운 것은 '선(先)퇴사, 후(後)구직 활동'을 한다는 것이다. 취업 플랫폼 잡코리아 조사 결과 20대와 30대 남녀 직장인을 상대로 '첫 이직 경험'에 대해 조사했는데, "이직할 곳이 정해진 후 퇴사했다"는 응답자는 21.2%에 불과했고, 나머지 78.8%의 응답자는 "퇴사 후 이직 준비를 했다"고 답했다. 이들이 꼽은 퇴사 사유는 '연봉'이 아니라 일과 삶의 불균형, 즉 '워라밸(Work-Life Balance)'이었다. "업무 과다 · 야근으로 개인 생활을 누리기 힘들어서 퇴사했다"는 응답률이 38.6%로 가장 높게 나왔고 다음이 연봉 불만, 회사 비전, 동료 간의 불화 등이었다. 사람인에서 조사한 결과도 비슷하게 나왔다. 개인 만족이 훨씬 중요한 세대라서 조기 퇴사율이 높게 나타나고 있다. 흥미로운 것은 사람인의 조사 결과 "시대의 변화에 기업이 따라가지 못해서"가 30.5%나 차지하고 있다는 것이다. 이는 기업의 시스템이 젊은 세대의 삶을 이해하지 못하고 있기 때문이다.

이를 반영하듯이 "직장인들이 뽑은 일하기 좋은 기업"에서도 최근에는 대기업 대신 빅테크 기업들이 순위에 진입하며 네이버웹툰이 1위로 꼽혔다. 기존 대기업보다 IT업계가 비교적 수평적인 사내 문화를 갖췄고, 처우가 크게 좋아졌기 때문이다. 이처럼 좋은 직장에 대한 인식이 달라지면서 과거와 달리 고임금에도 퇴사가 많아지면서 직장생활에 대한 의미를 다시 살펴볼 필요성이 있다.

시장조사 전문기업 엠브레인 트렌드모니터가 전국 만 19~59세 직장인 성인 남녀 1,000명을 대상으로 '좋은 직장' 및 직장생활 만족도 조사를 실시한 결과 이번 코로나19를 겪으면서 회사의 조직문화(57.2% 동의율)와 인간관계(50.3%)에 대해 생각해보게 되었고, 만약 조직문화(52.3% 동의율)나 직장 동료와의 관계(46.0%)가 좋은 편이라면 연봉이 조금 적더라도 오래 다닐 의향이 있다는 생각을 내비치고 있었다. 실제 현 직장에서의 만족도를 높게 평가한 직장인들의 경우 직장 내에 정서적 교감을 나눌 수 있는 동료가 존재하며(57.1% 동의율) 팀원들과의 친밀도가 높은 편인 데다(52.2%) 부서 내에서 업무적 자율성을 보장해준다(58.4%)는 응답이 많은 편이었다.

팀장의 생각처럼 신입사원들을 인내심이 부족하다고 탓하기보다는 또래 동료와의 관계를 형성하여 현 직장에서 동료들과 업무를 익혀나감으로써 정서적으로 교감을 나눌 수 있는 동료들을 만들어주어야 하며, 조직과 함께 성장하고 발전할 수 있다는 믿음을 심어주는 버디 시스템 기반의 리더십코칭이 필요하다.

(3) 인생 2막 준비를 도와주는 버디 시스템 기반 리더십코칭

명절에 가족들이 모여 이야기를 나누는 동안 핸드폰이 가장 많이 울린 분은 다름 아닌 94세의 할아버지셨다. 아직도 자전거를 타고 호수공원을 돌며 하루를 바쁘게 살 수 있었던 것은 바로 친구들이 있었기 때문이다. 하루는 어두운 얼굴로 집에 들어오셔서 밖에서 무슨 일이 있으셨냐고 물어보았는데, "한 친구가 오늘 또 세상을 떠났어"라고 말씀하셨다. 그렇게 94년 동안 많은 친구를 떠나보냈는데도 항상 곁에 많은 친구들이 있을 수 있었던 이유는 바로 호수공원을 다니시면서 또 다른 새로운 친구들과 꾸준한 관계를 이어오셨기 때문에 가능했다. 은퇴 후에 건강하고 행복하게 노년을 살아가고 싶다면 새로운 관계를 만들기 위해 노력해야 한다.

조지 베일런트 교수를 포함한 하버드대학교 연구팀은 1938년 하버드대학교에 입학한 2학년생 268명의 삶을 72년간 추적했는데, 대부분 90대가 된 이들 중 60명 정도가 생존해 있었다. 연구 결과에 의하면, 우리를 행복하게 만드는 것은 바로 '좋은 인간관계'라는 것이다. 행복하고 건강한 삶은 사람의 힘으로 통제할 수 있는 행복의 조건 일곱 가지를 50대 이전에 얼마나 갖추느냐에 달려 있다고 한다. 그중 "우리의 삶을 행복하게 만드는 가장 중요한 것은 바로 좋은 인간관계"라는 것이다.

"인생 2막은 새로운 만남으로 새로운 사회적 관계를 만들라."

은퇴 후에는 그동안 하지 못했던 여행과 취미생활을 하며 시간을 보내야겠다고 생각하지만, 막상 은퇴하고 나면 자신이 생각했던 삶은 현실과 다르다는 것을 깨닫는다. 30년을 일했다고 가정할 경우 하루 8시간 기준으로 7만 2천 시간을 일하면서 하루를 보내왔다. 하지만 은퇴 후에는 잠자는 시간

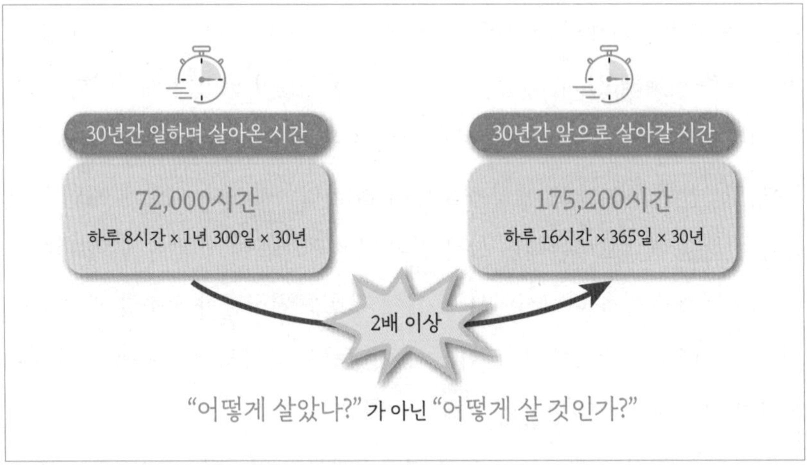

〈그림 3〉 살아온 시간 vs. 살아갈 시간

8시간을 빼고 남은 16시간을 30년간 보내야 하기 때문에 17만 5,200시간을 버텨야 한다. 살아온 시간보다 앞으로 살아가야 할 시간이 2배 이상 많다. 이 많은 시간을 누구와 보낼 것인지에 따라 그 시간이 행복이 될 수도 있고 지옥 같은 시간을 보낼 수도 있다. 그렇기 때문에 은퇴 후 새로운 관계를 만들어나가는 일은 인생 2막을 열어가는 데 매우 중요하다.

은퇴 후 인간관계는 가족에만 한정해서는 안 된다. 종일 가족하고만 보낼 수는 없는 일이기에 아주 평범하고도 일상적인 생활 속에서 새로운 관계가 이루어져야 한다는 소리다. 미래에셋투자와연금센터가 2016년 발표한 '4대 관계망을 통해 본 은퇴 후 인간관계의 특징'에 따르면, 배우자와 함께하는 시간을 '줄이고 싶다'고 대답한 은퇴자가 '늘리고 싶다'고 한 은퇴자보다 6배나 많았다. 이 같은 현상들에 비추어보면, 과거 직장생활을 할 때는 직위에 따라 자연스럽게 형성된 관계들과 가족이 있었지만, 은퇴 후에는 이러한 관계에서 벗어나 새로운 만남으로 새로운 사회적 관계를 만들어가야 한다. 원만한 대인관계를 유지하려면 가족이나 가까운 지인에만 국한하지 말고 관계를 새롭게 만들어나가야 삶에서 가장 중요한 인간관계를 통해 행복하고 건강한 노후생활을 즐길 수 있다.

'사회통합실태조사'를 통해 신중년층의 행복에 영향을 미치는 요인을 살펴보면 소득, 가족관계, 건강, 주거 등 여러 요인이 꼽힌다. 이 중에서도 눈길을 끄는 것은 사회적 관계 요인인데, 아플 때 도움받을 수 있는 사람이 많을수록, 우울할 때 대화할 수 있는 사람 수가 많을수록 행복감도 높아졌다. 한림대학교 사회복지학과 최유석 교수에 따르면 "1인 가구가 증가하고, 가족 간 관계가 점차 약화되는 추세는 행복도를 낮추는 요인으로 작용할 수 있다"며 "약화된 가족의 지지를 대신할 수 있는 사회적 지지가 중요하다"고 짚었다. 따라서 은퇴 후에는 사회적 지지를 보내줄 새로운 관계가 필요하다.

노후에는 사회적 관계가 중요해지는 만큼 은퇴 후에도 다양한 사람과 교류하며 인생을 행복하게 채워나가기 위해서는 인생 2막을 준비하는 사람들에게 버디 시스템 기반의 리더십코칭이 필요한 이유다.

성찰질문

아래의 질문에 스스로 답해보시기 바랍니다.

1. 버디 시스템 기반 리더십코칭이란 무엇인가?
2. 어떠한 사람들에게 버디 시스템 기반 리더십코칭이 필요한가?
3. 버디 시스템 기반 리더십코칭은 멘토링 시스템과 어떠한 차이가 있는가?
4. 한국 사회에서 버디 시스템 기반 리더십코칭이 필요한 이유는 무엇인가?
5. 한국 사회에서 버디 시스템이 가지는 의미는 무엇인가?

참고문헌

갤럽리포트. 「직장인 조사 2021 (3) 직장생활 평가와 만족도」. 2021. 4. 14.

대린 맥마흔. 『행복의 역사』, 살림출판사, 2008.

대한산업보건협회. 「사고방지와 2인1조(Buddy System) 작업방식」, 『산업보건』 339, 2016.

데이비드 브룩스. 『두 번째 산』. 이경식 역. 부키, 2020.

박선영. 「한국사회 증상으로서의 집단주의와 개인주의: 정신분석적 고찰」, *Journal of Lacan & Contemporary Psychoanalysis 18*(2), Summer 2016.

서은국. 『행복의 기원』, 21세기북스, 2014.

정태연. 「한국사회의 집단주의적 성격에 대한 역사 · 문화적 분석」. 『사회심리학회지』 24(3), 2010.

조지 베일런트. 『행복의 조건』. 프런티어, 2010.

채성숙. “트렌드모니터, 연봉보다 조직 내에서 의미를 찾고 있는 직장인들”. 매드타임스(MADTimes), 2022. 11. 13.

최인철. 『굿라이프』. 21세기북스, 2018.

트렌드모니터. 「‘좋은 직장’ 및 직장 생활 만족도 조사」. 엠브레인 컨텐츠사업부, 2022.

한국능률협회컨설팅(KMAC) 경영매거진. 『치프 이그제큐티브(CHIEF EXECUTIVE)』. 2020. 11.

한귀영. “[초고령 대한민국: 신중년 시대] 학력 높고 경제적으로 풍요한 ‘신중년’ 5060, 행복지수 높이려면?”. 한겨레신문, 2020. 10. 12.

허태균. 『어쩌다 한국인』. 중앙북스, 2016.

Kenneth C. Knowlton. “A Fast storage allocator.” *Communications of the ACM*, *8*(10): 623–625, Oct 1965. also Kenneth C. Knowlton. “A programmer’s description of L6.” *Communications of the ACM*, *9*(8): 616–625, Aug. 1966 [see also: Google Books page 85]

한혜정

7. AI 시대에 필요한 영적 리더십코칭 사례

"리더십은 공유된 열망을 위해 노력하기를 원하는 다른 사람들을 조직하는 예술이다."

– 제임스 M. 쿠제스, 베리 Z. 포스너, 『리더십 챌린지』 중에서

1 인공지능 시대의 리더십 변화

탁월한 리더는 단지 유능함으로 되기 어렵다. 만일 미래 방향감각이 있는 지도자가 진실하지 않으면 구성원들은 함께 배를 탈 때 망설이게 될 것이다. 인공지능으로 통제하고 빅데이터로 전 세계가 연결된 세상에서 요구되는 리더의 모습이 달라지고 있다. 단지 "나를 따르라!"는 식의 리더는 거부한다. 리더가 높은 단상에서 내려와 낮은 곳에서 '수평적 리더십'을 발휘하기를 요구한다. 리더는 단지 말을 잘하는 사람이 아니다. 미래의 비전을 주면

서 신뢰를 갖고 협업하지 않으면 살아남기 어렵다.

구글 맵을 사용해 지도를 찾을 때, 보고서의 맞춤법 검사를 할 때도 AI를 사용한다. 이제 AI가 직장을 넘어 식당이나 병원에서도 쓰이면서 일상으로 파고들고 있다. 하지만 챗봇의 경우, 감정적 인텔리전스를 사용해 더 나은 고객 서비스 경험을 제공할 수 없다. 사람들은 로봇보다 살아있는 사람의 대응을 필요로 하는 경우가 많다. 단순한 일은 거의 인공지능이 하고 있어서 사람은 복잡한 감정을 다루거나 심리를 다루는 일을 하게 될 전망이다.

> "눈에 보이는 것보다 보이지 않는 것이 더 중요한 시대로 접어들어서 영적 리더십이 절실하다."

코로나19 이후 사람을 살리고, 가정을 살리고, 사회와 나라를 살리는 '영적 리더십'이 우리 사회에 더욱 간절히 필요해졌다. 대면보다 비대면으로 관계하면서 더욱더 소외되는 사람들이 늘어나고 있다. 어차피 사람은 다른 사람들과의 관계로 시간을 많이 보내며, 사회적 네트워크가 중요해지면서 소통의 욕구도 강해지고 있다. '보이는 것'보다 '보이지 않는 것'에 대한 욕망이 커지면서, 결국 인간의 내면적 세계에 관심을 가지게 된다.

인간은 몸과 마음, 정신과 영혼을 지닌 '전인적 존재(holistic existence)'다. 의미를 찾는 존재로 성숙으로 가는 '성화(聖化)의 삶'을 산다. 성화(sanctification)란 기독교 신학에서 사용하는 신학적 용어로, "성도가 일생을 살면서 그의 신앙적 삶이 거룩하게 되어가는 과정"을 말한다. 성도(聖徒)의 뜻은 '거룩한 무리'라는 의미와 거룩한 사람으로 살아가는 행위를 말한다.

업무에서도 존중과 학습을 통한 성장을 거쳐 경제적인 존재로만 보는 것을 넘어 영성을 이야기하는 시점이다. 조직의 변화를 이끄는 리더에게 요구되는 것이 바로 '영성 리더십'이다. 리더십이 인간 상호작용의 신체적 · 정신적 · 감정적 요소들에 대한 다양한 범위에서 이야기되었지만, 정작 '보이지 않는 것'은 '보이는 것'을 넘어설 때 힘을 발휘한다. 영적 리더십코칭은 신앙적인 접근이 강하다 보니 오히려 일반인들에게 알려지지 않고 있다. 현대사회가 물질적인 측면만 강조하다 보니 영적인 측면은 소홀히 다루고 있는 것은 아닌지 되돌아보아야 한다.

2

영적 리더십코칭이란 무엇인가?

(1) 영성의 개념

'영성(spirituality)'이라는 말은 원래 '생명력'을 나타내는 라틴어 'spiritus'에서 나왔다. '기본적인 생기를 불어넣는 힘'을 의미한다. 'spirit'은 에너지의 내재적 원천과 그러한 힘을 외재적으로 표현한 것으로 종교적 모습을 갖고 있다. 학문적으로 영성은 "정신적으로 생명력을 불어넣는 기본적인 원리로, 개인의 행동과 인식으로 표현되는 모습"이라 정의하기도 한다. 종교적으로 교집합을 갖고 있다고 생각하지만, 영성이란 영원한 힘을 지닌 절대자의 힘에서 나온다.

물질주의 시대이지만, 인간은 도구화에서 벗어나 내면적인 가치를 찾는 존재로 변화되고 있다. 인간의 본질적인 욕구를 다룬 매슬로(Maslow)에 따르면 생리적 욕구, 안전 욕구, 소속과 애정 욕구, 인정 욕구, 자아실현의 욕구 등 5단계가 있다고 했다. 시간이 흘러가면서 자아실현의 욕구를 초월하는 자기초월 욕구인 메타 욕구가 존재한다고 보았다. 결국 삶은 영 · 혼 · 육이 통합적으로 영위하는 것이기 때문에 조화를 이루어 성장해가는 과정이라고 할 수 있다.

(2) 영적 리더십의 개념

사람들은 요즘 삶에서 중요한 것을 잃어버리고 있다는 생각에서 '일상적 허무'를 느낀다. 무엇인가 중요한 것을 찾기 위한 삶의 의미를 탐색한다. 생명을 살리고 사회를 살리고 나라를 살리는 것, 즉 리더십은 '살리는 것'이다. 영적 리더십은 방향을 잘 잡고 살리는 자리로 나아가도록 한다. 리더는 움직이는 사람들이자 앞서가는 사람들이다. 공유된 목표를 성취하기 위해 공동체가 나아가게 하는 영향력이 리더십이다. 리더십에서 사용되는 카리스마는 '카리스'라는 헬라어에서 왔다. 뜻은 '무상으로 주어진 선물', '은혜'를 말한다. 일상에서 자신의 영성에 대한 명확한 감각을 가지고 있는 리더나 구성원들이 조직을 더 크게 변화시킬 수 있다고 보았다. 모든 인간은 영적 필요를 지닌 영적 존재로 영적 리더십은 소명이다.

페어홀름(Fairholm, 1998)은 과학적 관리에서 영적 관리까지 연속체로서 리더십의 5단계를, 프라이(Fry, 2003)는 소명의식과 멤버십을 더해 영적 욕구의 영역을 포함하여 영적 리더십의 종교적 · 윤리적 · 가치적 관점을 말했다. 영적 리더십의 구성요소는 갈망하는 것에 대한 절대적인 확신인 신념과 이

타적 사랑, 진리를 향한 비전이다.

영감을 주는 리더가 함께하는 사람들의 열정에 불을 붙여 자신이 중요한 무언가의 일부라고 느끼기 원하는 동기를 부여하게 된다. 그러면서 더 나은 세상으로 가고자 하는 비전에 자연스럽게 끌리게 된다. 결국은 더불어 미래를 스카우트하게 된다.

〈표 1〉 영적 리더십의 특성

신념(faith)	이타적 사랑(altruistic love)	비전(vision)
인내/끈기 권한위임 도전적 목표	신뢰/충성 용서/수용/감사 윤리 정직 용기 겸손 호의 공감/연민	이해관계자들과의 충분한 교감 목표와 방향의 정의 높은 이상의 반영 희망 · 신념의 고취 탁월한 기준 수립

출처: Louis W. Fry (2003), "Toward a theory of spiritual leadership," Leadership Quarterly 14, p. 695를 재구성하여 재인용.

〈표 2〉 일반적인 리더십과 영적 리더십의 비교

일반적인 리더십(nature leadership)	영적 리더십(spiritual leadership)
• 자기확신이 있다. • 사람들을 알고 있다. • 스스로 선택하고 결정한다. • 야심, 욕심이 있다. • 스스로 방법을 구상한다. • 다른 사람들을 조정하고 지휘하기를 좋아한다. • 개인적인 이유에 의한 동기 형성을 한다. • 독립적이다.	• 하나님 안에서 확신이 있다. • 하나님을 알고 있다. • 하나님의 뜻을 알려고 애쓴다. • 자기를 내세우지 않는다. • 하나님의 방법을 구하고 따른다. • 하나님께 순종하기를 기뻐한다. • 사람들을 섬기기를 좋아한다. • 하나님과 사람을 향한 동기 형성을 한다. • 하나님을 의지한다.

출처: 마영숙, 「성경에 나타난 영적 지도자의 리더십」, 고신대학교 석사학위논문, 2010.

조지 바나(George Barna)는 "영적 리더는 사람을 이끌도록 하나님께 부름받은 자로, 예수님의 성품으로 이끌어 리더십을 위해 기능적인 능력과 영향력을 발휘할 수 있는 자"라고 한다. 삶으로 예배하는 사람들이 세상 가운데서 성령의 도우심으로 영향력을 미치며, 영적 리더십을 발휘한다.

(3) 영적 리더십코칭

영적 리더십코칭은 신앙을 바탕으로 한다. 코칭 철학의 기반 위에 절대자의 인도하심으로 나아가는 도구로 코칭을 사용한다. 코칭은 "사랑을 바탕으로 조건없이 상대를 배려하고 스스로 해석하고, 결정하고, 확인하는 과정을 통해 방향을 잡아가는 과정"이다. 사람들 간에 수평적 관계로 서로를 세우는 것, 서로 윈윈하는 것, 영적 리더의 삶으로 살아가는 데서 길이 열린다.

일과 삶이 분리되어 한 사람의 삶이 통합되지 않고 늘 갈등과 허무에 머물렀던 데서 전인적인 한 인간으로서의 삶이 하나님 안에서 발견될 때 사람을 살리는 생명이 흘러간다.

사람은 인생에 의미 있는 일을 할 때 즐거움뿐 아니라 성숙의 자리로 가게 된다. 한 사람을 대할 때 한 영혼으로 대하게 되고, 삶에서 풍성함을 갖게 된다. 한 사람의 삶으로 일을 어떻게 보아야 하는지 의식을 갖고 사는 것이 중요하다. 사람은 일을 가치 있게 여기고 삶의 목적을 성취해나갈 때 만족을 얻게 된다. 일하는 것에서 개인적인 표현, 성취의 경험을 창조하는 일상을 맛보게 된다. 영적 리더십코칭은 그 길을 가도록 돕는 좋은 도구가 된다.

〈표 3〉 리더십의 비교

구분	변혁적 리더십	서번트 리더십	영적 리더십
정의	• 이상적인 목표의 가치와 중요성에 대한 구성원들의 의식 수준 높이기 • 조직을 위해 자신의 이익을 초월함 • 더 높은 수준의 욕구에 기울어 기대 이상의 성과를 이끌어내는 리더십(Bass, 1985)	• 타인을 위한 봉사에 초점 • 커뮤니티를 우선으로 여김 • 그들의 욕구를 만족시키기 위해 헌신하는 리더십(Greenleaf, 1970)	인간의 영적 욕구인 소명의식과 멤버십을 충족시켜 그들 자신과 다른 사람들을 내재적으로 동기부여하는 가치, 태도, 행동들을 구성하는 리더십(Fry, 2003)
주요 연구자	Burns(1978), Bass(1985)	Greenleaf(1970), Spears(1995)	Fairholm(1998), Fry(2003)
추구 목표	리더 및 조직의 목표 달성, 구성원 개인의 발전	구성원의 자율성과 도덕적 발전, 공동선의 강화	구성원의 전인적인 힘의 증진을 통한 조직과 개인의 웰빙 추구
행동 요인	카리스마/역할 모델/개별 배려/지적 자극	경청/공감/치유/설득/인지/통찰/비전 제시/청지기 정신/구성원의 성장/공동체 형성	신념/비전/이타적 사랑
동기부여 방법	top-down(modeling)	bottom-up(serving)	interaction
리더의 관점	조직의 목표 달성 초점	구성원의 다양한 욕구에 초점	구성원의 영적인 욕구에 초점
구성원의 반응	고양된 동기, 추가적 노력	리더의 섬김에 대한 모방	소명의식, 멤버십 고취

출처: Graham, J. W., "Servant leadership in Organizations," Leadership Quarterly 2(2), 1991, p. 107에서 저자의 해석을 바탕으로 재구성하여 재인용.

1
영적 리더십코칭 사례

(1) 버디 코칭 UP

선교사란 소명을 받은 하나님의 사람이 세계 어디든 마다하지 않고 나아가 죽어가는 영혼을 깨우는 영적 리더를 말한다. 현재 한국세계선교협의회에서 주관하고 한국선교연구원에서 조사 및 발표한 것에 따르면, 167개국에서 활동하는 것으로 나타났다.

버디 코칭은 선교사들을 위한 코칭으로, 기본 코칭에 영적 코칭을 더한 코칭 기법이라고 할 수 있다. 시대의 흐름에 따라 강권적 복음에서 수평적 복음을 전함으로써 사랑을 전하는 통로이자 섬기는 리더십으로 변화되고 있다. 현지에서 대상자와 서로의 관계를 잘 형성하기 위해 질문으로 하는 코칭 대화가 좋은 도구라는 이야기를 한다. 영적 리더십이 자신을 내려놓고 한 영

〈표 4〉 교단과 초교파 단체의 선교사 수(2020~2021)

교단	단체 수		선교사 수		초교파(비교단)	단체 수		선교사 수	
	2020	2021	2020	2021		2020	2021	2020	2021
50명 미만	17	17	374	421	50명 미만	145	140	1,946	1,926
50~99명	8	7	583	500	50~99명	19	19	1,381	1,345
100~199명	6	7	748	836	100~199명	13	12	1,750	1,576
200~499명	6	6	2,479	2,498	200~499명	10	10	3,721	3,596
500~999명	2	2	1,324	1,367	500~999명	2	2	1,222	1,196
1,000명 이상	3	3	5,694	5,546	1,000명 이상	2	2	2,474	2,522

혼을 향한 사랑을 전할 때 복음은 방향을 잘 잡고 나아가는 것을 볼 수 있다. 2년차 버디 코칭으로 섬기면서 가족이 살아나고, 만나는 사람들이 깨어나는 것을 보게 된다는 간증에서 감사를 나누는 시간이 되고 있다.

(2) 버디 코칭 UP 프로세스 SGROWT 사례

버디 코칭으로 SGROWT 모델을 개발하여 진행했다. 현재 8기가 진행되고 있는데, 매번 선교사들의 변화되는 모습에서 전문 코치로 업그레이드 되고 있는 것이 보인다.

① Spirit(영성에 의지)

영적으로 라포르가 형성되어 진행하게 한다. 코치는 늘 깨끗한 마음을 유지해야 한다. 기도하고 말씀을 묵상하면서 만나는 영혼을 위한 준비의 시간이다. 무엇보다 코치는 자신을 잘 컨트롤해야 하는데, 하나님과 소통의 시간이 가장 중요하다.

② Goal(목표 잡기)

내가 원하는 목표를 잡기보다는 하나님이 원하시는 것을 목표로 한다. 선한 영향력을 끼치기 위한 준비의 시간이 된다. 주제를 정하게 하고 이유를 물어보는 과정에서 자신의 욕심인지, 소명인지를 찾게 된다.

③ Reality(현실 파악)

매번 넘어지는 데서 넘어진다. 그 단계를 뛰어넘을 힘을 갖기 위해 무엇이 방해되는지, 상태는 어떤지 등을 직시하는 시간이다. 존재에 대해 볼 수 있는 시간을 갖고 무엇에 의미를 두는지도 파악한다.

④ Option(전체 보기)

현실을 보고 나면 어떻게 해결할 수 있을까에 대한 전체 보기 시간이다. 내가 원하는 것으로 유도하지 말아야 하고, 조금은 상상의 나래를 펴는 것도 필요하다. 어떤 가치를 갖고 있는지 등을 면밀하게 살펴보아야 한다.

⑤ Will(실행 의지)

전체 그림을 그렸다면 실행 의지를 발휘해야 한다. 무엇을 할지와 시간을 계획에 넣는 것이다. 그것을 실행하기 위해 도움을 요청하고, 행동으로 옮겨질 때 다음 단계로 가거나 수정이 필요하다면 이곳에서 다시 보면 된다.

⑥ Thanks(감사의 시간)

매일 같은 일상의 삶처럼 느껴지지만 절대로 다른 날이다. 주위 환경이 바뀌지 않으니 하나님의 모습이 보이지 않기도 한다. 감사할 일들을 찾고 오늘의 코칭에서 다시 확인하면서 마무리하게 된다.

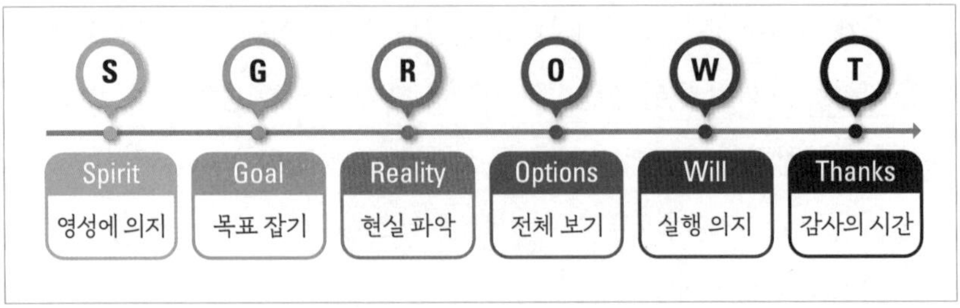

〈그림 1〉 SGROWT 모델

(3) SGROWT 사례

① 선교사의 기초 코칭 사례

사례 /// 영적 리더십코칭

대상자: 안녕하세요? 반갑습니다. 저는 미국에 있는 J라고 합니다.

코 치: 안녕하세요? GCLA 코치 H입니다.

코치와 대상자: 이제 코칭을 시작할 건데, 기도로 시작해도 될까요? 우리 가운데 성령님께서 함께해주셔서 코칭 시간 안에 지혜를 더하여주시옵소서. 예수님의 이름으로 기도합니다.

코 치: 호칭을 어떻게 불러드리면 좋을까요?

대상자: 제가 여기 미국에서 목회하는 사모라서 그냥 '사모님'이라고 불러주시면 좋겠습니다.

코 치: 저도 사모여서 좋습니다. 네, 감사합니다. 혹시 이번 1~2주 내에 미국에서 정말 즐거웠던 일이 있으신가요?

대상자: 지금 미국은 봄에서 여름으로 가는 시즌인데요. 제가 좋아하는 자카란다라는 보라색 꽃이 피는 큰 나무가 지고 있는 시즌이에요. 그래서 요즘 길거리 다닐 때마다 그 나무를 보면서 너무 기분이 좋고 행복하게 보내고 있습니다. 날씨도 화창하고 좋은 시간을 가지고 있습니다.

코 치: 그러시군요. 자카란다가 사모님보다 예쁘지는 않겠죠. 함께 기분 좋은 꽃을 생각하면서 이제 코칭을 시작해도 되겠습니까?

대상자: 네.

코 치: 앞으로 나누는 이야기들은 GCLA의 윤리 규정에 의해 비밀이 보장됩니다. 편안하게 말씀 나눠주시면 감사하겠습니다.

대상자: 네.

코 치: 오늘 어떤 주제로 이야기를 나눌까요?

대상자: 제가 요즘 일주일 정도 어깨 뭉침도 좀 심하고 여러 가지 좀 다운될 때도 있고 그래서 스트레스 관리를 해야겠다고 생각은 했는데, 뭔가 조금 다른 것으로 보충해야 하지 않을까 그런 생각을 하게 되었어요.

코 치: 네, 사실 우리 나이가 건강을 생각해야 하는 나이죠. 조금 더 구체적으로 말씀해주시겠어요?

대상자: 네, 이제 이것저것 해야 할 일도 많아서 마음의 부담이 굉장히 커져서 그런 건지 이제 코칭도 배우면서 더 열심히 하고 싶은 그런 마음, 쓸 수 있는 시간이 또 제한돼서 하여튼 제가 느끼기에 좀 마음이 급해지는 것 같기도 하네요. 연말이 다가오니까 좀 더 잘해봐야겠다는 마음도 가지면서 좀 부담을 느끼고 있는 것 같아요.

코 치: 선교가 기쁜 일임에도 불구하고 좀 부담이 된 것 같다는 이야기시네요. 그러면 오늘 이 어깨 뭉침, 건강을 생각하신다고 했는데 한 문장으로 목표를 말씀하신다면 어떻게 하면 좋을까요?

대상자: 네. 스트레스 관리하는 스케줄 잡기.

코 치: '스트레스 관리하는 스케줄 잡기' 좋네요. 그러면 어깨 뭉침이 스트레스 때문이라고 하시는 것 같네요. 지금 사모님이 '스트레스를 잘 관리해야 하는데 내가 왜 이렇게 못하고 있지?'라는 생각에 말씀을 꺼내신 것 같은데, 건강을 점수로 말하면 10점 만점에 몇 점 정도 되실 것 같아요?

대상자: 주중에 탁구도 치고 해서 관리하고 있으니까 그래도 5점 정도인 것 같아요.

코 치: 탁구도 하시는군요. 코칭하고 나면 몇 점으로 올리고 싶으세요?

대상자: 7점이요.

코 치: 그렇군요. 7점까지 올리기 위해 무엇을 하면 좋을까요? 혹시 잘해야지 하면서도 방해하는 것이 무엇일까요?

대상자: 방해하는 거라… 아무래도 그냥 저 스스로 그러겠죠.

코 치: 스스로 그러시는 것 같다고 하시는데, 그 이유는 무엇이라고 할 수 있나요?

대상자: 저도 사실 완벽하게 하는 것을 좋아하는데, 그런 제 마음가짐이 좀 장애물이 되는 것 같아요.

코 치: 그럴 수 있습니다. 완벽주의가 장애물이 될 수 있죠. 그러면 이제 10점 만점에 7점까지라도 올리고 싶은데, 올릴 수 있는 대안을 한번 우리가 같이 생각해봤으면 좋겠어요. 첫 번째로 무엇을 하시면 조금이라도 점수가 올라갈 수 있을까요?

대상자: 아무래도 지금 계속 어깨가 뭉쳐 있고 아프니까 자꾸 불편함을 느껴서 스트레칭하는 시간을 아침저녁으로 잘 정해서 실천하면 좋을 것 같아요.

코 치: 그러면 아침에 몇 분이라든가, 아니면 다른 방법이나 계획이 있으신가요?

대상자: 네, 아침에 15분, 저녁에는 자기 전에 10분, 그렇게 해놓으면 좋을 것 같아요.

코 치: 그렇군요. 25분만 돼도 몸이 많이 풀어질 것 같긴 하네요. 그다음에 두 번째는 또 뭐가 있을까요?

대상자: 제가 이전부터 생각은 하고 있었는데 못하고 있는 감사일기 쓰기를 해야 할 것 같아요. 이제 하나님과 시간을 좀 더 가지면서 감사일기 쓰는 걸 좀 집중해서 하면서 내면도 정리하고 스트레스를 풀면 좋을 것 같은 생각이 들어요.

코 치: 감사일기를 쓰면서 하나씩 하나씩 열매를 만들어서 예쁜 감사 바구니에 담는 것 같은 그림이 그려지는데요.

대상자: 이야기를 들으니 너무 좋습니다. 감사합니다.

코 치: 감사일기를 저도 쓰고 싶은데요. 목사님이 "이거 한번 해보면 당신이 정말 좋아할 것 같은데, 그리고 스트레스가 확 날아갈 것 같아!"라고 제안해주신다면 뭐가 있을까요?

대상자: 남편이 "여행계획을 그려봐!" 그런 말을 할 것 같은 생각이 들어요.

코 치: 여행이라 하면 어디에 가고 싶으신가요?

대상자: 시간을 그렇게 오래 뺄 상황은 아니니까 그냥 좀 머리 식히고 올 수 있는 가까운 데부터라도 생각해봐야겠네요.

코 치: 그러시군요. 사모님이 머리 식히는 여행도 하시면서 건강을 위해 무엇을 먼저 하시면 좋을지 정리를 해주시겠어요?

대상자: 네. 이제 스트레칭도 매일 하면 좋겠는데 그것보다 제가 이전부터 생각하던 감사일기 쓰기를 좀 더 미루지 않고 오늘부터 실천해봐야겠다는 생각이 드네요.

코 치: 네, 그러면 사모님은 이렇게 실천하는 시간을 갖게 되실 것 같은가요?

대상자: 감사일기 쓰면서 하나님께 감사하는 시간, 또 하나님과 대화하는 시간을 좀 더 가지게 될 것 같네요.

코 치: 좋은 시간이 될 것 같습니다.

대상자: 네, 맞아요. 기다리고 계시는 하나님을 놓치고 있었네요.

코 치: 순수한 마음이 느껴지네요. 코칭을 하시면서 어떤 것이 느껴지시나요?

대상자: 네, 코치님께서 중간중간에 여러 가지 칭찬과 응원, 격려해주시는 걸 들으니까 정말 에너지가 올라가는 것 같고, 또 이 시간을 통해 생각만 했던 거를 정말 실천해야겠다, 미루지 말고 결단하는 시간을 가지려는 생각이 들어서 좋은 것 같네요.

코 치: 그러면 이 계획을 정말 실행하시기 위해 자신만의 응원 메시지를 한번 만들어 보시면 어떨까요?

대상자: 부끄러운데요. "하나님과 함께하면서 감사일기 쓰고 스트레스 날려봐, 화이팅!"

코 치: 화이팅! 저도 화이팅입니다. 그러면 코칭이 계속 어떻게 실현되고 있는지 제가 알 수 있는 방법이 있을까요?

대상자: 네, 코치님께 제가 어떻게 하고 있는지 좋았던 거 있으면 톡으로 보내드리겠습니다.

코 치: 네, 기대하겠습니다.

대상자: 네, 알겠습니다.

코 치: 건강을 찾으려고 하실 때 계속 이렇게 한 가지씩 한 가지씩 만들어가는 조금 더 플러스 될 만한 그런 것이 있을까요? 정신적으로라도 스트레스를 해소하기 위해.

대상자: 네, 감사일기하고도 연결되는 건데, 긍정적인 생각 갖기를 해보려고요. 생각은 양면이 다 있는데, 부정적인 것을 보기보다는 긍정적인 생각을 하도록 좀 더 의지적으로 하려고요.

코 치: 긍정적인 생각을 하시고 실행은 어떻게 하면 좋을까요?

대상자: "만나서 대화하는 시간을 가질 때 한마디는 꼭 긍정적인 멘트를 한다!" 그렇게 하면 될 것 같아요.

코 치: 저도 그걸 배우고 싶습니다. 이제 우리가 코칭을 마무리해야 하는데, 하나님께서 이제 우리 사모님을 보시면서 "건강을 이렇게 관리해라" 하면서 격려하실 수 있는 말씀이 있다면 말씀해주시면 좋을 것 같아요.

대상자: 네, "너무 잘하려고 하지 말고 그냥 있는 모습 그대로 하면 돼! 그리고 내 안에 와서 쉬는 시간을 좀 많이 가져!"라고 하실 것 같아요.

코 치: 네, 응원합니다. 이렇게 뭔가 응원과 격려의 말을 스스로 외치는 거는 어떠세요?

대상자: 코치님이 저를 좀 응원해주세요.

코 치: "천사의 마음을 가진 사모님! 반드시 건강하셔야 합니다. 너무나 많은 사람이 사모님의 코칭을 기다리고 있기 때문입니다." 이렇게 응원하고 싶습니다.

대상자: 아! 너무 잘해주셔서 감사합니다.

코 치: 많은 분들과 코칭을 해봤지만 따뜻한 사모님과의 코칭이 가장 특별했던 것 같아요. 가까이 있는 사람들이 사모님을 보면서 힘을 얻겠다는 확신이 듭니다.

대상자: 제가 마음에 잘 새겨놓겠습니다. 감사합니다.

코 치: 감사합니다.

대상자: 수고하셨습니다.

코칭을 처음 접하는 선교사들도 코칭이 많은 사람을 변화시키고 세우는 데 중요하다는 것을 깨닫게 된다고 말한다. 먼저 스스로 회복된다고 하

며, 다음으로는 가족과 소통이 되어서 좋다고 한다.

무엇보다 가르치고 끌고 가는 것이 아니라 서로 세우면서 함께 갈 수 있는 좋은 도구로 보게 된 것이다. 영적 리더십코칭에서 이 세상을 창조하신 하나님께 먼저 물어보고 내가 조정하려는 것을 내려놓는 게 중요하다. 하나님을 믿지 않는 사람 입장에서도 대상자를 있는 그대로 인정하고 존재 그대로 보는 것은 사람과의 관계에서 필요하다. 코치는 다른 사람을 코칭하기 전에 스스로 셀프코칭으로 자신을 관리하는 것이 기본이다.

현재 버디 코칭 과정이 7차에 걸쳐 진행되었다. 선교사들이 버디 코칭에 매번 20~30명씩 참석한다. 코칭을 배우면서 삶이 바뀌고 영적 리더로서 선교지에서 영적 리더십코칭으로 섬기고 있다. 미래의 변화된 삶을 기대하며 영혼을 깨우는 일에 코칭이 사용되고 가정이 변화되는 것을 보면서 감사의 삶을 사는 모습을 보게 된다. 관심을 갖고 더 공부하는 분들이 많아지고 있어 앞으로 프로코치로 활동할 분들이 많아질 것으로 기대한다.

2030년대에는 영적 리더십코칭이 더 활발해질 전망이다. 가정, 사회, 학교가 수직적으로는 더 이상 통제하기 어려워진다. 수평적으로 스스로 결정하는 힘을 키우고 미래의 비전을 품고 가는 영적 리더와의 소통이 필요하다. 세상을 변화시키는 삶으로 함께 만들어가며 멋진 미래를 스카우트하는 영적 리더십코치들을 기대한다.

성찰질문

아래의 질문에 스스로 답해보시기 바랍니다.

1. 영적 리더십코칭은 왜 필요하다고 생각하는가?
2. 일반적 리더십코칭과 영적 리더십코칭의 다른 점은 무엇인가?
3. 영적 리더십코칭을 실제로 적용해보면 달라질 수 있는 점은 무엇인가?
4. 인공지능 시대에 영적 리더십이 더 필요하다고 생각한 이유는 무엇인가?
5. 영적 리더십코칭을 위해 어떤 준비가 필요한가?

참고문헌

권영덕. 「신앙공동체의 영적 리더십 연구」. 한신대학교 석사학위논문, 2010.

김하나. 「영적리더십이 구성원의 조직몰입에 미치는 영향」. 한양대학교 석사학위논문, 2010.

노형호. 「스포츠 선교에 있어 지도자의 영적 리더십에 관한 연구」. 총신대학교 박사학위논문, 2015.

마영숙. 「성경에 나타난 영적 지도자의 리더십」. 고신대학교 석사학위논문, 2010.

박광보. 「영성코칭의 목회상담학적 적용연구」. 웨스트민스터대학교 박사학위논문, 2020.

이선영. 「모세의 리더십연구」. 서울성경신학대학원대학교 석사학위논문, 2008.

이시정. 「영적리더십에 있어서 지도자의 인격에 대한 연구」. 총신대학교 석사학위논문, 2013.

제임스 M. 쿠제스, 베리 Z. 포스너. 『리더십 챌린지』. 정재창 역. 이담북스, 2018.

헨리 블랙커비. 『영적 리더십』. 윤종석 역. 도서출판 두란노, 2002.

https://krim.org/2021-korean-mission-statistics

집필진 소개

하영목 youngmok.ha@gmail.com

(주)스타코칭 대표, 모스크바국립서비스대학교 (조직행동)박사
커리어코치협회 회장
코카콜라 인사상무, 포스코그룹 인사부장
아주대학교 특임교수, 경희대학교 원어강의교수, 마셜 골드스미스 코칭 모델 아태지역 리더
저서 『한국형 커리어코칭을 말한다』, 『한국형 정서코칭을 말한다』 등

윤영돈 yoon@yooncoach.com

윤코치연구소 소장
커리어코치협회 부회장
인사혁신처 정책자문위원, 지혜의 탄생 대표
저서 『채용트렌드 2023』, 『NCS 기반 블라인드 채용 자소서 & 면접 마스터』, 『글쓰기 신공』 등

최성남 no1safecoach@naver.com

코칭연구소 지음(부설 안전코칭연구소) 대표
커리어코치협회/한국코칭학회 상임이사
코칭학 박사/경영학 석사(MBA)/안전공학 학사
LG계열사 위기관리사무국장, EHS팀장
한국코치협회 전문코치(KPC)
GALLUP 인증 강점코치
저서 『나는 내 멋대로 살기로 했다』, 『한국형 커리어코칭을 말한다』

조지용 kkk6675@naver.com

한국바른채용인증원 원장
커리어코치협회 부회장, 네모파트너즈 부사장
경희대학교 겸임교수
딜로이트(Deloitte) 컨설팅 매니저
아서앤더슨(Arthur Andersen) 수석 컨설턴트
코카콜라 코리아 인사과장, GE헬스케어코리아 인사과장
저서 『면접관을 위한 면접의 기술』, 『2020 강사 트렌드 코리아』, 『NCS 면접 실전가이드』

이정민 bluerose9666@naver.com

(주)HR교육컨설팅 대표이사, 경영학 박사
(주)KT인재개발/영업훈련/HRD/컨설팅
비즈니스코치, 감성과학연구소 소장
(사)대전세종충남여성벤처협회 이사
(사)한국코치협회 KSC(슈퍼바이저 코치)
ICF국제코치연맹 PCC인증코치
저서 『CS는 행동이다』, 『Action 실전 세일즈 ! Paleo』 등

김영학 dreamakers@hanmail.net

PSI컨설팅 사업개발본부장, 영업이사
(사)새한누리 이사, 경영공학 박사수료
한국코치협회 코치(KAC)

장은영 eyjang90@gmail.com

(주)KT 수석연구원, 기술경영학 박사
커리어코치협회 상임이사, 국가과학기술연구회(NST) 선임이사
저서 『창의성이 뭐길래?』, 『세상을 바꾸는 여성 엔지니어 13』 등

박민희 minipinkkr@icloud.com

피에스앤마케팅 인터널 코치
커리어코치협회 상임이사
SKT 미래경영연구원 리더십 개발/조직개발팀
삼성전자 글로벌마케팅연구소
한국코치협회 전문코치
저서 『굿 피드백』, 『여자, 남자의 야망을 질투하라』

최진희 cjhee54@naver.com

(주)커리어비전 대표, 커리어코치협회 부회장
한국산업인력공단 NCS국가기술자격정책심의위원회 전문위원
한국열린사이버대학교 특임교수
KBS1 라디오 오늘아침 출연 중
저서 『신중년 꿈을 품다』, 『터닝 시프트』, 『올 댓 취업』, 『워크체인』 등

한혜정 icielo@naver.com

진로디자인코칭연구소 대표
커리어코치협회 부회장, 한국융합코칭학회 부회장
창의교육문화협회 이사
(사)한국코치협회 전문코치(KPC), 포르테 아르테 파트너 퍼실리테이터
(주)액션러닝 파트너 퍼실리테이터
저서 『유망직업 미래지도』, 『한국형 커리어코칭을 말한다』, 『한국형 정서코칭을 말한다』, 『버디 코칭 스쿨』, 『킹덤 코칭 스쿨』 등

본하트 챌린지카드

Challenge Cards

본하트 챌린지 프로그램

Who is Your Leader?

당신의 리더는 누구인가?

본하트 챌린지 프로그램은 누군가를 닮아가면서 성장하게 된다는 것이다. 의식적이든 무의식적이든 롤모델이 있는 사람은 닮아가면서 성장한다. 삶과 일에서 챌린지는 당신이 넘어야 할 언덕이다. 회피해서는 결코 리더가 될 수 없다. 자그마한 챌린지를 통한 롤모델링도 훗날 큰 성장 경험이 된다. 한마디로 리더의 역할은 타고나는 것이 아니다. 자신을 깊게 들여다보고 주위 사람들과 미래를 좀 더 멀리 조망하면서 협력과 협업, 그리고 성과를 내게 된다. 우연히 도전한 일이 하나의 부싯돌이 되고, 어떻게 리더십을 발휘할지 질문해야 한다. '명언', '챌린지', '질문'이 있어서 초보라도 쉽게 현장에서 적용 가능한 프로세스를 제공한다는 점에서 매우 실용성을 갖추고 있다. 챌린지 이론을 근거로 하여 한국 정서에 맞는 54가지 역할을 엄선해서 활용하기 쉽다.

리더십 명언으로 하는 질문

솔선수범
role model

01 당신이 하고 싶은 '옳은 일'은 무엇인가?
02 당신이 청렴을 지켰던 경험은 무엇인가?
03 당신이 스스로 설정한 기준은 무엇인가?
04 당신이 다른 사람들의 삶을 향상시키고 싶은 것은 무엇인가?
05 당신이 현실에서 책임지고 싶은 것은 무엇인가?
06 당신이 키우고 싶은 리더십은 무엇인가?

동기부여
motivation

01 리더는 구성원들의 마음을 헤아려야 한다. 당신이 어루만져줄 사람은 누구인가?
02 당신이 구성원들에게 공감받고 싶은 것은 무엇인가?
03 구성원들이 불만을 이야기할 때, 귀를 기울여 들어라. 그들이 해결하고 싶은 욕구는 무엇인가?
04 오늘 북돋아주고 싶은 것은 무엇인가?
05 당신이 소통하고 싶은 것은 무엇인가?
06 당신이 추종하고 싶은 것은 무엇인가?

성과관리
perfomrmance

01 당신이 귀를 기울이고 싶은 것은 무엇인가?
02 당신이 성취하고 싶은 것은 무엇인가?
03 당신의 분명한 강점은 무엇인가?
04 리더의 비판보다 응원이 필요하다. 당신이 만나는 팔로우에게 해주고 싶은 말은 무엇인가?
05 리더의 행동은 말보다 영향이 크다. 당신이 말보다 행동으로 보여주고 싶은 것은 무엇인가?
06 당신이 끝까지 포기하고 싶지 않은 것은 무엇인가?

혁신주도
innovation

01 리더는 높은 곳에서 명령하기보다 낮은 데서 솔선수범해야 한다. 당신이 내려놓아야 할 것은 무엇인가?

02 리더는 새로운 일을 저지르는 사람이다. 당신이 새롭게 저지르고 싶은 것은 무엇인가?

03 당신에게 사려 깊고 헌신적인 사람은 누구인가?

04 당신이 구성원들의 자존감을 높일 것인가?

05 당신에게 가장 가치 있는 일은 무엇인가?

06 당신이 최선을 다해서 수행하고 싶은 것은 무엇인가?

위기관리
crisis

01 꼭 지키고 싶은 하나의 약속은 무엇인가?

02 회고가 과거의 공적 기억을 불러오는 과정이라면, 회상은 사적 기억을 불러오는 과정이다. 당신은 과거의 어떤 것들이 생생하게 떠오르는가?

03 당신의 인격을 성숙시키기 위해 하고 싶은 것은 무엇인가?

04 당신이 들은 뼈아픈 피드백은 무엇인가?

05 당신의 인생에서 충만하게 살고 싶은 것은 무엇인가?

06 당신이 약속한 것을 잘 수행하는 일은 무엇인가?

조직관리
organization

01 리더는 구성원들에게 자기효능감을 주는 사람이 되어야 한다. 당신이 그들에게 줄 수 있는 신뢰는 무엇인가?

02 당신이 조직관리에서 실패했던 경험은 무엇인가?

03 당신의 관점을 '나'가 아니라 '우리'라고 바꾼다면 가장 먼저 하고 싶은 것은 무엇인가?

04 당신이 개발하고 싶은 리더십은 무엇인가?

05 당신이 돛을 조정하고 싶은 것은 무엇인가?

06 당신이 구성원의 불안을 명백히 줄여주고 싶은 것은 무엇인가?

비전제시
vision

01 리더십이란 균형 잡힌 정보처리를 통해 올바른 방향으로 있는 힘을 다 쏟는 것이다. 당신이 있는 힘을 쏟고 싶은 곳은 어디인가?

02 당신이 타인에게 영감을 주고 싶은 것은 무엇인가?

03 당신이 나팔을 불고 싶은 '10년 후 비전'은 무엇인가?

04 당신이 당장 배우고 싶은 것은 무엇인가?

05 당신이 돕고 싶은 사람은 누구인가?

06 당신이 최근 "아니오"라고 하고 싶은 것은 무엇인가?

추진력
drive

01 리더는 때론 좋은 소리만 들을 수 없다. 구성원들의 반대가 예상되지만, 리더로서 소신 있게 추진하고 싶은 것은 무엇인가?

02 당장 직면하고 있는 문제는 무엇인가?

03 당신이 발휘하고 싶은 용기는 무엇인가?

04 이제 리더는 지각수용자가 아니라 얼리어댑터가 되어야 한다. 당신이 얼리어댑터가 되고 싶은 분야는 무엇인가?

05 당신이 구성원들에게 배려하고 싶은 것은 무엇인가?

06 당신이 채찍을 버리면서 하고 싶은 것은 무엇인가?

갈등관리
conflict

01 당신이 합의를 만들고 싶은 것은 무엇인가?

02 당신이 꼭 가야 하는 곳은 어디인가?

03 당신이 온전함으로 하나가 되고 싶은 것은 무엇인가?

04 당신에게 효과적인 리더십은 무엇인가?

05 당신이 성장 · 발전시키고 싶은 사람들은 누구인가?

06 당신이 자유롭게 이야기할 수 있는 사람들은 어디에 있는가?

챌린지카드 활용법

일과 삶은 챌린지와 같다.
자그마한 챌린지를 통해 하나의 부싯돌이 된다.

당신의 리더는 누구인가?

Who is Your Leader?

챌린지카드는 자그마한 도전을 통해 하나의 부싯돌이 되고 성장하게 도와주는 카드다.

1. 챌린지카드를 모두 펼쳐놓는다.
2. 당신의 챌린지에 해당하는 카드를 6개 뽑는다.
3. 아홉 가지 색깔 중에 어떤 색깔이 많은지 찾아본다.
4. 자신이 선택한 명언과 질문을 읽어본다.
5. 일과 삶에서 발견한 챌린지를 살펴본다.

한마디로 리더의 역할은 타고나는 것이 아니다. 자신을 깊게 들여다보고 주위 사람들과 미래를 좀 더 멀리 조망하면서 협력과 협업, 그리고 성과를 내게 된다. 우연히 도전한 일이 하나의 부싯돌이 되고, 어떻게 리더십을 발휘할지 질문해야 한다. 당신의 리더는 누구인가?

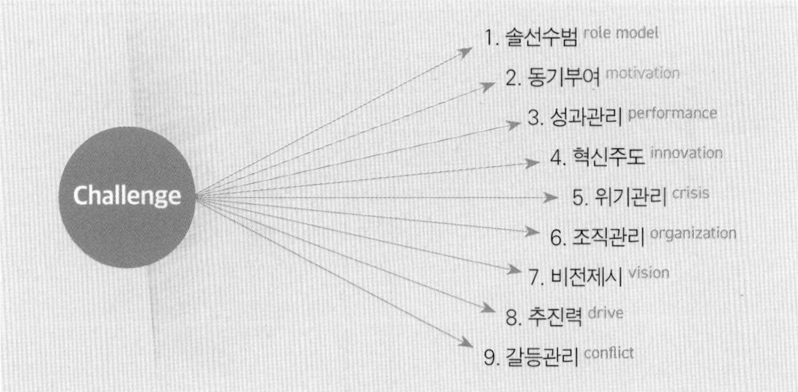